W0075529

BASTEI
LÜBBE
TASCHENBUCH

Weitere Titel des Autors:

Isch geh Schulhof
Bin isch Freak, oda was?!

Titel auch als Hörbuch und E-Book erhältlich.

Philipp Möller

ISCH HAB GEISTERBLITZ

Neue Wortschätze vom Schulhof

BASTEI
LÜBBE
TASCHENBUCH

BASTEI LÜBBE TASCHENBUCH
Band 60782

MIX
Papier aus verantwor-
tungsvollen Quellen
FSC® C014496

Dieser Titel ist auch als Hörbuch und E-Book erschienen.

Originalausgabe

Bastei Lübbe Taschenbuch in der Bastei Lübbe AG

Copyright © 2015 by Bastei Lübbe AG, Köln
Textredaktion: Lisa Bitzer
Titelillustration: © missbehavior.de
Umschlaggestaltung: Pauline Schimmelpenninck
Büro für Gestaltung, Berlin
Satz: hanseatenSatz-bremen, Bremen
Gesetzt aus der Candida Std
Druck und Verarbeitung: GGP Media GmbH, Pößneck
Printed in Germany
ISBN 978-3-404-60782-2

3   5   4   2

Für meine Frau

Inhalt

Isch ging Schulhof

Also, Leute. Hinsetzen, Chips und Cola weg, Klappe halten, die Pause ist vorbei.« Ich klatsche dreimal laut in die Hände und trete vor die 6e der Ludwig-Feuerbach-Schule, bevor ich laut und deutlich weiterspreche. »Noch einmal zur Erinnerung: Wir befinden uns im Matheunterricht, und ich habe eben gefragt, was schwerer ist – eine Tonne Federn oder eine Tonne Gold.«

Ein bedächtiges Raunen geht durch die Klasse, gerade so, als hätte ich die Frage zum ersten Mal gestellt.

Marcel aus der ersten Reihe meldet sich. »Sch'frage misch so, Herr Müller«, er schiebt den Ärmel seines Armyshirts hoch und kratzt sich nachdenklich am Oberarm, »wer schmeißt Gold im Müll?«

»Noch einmal, Marcel.« Kurz schließe ich die Augen und warte, bis mein Hirn den grammatischen Fehler verschmerzt hat, sodass ich mich wieder auf den Inhalt konzentrieren kann. »Es ist *keine* Mülltonne gemeint.«

Mit trockenen Kreidefingern klopfe ich an die Tafel, auf der ich in der ersten Hälfte unserer Doppelstunde die Maßeinheiten für Gewichte geschrieben habe. Khalim aus der zweiten Reihe starrt auf mein Gekritzel, kneift seine dunklen Augen zusammen und murmelt etwas, bevor er von einem gigantischen Aha-Effekt überfallen wird.

»Bitte, Herr Müller, nimma misch, nimma misch, ja?«,

9

ruft er, springt auf und reißt dabei einen Arm in die Luft und seinen Stuhl zu Boden. »Sch'weiß jetze ieberkrass!«[1]

Freudestrahlend und voller Hoffnung bitte ich ihn um seinen Beitrag zu dieser Veranstaltung.

»Kumma, kumma, kumma!«, leitet er seine Antwort mit der hier üblichen Floskel ein. »Gold er's doch viel schwerer wie diese ... Dings: Fehdan!«

Stille. Man könnte eine Stecknadel fallen hören, stattdessen hört man aber nur, wie Jack die letzten Tropfen Zuckerwasser aus seinem Trinkpäckchen saugt. Sein Nachbar Justin haut ihm eine runter, woraufhin Jack die Augen aufreißt und sich gerade hinsetzt.

Ich schaue erst ihn, dann wieder Khalim an und schüttele langsam den Kopf. »Nein, du bist leider auch auf dem Holzweg, Khalim.«

Die anderen lachen ihn lauthals aus, also reagiere ich schnell, bevor die Situation ausartet.

»Weiß es denn jemand von euch?«, rufe ich in den Raum.

Das war ein Fehler, denn wenn ich keinen Schüler direkt und namentlich anspreche, führt das fast immer zur Kollektivantwort.

»Gold, Mann. Ieberschwer!«, tönt es aus einer Ecke.

»Die Tonne is am schwersten, vallah.«

»Was für ein Tonne?«, will eine Schülerin wissen. »Wovon redet ihr Opfas?«

»Meine Onkel«, brüllt die nächste, »er hat züüüschoviel Gold zu sein Hochzeit bekommt!«

Es hilft alles nichts, ich lasse abstimmen – wobei die Klasse mit diesem Begriff zuerst nichts anfangen kann.

»Abstimmen?« Jack kaut inzwischen auf dem Strohhalm seines Getränks herum und schaut mich betroffen

---

[1] Einige der in diesem Buch verwendeten Formulierungen könnten Ihnen rätselhaft vorkommen. Ein Glossar finden Sie auf Seite 303.

an, als hätte ich ihm gerade ein Fremdwort um die Ohren gehauen.

»Ihr könnt jetzt voten«, formuliere ich es auf Neudeutsch um, und sogleich erhellen sich die Gesichter. »Was ist schwerer: eine Tonne Federn, eine Tonne Gold oder«, die Hand mit der Kreide noch an der Tafel, drehe ich mich zur Klasse um und hebe meine Augenbrauen, »oder könnte es vielleicht sein, dass beides gleich schwer ist?«

Während ich die Striche für die drei möglichen Antworten an die Tafel male, taucht Geierchen vor meinem inneren Auge auf. Rolf Geier, so sein bürgerlicher Name, ist Klassenlehrer dieses wilden Haufens und mindestens genauso originell wie abgebrüht. Einen der ersten Sätze, die ich aus seinem Mund gehört habe, werde ich wohl nie vergessen: »Früher, Möller, da haste drei Bekloppte pro Klasse jehabt. Heute haste dreie, die ett nich sind.«

Wenn überhaupt. Beim Anblick der Strichliste bezweifle ich langsam sogar diese Quote, denn das Voting fällt sehr eindeutig aus: nur ein Strich steht bei »gleich schwer«, alle anderen haben Gold in die nächste Runde gewählt.

Was nun? Ich löse das Rätsel auf, doch niemand schenkt mir Glauben.

»Aber eine Tonne sind immer tausend Kilogramm«, rufe ich verzweifelt in die Klasse, »egal ob Federn oder Gold.«

»Schwachsinn, vallah!«, ruft die stark geschminkte Nurçan mit gerunzelter Stirn aus der letzten Reihe nach vorn und zeigt mit dem ausgestreckten Arm und flacher Hand auf mich, als hätte ich sie höchstpersönlich beleidigt. »Was redet er, abboooh?«

»Wenn Fedan so züschoschwer sind«, führt einer ihrer Mitschüler ins Feld, »warum ein Vogel kann dann dursch Luft fliegen – he?!«

11

»Herr Mülla, Herr Mülla, kumma«, sagt Khalim schließlich, lächelt mich an und steht auf. Die Letzten, die jetzt noch nicht leise sind, schaut er kurz an, dann herrscht endgültig Ruhe im Saal. »Nehme mal ein Feder reschts und eine Gold links, ja?« Vorsorglich lege ich meine linke Hand auf die Wange und nicke, während er seine Beweisführung beendet. »Welscher ist dann schwerer?«

Langsam schiebe ich meine Hand vor die Augen und reibe sie lange, atme dabei tief durch die Nase und wünsche mir sehnlichst, jemand würde Hirn vom Himmel werfen. Ein frommer Wunsch, und offenbar auch ein aussichtsloser, denn als ich die Augen wieder öffne, schaue ich in die gleichen ratlosen Gesichter wie zuvor.

Nun meldet sich aber der Junge, der als Einziger den richtigen Tipp abgegeben hat. Es ist Amir, ein eher schmächtiges Kerlchen mit Harry-Potter-Brille, der seinen Arm in die Höhe streckt und geduldig wartet. Wir schauen uns einen Moment an, dann nicke ich ihm zu und setze mich an den Lehrertisch.

»Schau mal, Khalim«, fängt Amir ganz ruhig an und schiebt mit dem kleinen Finger seine Brille hoch, »wenn deine Mutter dir ein Kilo Äpfel und ein Kilo …«

»Was?« Khalim steht langsam wieder auf und fixiert den irritierten Amir mit wütendem Blick. »Was redest du über mein Mutter?!«

»Aber Khalim, das …« Amir faltet die Hände und lächelt. »Das sollte doch nur ein Beispiel sein.«

»Wasduübermeinmutterredestwillischwissen!«, brüllt Khalim in Höchstgeschwindigkeit. »Spresche jetze!«

»Bleib cool, Khalim!«, mische ich mich ein, habe dabei allerdings kaum Hoffnung, die Situation könne sich in Wohlgefallen auflösen.

»Was redet dieser kleine Pisser über mein Mutter, ja?«, brüllt Khalim und schnauft. »Is er lebensmüde, dieser Hissgeburt?«

Er dreht sich zu seinen Kumpels um, ich dagegen weiß, dass das Reizwort bereits gefallen ist und es daher kein Zurück mehr gibt. Also stehe ich auf und kremple mir vorsichtshalber die Ärmel hoch.

»Er hat nisch so gemeint, Khalim«, sagt einer aus seiner Clique.

»Er's dummer Junge, du weißt«, meint der Nächste zu wissen.

Khalims Gesichtszüge entspannen sich langsam, auch seine Schultern wandern wieder von der Angriffshaltung zurück in ihre Ausgangsposition. Dann jedoch runzelt ein dritter Kumpel die Stirn und beugt sich zu Khalim vor. »Gestern«, sagt er leise, »er hat dein Mutter Huansohn gesagt.«

Der in seinem Stolz verletzte Khalim reißt jetzt die Augen auf und fletscht seine Zähne. Mit einem Ruck dreht er sich zu Amir und stampft los. »Du kleine Schwuchtel!«, brüllt er und spuckt dabei voll blindem Zorn. »Warum, du Jude, du hast mein Mutta …«

Weil ich bereits in der Schusslinie zwischen den beiden stehe, brauche ich jetzt nur noch meine Arme auszustrecken und Khalim an den Schultern festzuhalten, um ihn so daran zu hindern, ohne Rücksicht auf Verluste auf den anderen Jungen einzuprügeln. Weil Khalim dadurch noch wütender wird, greife ich etwas fester zu, schiebe ihn vor die Tür und trete sie mit aller Kraft hinter mir zu. Dann lasse ich ihn los und brülle ihn aus voller Kehle an: »Bist du jetzt vollkommen bescheuert?«

Meine Stimme hallt durch den Flur, dann herrscht Stille.

»Aber er hat mein Mu…«

»Nichts hat er!«, brülle ich wieder und sehe im Hintergrund eine Kollegin, die den Kopf aus ihrem Klassenzimmer streckt. Ich nicke ihr zu und fahre dann leiser, aber kein bisschen weniger wütend fort. »Amir wollte dir mit seinem Beispiel helfen! Hast du daran schon mal gedacht?«

Während meines oft trainierten und gut gespielten Zornanfalls wird aus dem wutschnaubenden Stier, der eben noch durch die Klasse stürmen wollte, ganz schnell ein kleinlautes Kälbchen. Einen Augenblick gönne ich uns beiden zum Durchatmen, dann erreicht der Lärmpegel im Klassenraum ein kritisches Level. Ich reiße die Tür wieder auf, schicke Khalim mit ausgestrecktem Arm und messerscharfem Blick hinein und schreite dann wie ein Matador ganz langsam hinterher – auf geht's also in weitere fünfunddreißig Minuten pädagogischen Nahkampf.

Bis zur großen Pause werde ich es schon noch aushalten. Dann habe ich ganze fünfundzwanzig Minuten Zeit zur Rehabilitation, bevor die nächsten anderthalb Stunden beginnen, in denen ich das weiterführen werde, was hier im Kollegium schon lange nicht mehr Unterricht, sondern Schadensbegrenzung genannt wird. Oder Elendsverwaltung.

Ich kann gar nicht genau sagen, wie lange diese Szene jetzt zurückliegt – nur, dass sich viele Eindrücke aus meiner Zeit als Vertretungslehrer so tief in meine Hirnwindungen gefressen haben, dass es mir vorkommt, als hätten sie gestern erst stattgefunden. Manchmal denke ich lächelnd daran zurück, zuweilen romantisiere ich die Zeit, doch früher oder später kommt stets der fade und beizeiten bittere Beigeschmack dazu, den die Realität dieser Kinder mit sich bringt.

Immer wieder frage ich mich, ob ich diesen Job noch einmal annehmen würde. Ob ich mich also wieder hauptberuflich anschreien und bespucken lassen würde – für das schlechte Gehalt eines Quereinsteigers, dafür aber mit der Perspektive auf eine höchst unklare berufliche Zukunft, aufgewertet immerhin durch gelegentliche Lernerfolge der Kids oder vereinzelte Momente ihrer ungefilterten kindlichen Dankbarkeit. Und stets kommt meine Antwort auf diese Frage wie aus der Pistole geschossen, denn selten war ich mir einer Sache so sicher wie dieser: Ich weiß es nicht.

Auch nach Jahren der Freiberuflichkeit bin ich hin- und hergerissen. Mein Ausstieg aus diesem Irrenhaus ist nun ein Weilchen her, und dennoch besteige ich ein emotionales Karussell, wenn ich an meine Zeit als Lehrer an einer Berliner Grundschule zurückdenke: an die Wut, die Trauer, die Verzweiflung und die blanke Frustration; an den Kampf gegen Zustände, an denen ich nichts ändern konnte; an die Arbeit in der politisch verwahrlosten Institution Schule, wo resignierte und zynische, aber auch engagierte und motivierte Lehrer regelmäßig an einem Job scheitern, der eigentlich so wundervoll sein könnte – und der so verdammt wichtig ist.

Und auf der anderen Seite ist da die Erinnerung an die Schüler, die ganz offensichtlich unschuldig an ihrer Situation, aber doch die Leidtragenden sind; denen jeder Funken meiner Aufmerksamkeit ein Lächeln ins Gesicht zauberte; die hungrig sind nach Wissen und die trotz eines Schulsystems, das ihre Neugierde zwar nicht mit Absicht, aber doch sehr zuverlässig zerstört, danach lechzen, sich diese spannende Welt zu erschließen – wenn auch auf ganz anderem Wege, als es verstaubte Lehrpläne, destruktiver Leistungs- und Zensurendruck oder andere pädagogische Schnapsideen vorsehen, deren Sinnhaftigkeit schon längst widerlegt ist.

Fast täglich bin ich in Gedanken bei diesen Kids, und zwar vor allem dann, wenn ich Kindern oder Jugendlichen ihres Schlags begegne. Denen, die sich fernab der Spielregeln des sozialen Miteinanders im Bus oder im Supermarkt verhalten wie die Axt im Walde; den Handy-Musik-Hörern und In-die-U-Bahn-Rotzern; denen, die ihr Übergewicht und ihre Bewegungsarmut mit Burgern und Bild-schirmen jeglichen Formats aufrechterhalten; denen, die zu sechst nebeneinander zwischen McDonalds und Me-diamarkt in der Shoppingmall sitzen und kein Wort mit-einander reden, sondern gemeinsam und doch einsam auf ihre Handys starren. Zu erkennen sind sie leicht, die Ab-geschlagenen, die weitgehend Chancenlosen, spätestens dann, wenn sie den Mund aufmachen: an ihrer Sprache, auf die ich aus zwei Gründen höchst sensibel reagiere.

Der erste Grund ist eine mentale Software, die im Be-triebssystem von Lehrerkindgehirnen vermutlich vorins-talliert ist und ausnahmslos jeden Sprachfetzen auf seine Richtigkeit hin überprüft. Schon beim kleinsten Fehler schlägt dieses Programm sofort Alarm und gibt die Kor-rektur an meinen Sprachapparat weiter – ohne vorher vom Höflichkeitsmodul einschätzen zu lassen, ob dies von mei-nem Gegenüber überhaupt gewünscht wird. Leider ist we-der die Deinstallation noch die temporäre Deaktivierung dieser Klugscheißer-App möglich, allerdings war sie wäh-rend meiner Arbeit als Lehrer derart überlastet, dass sie ständig abstürzte und so im Laufe der Zeit deutlich nach-giebiger wurde.

Seit meinem beruflichen Ausstieg aus der Schule ist die App jedoch von ganz allein zu ihrer ursprünglich gerin-gen Fehlertoleranz zurückgekehrt, und so muss ich mir oft ganz bewusst auf die Zunge beißen, um nicht ständig mit ungebetenen pädagogischen Dienstleistungen um mich zu werfen.

Was mich jedoch stets begleitet hat, ist der zweite Grund für meine Sensibilität gegenüber der fehlerhaf-ten Anwendung meiner Muttersprache: die große Sorge um all jene, die diese Sprache so schlecht beherrschen, dass mir unwillkürlich große Fragen durch den Kopf geis-tern. Wie liest sich ein Bewerbungsschreiben solcher Ju-gendlicher? Wie klingt ein Vorstellungsgespräch mit ihnen? Oder gar eine mündliche Prüfung der wenigen, die es über die Realschule und das Abitur hinaus bis an die Uni schaffen? Was wird aus all denjenigen, die diese verkümmerte Ausdrucksform nicht als vorübergehenden Jugendslang wieder ablegen können? Auf welchem Wege lösen sie als Kinder ihre Konflikte untereinander, wie als Jugendliche oder Erwachsene? Wie erklären sie ihrem Nachwuchs die Welt, wie flüstern sie einander Liebesgeständnisse ins Ohr? Verstehen sie eine Bedienungsanleitung, ein Kochrezept oder ein Parteiprogramm? Wie um alles in der Welt soll ihre Sprache zu einer verlustfreien Kommunikation taugen? Und ist ihre limitierte sprachliche Reichweite auch Ausdruck eines limitierten geistigen Horizonts – oder ist das bloß eine Unterstellung, ein falscher Rückschluss, der die Chancen dieser Menschen von vornherein massiv einschränkt?

Und vielleicht noch immer die brennendste aller Fragen: Welche Maßnahmen sind – auch über ein bildungspolitisches Umdenken hinaus – nötig, um diese *Generation Isch* so zu fordern und zu fördern, dass sie sich dauerhaft am gesellschaftlichen Leben beteiligen und entsprechend auch daran teilhaben kann?

Betrachte ich jedoch auf der anderen Seite den oft ungetrübten Spaß, den diese Jugendlichen miteinander haben, die Geschwindigkeit, in der sie kommunizieren, den vereinzelt blitzgescheiten Humor, den sie aus ihrer Sprache generieren, und die Kreativität, mit der sie mindestens zwei Sprachen miteinander vermengen, dann frage ich mich schon, ob meine Sorge um sie, um ihre gesellschaftliche Akzeptanz und ihr Wohlergehen doch eher unberechtigt ist. Wandelt sich unsere Sprache möglicherweise in derselben Geschwindigkeit wie immer, nur fällt es mir, der ich seit immerhin fünfzehn Jahren kein Teenager mehr bin, inzwischen einfach stärker auf? Lösen sich die Probleme dieser Generation dann in Wohlgefallen auf, wenn es heißt: »Auch isch bin Deutschland«? Ist die Veränderung unserer Sprache nicht einfach Ausdruck des gesellschaftlichen Wandels hin zu einer vielfältigeren, ja eben multikulturellen Gesellschaft? Schlagen selbst ernannte Sprachschützer falschen Alarm, wenn sie den Untergang des Abendlandes prognostizieren, nur weil ein gewisser Teil unserer Gesellschaft auch dann einen Satz versteht, wenn er keine Artikel oder Personalpronomen enthält?

Es bleibt dabei, ich bin hin- und hergerissen. Nur in einem eher einfachen Punkt bin ich mir sicher: Wer keine gemeinsame Sprache spricht, wird sich nicht verstehen. Und Verständnis ist die Grundvoraussetzung für ein friedliches Zusammenleben.

Berufsbildungstrallala für alle!

*H*allöchen *Herr Müller*, stand in der SMS, die mich letzten Freitag erreichte. *Hab die erste Woche nach den Ferien heil überstanden. Hier geht's immer noch drunter und drüber, schau doch mal wieder rein, ist witzig :) Dienstag, zweite große Pause auf'm Hof, dann Kaffee? Grüße aus dem Irrenhaus! Dein Geierchen*

Als ich heute mein Fahrrad am selben Straßenschild vor dem Schulhof anschließe wie früher, weht mir ein süßlich herber Geruch um die Nase. Die Quelle dieses erlesenen Dufts ist ein Kreis Jugendlicher, die in ein paar Metern Entfernung vorm Hoftor stehen und einen stark qualmenden Joint rauchen, den sie im Uhrzeigersinn herumreichen. Unbemerkt beobachte ich die Jungs.

»Iiieeebergutes Zeug!«, schwärmt der Größte von ihnen und zieht ein zweites und ein drittes Mal an der Tüte. Als er erneut ansetzen will, protestieren die anderen lauthals.

»Gebe mal jetzt rüber der Gerät, ja?«, pöbelt sein rechtmäßiger Nachfolger ihn an. »Oder hast du Pattex an deine Finger, yalla?«

»Verpiss disch, ihr Geizköpfe!«, verteidigt sich der sportlich gebaute Kerl, der seinen Rucksack über einer Schulter trägt und nun doch noch einmal am Joint zieht. »Sch'abe Deutsch gleisch«, erklärt er beim Ausatmen, »und meine Lehrer er's krasser escheck, ja?«

»Du meinst diesem Schröder?«, will sein Nachbar wissen.

Der Große nickt, woraufhin ihn die Truppe lauthals auslacht.

»Dann ziehma nochma, Junge!«, ermuntert ihn ein anderer. »Bei Schröder du brauchst die Iiieeeeberdosis.«

Bevor ich von ihnen bemerkt und vielleicht als Bedrohung wahrgenommen werde, wende ich mich lieber ab und betrete den Schulhof – meine frühere berufliche Wirkungsstätte. Äußerlich hat sich hier seit meinem Ausstieg nichts verändert: Der Putz bröckelt weiter von der Fassade, die einzigen Farbkleckse in dieser Betonwüste sind nach wie vor ein paar Graffiti und überquellende Mülleimer. Wie früher werden die steinernen Tischtennisplatten nicht zum Spielen genutzt, stattdessen lümmeln die Kids darauf herum und konsumieren kohlensäurehaltige Erfrischungsgetränke und ungekochte Nudelsnacks.

Was sich hier aber sehr wohl geändert hat, ist die Schülerschaft – und zwar so massiv, dass von Kids eigentlich kaum mehr die Rede sein kann. Die Reform, die noch zu meinen Zeiten losgetreten wurde, ist nämlich so tiefgreifend, dass – pädagogisch betrachtet – kein Stein mehr auf dem anderen geblieben ist: Aus einer Grundschule ist eine sogenannte Gemeinschaftsschule geworden, und die endet nun nicht mehr mit der sechsten, sondern mit der zehnten Klasse. Damit reagiert die Politik auf die Ergebnisse der internationalen Bildungsforschung, die in weiten Teilen Europas längst berücksichtigt werden, nur hierzulande (wie so oft) lange ignoriert wurden: Je länger Kinder gemeinsam eine Schule besuchen, je später sie also voneinander separiert werden, desto mehr profitieren sie davon – und zwar sowohl die Leistungsschwachen als auch die Leistungsstarken.

Allerdings will auch ein solch sinnvolles Konzept sorg-

fältig geplant werden, und nach allem, was ich von Geierchen und meinem ehemaligen Konrektor Alex Springer gehört habe, hat sich die Berliner Senatsverwaltung
in Sachen Kurzsichtigkeit und Inkompetenz mal wieder sehr großzügig gezeigt: Die Räumlichkeiten des Gebäudes reichen für die neue Schulform nicht aus, sodass
nun allen Jahrgängen die Fachräume fehlen. Im Zuge
der sogenannten Inklusion, die einen gemeinsamen Unterricht von Schülern mit und ohne Lern- und anderen Be-
hinderungen vorsieht, wurde außerdem die benachbarte
Sonderschule aufgelöst und all ihre Schülerinnen und
Schüler den Klassen der neuen Gemeinschaftsschule zu-
gewiesen – und auch hier wurde eine gute Idee schlecht
umgesetzt, denn ohne angemessene Weiterbildung des
Lehrpersonals oder ausreichende Unterstützung durch
Sonderpädagogen ist das Scheitern einer solchen Aktion
vorprogrammiert.

Weil sich solche Dinge natürlich im Bezirk herumspre-
chen, laufen die Klassen eins bis sechs unter der Leitung
meines ehemaligen Konrektors Alex Springer zwar recht
stabil, die neuen Klassen sieben bis zehn gelten jedoch –
schenkt man Springer und Geier Glauben – als bezirks-
weites Abstellgleis für schwer vermittelbare Oberschüler
und all jene, deren Eltern sich nicht rechtzeitig um eine
Alternative gekümmert haben.

Mit diesem Wissen betrete ich das Pflaster, auf dem
es in der Vergangenheit für mich schon recht abenteu-
erlich zuging. Ich stecke die Hände in die Hosentaschen
und schlendere über den Hof, wobei mein Lehrerinstinkt
sofort zum Leben erwacht und ich meinen alten Arbeitsplatz unwillkürlich nach Auffälligkeiten scanne. Dabei
fällt mein Blick auf ein paar Mädels, die Kopf an Kopf im
Kreis stehen und kichern. Eine von ihnen bemerkt mich,
flüstert den anderen etwas zu, dann starren alle zu mir herüber.

»S'los?«, will die Größte von ihnen wissen. »Kauf dir ma Prosieben, wo du kannst glotzen, ja?!«

»Was, was, was? Kummanischso, du Kartoffel!«, pöbelt eine Kleinere mich an und versteckt sich im Anschluss schnell zwischen den anderen.

Ein drittes Mädchen betrachtet mich eingehend, runzelt die Stirn und lächelt mich dann aus ihrem propperen Gesicht freundlich an, während sie auf mich zu läuft. »Herr Mülla?«, fragt sie vorsichtig. »Kennst du misch noch?«

Erst nach einem Augenblick erkenne ich meine ehemalige Schülerin Melek, die ich gemeinsam mit Geierchen in der damals legendären 6e unterrichtet habe. Nur Sekunden später haben sich die anderen aus der Gruppe wie eine Pinguinfamilie hinter ihr aufgereiht. Teils stark geschminkte und von Kopftüchern eingerahmte Gesichter lugen vorsichtig hinter Meleks etwas rundlichem Körper hervor, ihre Münder verdecken sie beim Tuscheln.

»Wer iss er?«, will ein Mädchen wissen, bei dem nicht nur der Kopf, sondern auch der restliche Körper mit eng anliegenden und aufwendig gesteckten Tüchern umwickelt ist. »Und woher du kennst ihm?«

Ein Raunen geht durch die Menge, als Melek ihre Kameradinnen über meinen ehemaligen Job an deren Schule aufklärt.

Weil ich jetzt sowieso als Lehrer wahrgenommen werde, stelle ich mich den Mädels ganz förmlich vor, verschränke meine Hände hinterm Rücken und lasse gleich mal eine typische Erwachsenenfrage vom Stapel: »Ihr seid doch in der Zehnten, oder?«

Sie nicken.

»Wisst ihr denn schon, was ihr nach der Schule machen wollt?«

»Oha, is noch überlange, ja?«, antwortet die Eingewickelte und entzückt mich dabei mit ihrem jugendlich-optimistischen Zeitgefühl, denn das Schuljahr wird am Ende verdammt schnell vergangen sein. »Ersma wir müssen ein Paraktikon machen. Isch geh Modd'l!«

Entschieden verschränkt sie die Arme vor der Brust und setzt einen Schmollmund auf, die anderen hingegen buhen sie aus.

»Was du gehst Modd'l?«, ruft Melek lachend. »Du kannst nischma Kettwohk!«

Mit leicht gerecktem Kinn stolziert das Mädchen los und setzt auf einer imaginären Linie einen Fuß vor den anderen. Dazu stützt sie eine Hand in die Hüfte, dreht sich nach ein paar Metern schwungvoll um und läuft wieder auf uns zu.

»Eine Modd'l mit Kopftuch«, sagt Melek und verdreht die Augen, »dann du bist Nasenmodd'l, oda was?! Was mit Haare, Brüste, Ahsch und so? Oder, Herr Mülla?«

Ich zucke mit einer Schulter und schiebe die Unterlippe vor.

»S'miregal«, widerspricht nun die angehende Schönheit. »Besser als wie Hartz Vier. Isch geh eh nur Hauptschulabschluss, dann isch soll imma Tschobb-Tzenta sitzen, oda was?« Sie zeigt Melek den Mittelfinger. »Fick disch!«

Stille kehrt ein, dann schiebt sich ein anderes Mädchen in den Vordergrund, das seine langen Locken offen trägt und deutlich dezenter geschminkt ist als die übrigen. Keinen Deut leiser als ihre Vorrednerinnen, dafür aber besser artikuliert, erklärt sie uns, ihr Praktikum bei einer Bank absolvieren zu wollen – einem Arbeitsplatz, von dem sie sich Sicherheit verspreche, auch weil dort immer wieder Mitarbeiter mit türkischen Sprachkenntnissen gesucht würden.

»Laaaaangweilig!« Melek schubst sie freundschaftlich an. »Du kannst doch Modd'l gehen, Samira.«

»Samira?« Ich schaue das Mädchen genauer an. »Krass, du warst doch auch …«

»… in der Züscho-6e, ja.« Sie nickt und lächelt vorsichtig. »Aber isch schreibe schon bald Bewerbung bei der Bank, ja?!«

»Herr Mülla, Herr Mülla, Herr Mülla?« Melek schiebt sich vor Samira. »Wo hast du gemacht dein Praktikum?«

»Ich?« Einen Moment lang muss ich tatsächlich überlegen. »Ach ja: im Kindergarten.«

»Süüüüüüüüß!«, antworten die Mädels im Chor.

»Abboooh, isch gehe auch Kindergarten«, platzt es aus Melek heraus. »Sch'mache ein Ausbildung da, dann iebergute Gehalt, zweitausend, dreitausend, ja?«

»Ohaaaaaaa!«, staunen die anderen im Chor und halten sich die Hände vor die geschminkten Lippen. »Karass viiieeel!«

»Aber brutto, oder?«, frage ich in die Runde.

»Brutto?« Melek zieht eine halbe Oberlippe hoch und dreht ihren Kopf zu mir. »Äääh ... Nein, Herr Mülla, es gipps jetzt Euro.«

Und damit wären wir eigentlich auch schon wieder mitten im Unterricht. Weil ich aber nicht mehr der Lehrer der Mädels bin, wechsele ich lieber das Thema und frage, welche meiner ehemaligen Schüler noch diese Schule besuchen.

Gut informiert, wie Melek in Sachen Personalien schon immer war, kann sie mir sogar sagen, wann wer eine Ehrenrunde gedreht hat. »Bei vielen von uns war immer nur ein Frage von Zeit, bis wir bleiben sitzen. Aber jetze?« Ein fröhliches Grinsen erhellt ihr Gesicht. »Wir sind wieder in eine Klasse.«

»Und dreima darfste raten«, mischt sich eine vertraute Stimme von hinten ein, »wer den Sauhaufen leitet.«

Da ist er also: Geierchen. Breitbeinig kommt der gut trainierte Endfünfziger in unsere Runde gestiefelt, zerquetscht zum Gruß meine Hand und grinst mich dabei so breit an, dass ich von seinen weißen Zähnen im Sonnenlicht geblendet werde.

»Nu kick ma eena an, der Möchtegern-Lehrer. Na, Herr Mülla, wie jeht ett?«

Ich verabschiede mich von den Mädels, dann schlendere ich neben meinem Ex-Kollegen zwischen den Teenagerhorden hindurch über den Hof bis ins Schulgebäude.

»Seit ick die Großen unterrichte, kann ick dir saren: Vajiss allet, watte als Grundschullehrer jelernt hast«, erklärt er mir und hält sich vor den stinkenden Toiletten im Eingangsbereich routiniert die Nase zu. »Oberschüler sind 'ne andere Jewichtsklasse. Die hamm jenauso wenich Durchblick, aber noch weenja Bock wie die Kleenen.«

Mit diesen Worten betreten wir das Lehrerzimmer, und auch hier hat die Veränderung wohl nur im Personalbereich stattgefunden. Das Mobiliar hingegen ist noch immer geprägt vom Stil der 70er-Jahre: moosgrüne Sitzpolster zu dunkelbraunem Teppich, Buchenfurnierfolie auf Pressspanmöbeln und orangefarbene Vorhänge, die dem hereinfallenden Tageslicht einen Farbton verleihen, neben dem jede App für Vintagefotos nur abstinken kann. Dazu duftet es nach warmem Kopierpapier, kaltem Filterkaffee und Staub. Einige der anwesenden Lehrkräfte sprechen leise mit sich selbst, andere starren kauend und mit einem Graubrot in der Hand auf den Tisch. Nur drei jüngere Lehrerinnen tauschen sich etwas lauter über ihren Unterricht aus.

»Und dann«, sagt eine von ihnen gerade, »hat er mich als Fotze beschimpft und ist danach einfach rausgegangen. Könnt ihr euch das vorstellen?«

»Sei doch froh«, entgegnet eine andere. »Ich wurde gestern wieder mit Stiften beworfen, als ich die Hausaufgaben einsammeln wollte.«

»Und watt lernen wa daraus?«, schaltet Geierchen sich in die Diskussion ein. »Na, Strafarbeit und Hofdienst, Mensch! Abba sowat lernta nich an eure Uni, wa?« Er

grinst die Damen an, doch als die Dritte gerade widersprechen will, hebt er die Hand. »Ja, komm, is jut, ihr macht
ditt schon. Ick hab zu tun.«

Mit diesen Worten lässt er die Lehrerinnen stehen,
schnappt sich einen Ordner und hält ein paar Kolleginnen
von mir fern, die mich noch von früher kennen und gerade begrüßen wollten. »Hört uff jetze, den könnta später
vollquatschen«, raunt er ihnen zu, »wir hamm jetzt watt
Wichtjet zu besprechen.«

»Zu besprechen?« Meine linke Augenbraue hebt sich.
»Ich dachte wir trinken gemütlich ...«

»Du sollst nich denken.« Geierchen zwinkert mir zu,
schnappt sich seinen riesigen Schlüsselbund und weist mit
dem Kopf nach oben. »Heute wird jeackert. Komm, wir
jehn in meene Klasse, da hammwa unsre Ruhe.«

Unsere Schritte knirschen auf dem schmutzigen Linoleumboden, und weil es auch im Treppenhaus inzwischen
nach Toilette riecht, vergesse ich meine Neugier auf Geierchens Plan vorläufig und konzentriere mich nur auf das
Atmen durch den Mund.

Im ersten Stock angekommen, kickt Geierchen ein leeres Trinkpäckchen weg, das vor ihm auf dem Boden liegt,
hebt es vor einer der Klassentüren auf und steckt dann den
Schlüssel ins Schloss. »Welcome to my zehnte Klasse«, ruft
er feierlich in den Raum, pfeffert das Trinkpäckchen in
den Müll und präsentiert mir die jämmerlichsten fünfzig
Quadratmeter, die ich seit meiner Heimkehr aus dem pädagogischen Frontdienst gesehen habe.

»Allet beim Alten«, sagt Geierchen, fährt dabei mit dem
Zeigefinger über einen Schrank und hält mir das Ergebnis
anschließend unter die Nase. »Ett wird nich jeputzt, die
Wände haick selbst jestrichen, ditt Grünzeuch haick uff'n
Polenmarkt jekooft, und die Möbel der Kids«, er rüttelt an
einem der Stühle, bis eine Schraube herausfällt, »sind im
Eimer. Jenau wie die Kinnas selbst.«

»Nun mal eins nach dem anderen, Geierchen«, bremse ich ihn und nehme in der ersten Reihe auf einem wackligen Stuhl Platz. »Jetzt verrat mir doch bitte erst einmal, was du mit mir ...«

Sein Grinsen ist so bedeutungsschwanger, dass ich den Atem anhalte und den Kopf schüttele.

»Du willst mich doch nicht etwa wieder zum Lehrer machen, oder?«

»Quatsch. Ick weiß doch, datte als Pressefutzi für diese Stiftung jenuch zu tun hast. Nee, nee!«

Zu meiner Beruhigung schüttelt er den Kopf und kramt eine Akte aus seiner Tasche, die er aus dem Handgelenk auf meinen Tisch wirft. Auf dem Umschlag wurde mit einer Büroklammer ein Foto befestigt. »Kenntze den noch?«

Mit offenem Mund starre ich auf das Porträt, das einen grimmig dreinschauenden Teenager zeigt.

»Krass!« Auf den zweiten Blick erkenne ich den Jungen, der sich gerade noch mit einer gehörigen Portion Marihuana auf seinen Deutschunterricht vorbereitet hat. »Das ist doch Khalim.«

Geierchen nickt, und so erscheint vor meinem inneren Auge der gewitzte Sechstklässler, den wir damals unterrichtet haben. »Was ist denn mit dem passiert? Das sieht ja aus wie ein Fahndungsfoto.«

»Könnte daran liejen, dassit eens is. Na ja, jedenfalls fast. Ditt Bild is vor'n Ferien uff'm Revier entstanden«, klärt Geierchen mich auf. »Is ooch nich ditt erste Mal.« Er atmet tief durch und mustert mich dann von oben bis unten. »Kapierste jetze, warum de hier bist?«

Blinzelnd blicke ich aus der Akte hoch und schüttele langsam den Kopf.

»Na jut, denn klär ick dich ma uff ...« Seufzend lässt Geierchen sich auf seinen Lehrerstuhl fallen. »Khalim hattet hart erwischt, aber ick fang ma vorne an.«

Während des folgenden Berichtes wendet Geierchen

den Blick nicht vom blauen Himmel ab, der sich heute über den grauen Schulhof und die Stadt spannt.

Im Sommer 1999 wurde Khalim Farroukh als Sohn eines jungen libanesischen Paares in Berlin-Wedding geboren. Sein zweiter Vorname lautet Djihad, laut Geier wuchs er in einer Parallelgesellschaft auf, hatte also vor seiner Einschulung kaum Kontakt außerhalb des arabischen Freundes- und Familienkreises seiner Eltern. Als Khalim zwei Jahre alt war, brachte seine Mutter ein zweites Kind zur Welt, ein Mädchen. Ein weiteres Jahr später verließ der Vater die Familie. Dessen älterer Bruder, Khalims Onkel, übernahm daraufhin die Erziehung der Kinder, regierte wohl mit strenger und oft auch mit flacher Hand. Als Khalim 2006 eingeschult wurde, beherrschte er die deutsche Sprache nur bruchstückhaft.

»Wo so 'ne Biografie hinführt«, Geierchen zeigt auf die Akte und reibt sich lange die Stirn, »haste Schwarz auf Weiß vor dir. Schulischet Versagen, falsche Freunde, ständich am Schwänzen, kleinkriminellet Milljö, 'n janzen Tach stoned bis inne Haaspitzen, keene Hausaufgahm ...« Mit zusammengekniffenen Augen schaut Geierchen mich an. »Muss ick noch mehr sagen?«

Gedankenverloren starre ich auf das Foto und versuche, diese Geschichte mit dem Bild zu verknüpfen, dass ich von dem Jungen aus meiner Zeit als sein Lehrer noch im Kopf habe. »Wenn ich mich recht erinnere, war Khalim doch ein ganz cleveres Kerlchen. Zwar recht aggressiv, aber auch ziemlich pfiffig und zwischendurch sogar recht einfühlsam«, denke ich laut nach. »Als ich vor zwei Jahren zum Sommerfest hier war, hab ich mich echt gut mit ihm unterhalten.«

»Aus dem Kerlchen is 'n Kerl jeworden.« Geierchen spannt seine Nackenmuskeln an. »Aber watt für eena! Kann ick weitererzählen?«

Ich nicke, und so berichtet Geierchen von dem Tod

des Onkels, der vor zwei Jahren einem Krebsleiden erlag. Khalim traf dieser Verlust wohl härter, als Geierchen es erwartet hätte, und so brachen die schulischen Leistungen des Jungen stark ein, er blieb sitzen und sammelte erste Erfahrungen mit der Polizei.

»Meist Klopperein«, erklärt Geierchen, »aber üble. Ditt wurde erst besser, als der Vater plötzlich wieder uffjetaucht is.«

»Wie, der war dann auf einmal wieder da, oder was?« Ich schaue aus der Akte hoch, in die ich mich gerade vertieft hatte. »Woher weißt du das denn überhaupt alles?«

»Guten Morgen, Möllerchen!«, bellt er mich an. »Ick bin sein Klassenlehrer, Mensch.«

»Stimmt.« Mit der Hand am Kinn nicke ich. »Seit wann unterrichtest du eigentlich die Oberstufe? Du bist doch eigentlich Grundschul…«

»Na, ditt fraacht der Richtje!« Er schüttelt den Kopf. »Kennze doch von dir: Wer bei drei nich uff'n Baum is, wird einjestellt – oder ehmnt befördert. Jedenfalls hab ick mit Khalims Mutter jesprochen, mit ihm selbst tausend Mal, und mit seiner ehemaljen Klassenlehrerin.«

»Und was ist mit der? Wo ist …«

Geierchen zieht eine Braue hoch und kreist mit dem Zeigefinger neben seiner Schläfe.

»Burnout?« Er nickt. »An den Stadtrand gezogen?«

»Potsdam. Kann ick weitermachen? Ditt Finale kommt ja noch.« Er nimmt einen Schluck aus seiner Kaffeetasse und schaut wieder aus dem Fenster. »Der Vater war echt jut druff, keen Heilja, aber 'n anständja Kerl. Mit dem haick schon allet jeplant. Er spielt den juten Bullen, und ick den bösen. So wollten wa Khalim zusamm durch de Zehnte schleifen.«

»Aber?«

»Aber …« Er seufzt einmal tief und schaut mich dann an. »Inna letzten Ferienwoche, kurz nach Khalims sech-

zehnten Jeburtstach, is der Mann über 'ne grüne Fußgängerampel jelaufen und dabei von een Betrunkenen überfahren worden.«

»Ach du Sch…«

»Ditt kannste aber laut saren.«

Wir schweigen. Erst nach einer gefühlten Ewigkeit
wage ich die Frage: »Ist er …«

»Im Koma«, unterbricht mich mein alter Kollege. »Intensivstation. Aber wenn de mich fragst, jesund wird der
nich mehr.«

»Und Khalim?«

Geierchen lehnt sich in seinem Stuhl zurück, faltet die
Hände auf seinem Bauch und starrt durch seinen Schreibtisch hindurch. »Vollkommen ausjeflippt. Der erste Schul-
tach war …« Er legt beide Hände vors Gesicht. »Der Junge
war uff so 'n juten Weech! Jestern hamm de Bullen hier
anjerufen. Wieder 'ne Schläjerei, Krankenwagen, ab uffe
Wache, ditt volle Programm.«

Ich überfliege Khalims Schulakte, die gegensätzlicher
nicht sein könnte: sehr erfolgreiche Teilnahmen an Sport-
veranstaltungen, dann wieder Beleidigungen von Lehrern, gefährliche Prügeleien auf dem Schulhof, dazu eine
Zwei in Mathematik, Kiffen auf der Schultoilette und zu-
letzt Verdacht auf Dealerei.

»Also unterm Strich ist der Typ nicht doof, aber aggressiv und frustriert, richtig?«

Geierchen nickt.

»Und was hab ich jetzt damit zu tun?«

»Hastet also immer noch nich kapiert, he?« Langsam
steht der Mann mit der rosafarbenen Lesebrille auf, die
noch immer an einer Goldkette um seinen Hals hängt,
schlendert um seinen Tisch herum und bleibt schließlich vor mir stehen. Dann verschränkt er die Arme vor der
Brust und schaut mich ohne zu blinzeln von oben an. »Du
wirst sein Nachhilfelehrer.«

»Ich?«

Wir starren uns an.

»Aber …«

»Überleg ett dir bitte jut. Ditt is Khalims letzte Chance.«

»Worauf?«

»Na uff 'n orntlichen Schulabschluss.«

Mit halbem Hintern setzt er sich auf sein Lehrerpult und klärt mich in wenigen Sätzen darüber auf, dass Khalim gerade mit Ach und Krach die neunte Klasse mit dem geringsten Abschluss beendet hat, den unser Schulsystem anbietet, und sich in einem knappen Jahr entscheiden wird, ob er daran noch etwas ändern kann.

»Vor'n Ferien hamm der Fadda und ick jedacht, wir kriegen den Jungen noch zum erweiterten Hauptschulabschluss. Tja …« Plötzlich steht Geierchen auf und läuft unruhig vor der Tafel auf und ab, dann dreht er sich zu mir um. »Wenn Khalim so weitermacht, kanna nacha Zehnten direkt uff's Amt spaziern!«

»Aber immerhin hat er einen Abschluss«, werfe ich ein. »Außerdem gibt's den Hauptschulabschluss doch gar nicht mehr, oder?«

»Jaja, alter Wein in neuen Schläuchen.« Geier lacht trocken. »Ditt heißt jetzt zwar Berufsbildungsreife, aber 'ne Lehrstelle krisste damit ooch nich. Hör jut zu …« Er holt einen Zeitungsartikel aus der Schublade seines Schreibtisches und liest mir Fetzen daraus vor. »›Knapp die Hälfte aller Hauptschüler findet keinen Einstieg, nur ein Viertel schafft es über die Ausbildung in die Vollbeschäftigung, ein weiteres Viertel scheitert beim Versuch, Anschluss an die Welt der qualifizierten Arbeit zu finden.‹« Über seine Lesebrille schaut er mich an. »Watt grinst'n du so frech?«

»Ach nichts.« Ich halte mir die Hand vor den Mund. »Ich wusste bloß nicht, dass du auch Hochdeutsch sprichst.«

»Vorsicht Freundchen, ja?« Er zwinkert, hält dann aber den Zeitungsausschnitt wieder hoch. »Watt ick damit saren will: Der Junge brauch mindestens diese erweiterte Berufsbildungstrallala, und ick denke, mit na juten Untastützung kanna ditt ooch schaffen. Außadem mussa sich bewerben um 'ne Ausbildung, sonst kickta in een Jahr doff ausse Wäsche.« Geierchen setzt sich wieder hin, nimmt die rosafarbene Lesebrille von der Nase und sagt: »Ick will keene Antwort von dir hören, bevor de Khalim nich im Deutschunterricht jeseh'n hast.«

Ich schaue von der Akte hoch. »Wann?«

»In exakt … sechs Minuten. Schröder weiß Bescheid, ditt is der Deutschlehrer.«

»Was sagt denn eigentlich die Schulleitung dazu, dass ich hier …«

»Weeß ick doch nich«, unterbricht er mich forsch, »is mir abba och ejal. Jetzt stell ick dir erstma Schröder vor, los.«

»Hat der Kollege auch einen Vornamen?«, frage ich beiläufig, als wir den Klassenraum verlassen.

Geierchen bleibt abrupt stehen und schaut mich von unten an. »Du stellst Fragen.« Er blickt einen Moment aus dem Fenster, schüttelt dann aber den Kopf. »Watt weeß ick? Komm jetze!«

Rennt krass rückwärts bei ihn

Im Lehrerzimmer angekommen, weist Geier mit dem Kinn auf einen großen Mann, der gerade am Kopierer steht. Dann pfeffert er seine Unterlagen auf den Konferenztisch in der Mitte des Raums und stellt seine Tasche auf einem der moosgrünen Stühle ab. »Tach Schröder!«, ruft er laut und nähert sich dem hageren Herrn, der einen grauen Pullunder mit beigefarbenem Hemdkragen darunter trägt. »Na, kopierste wieder dein' Unterricht aus'n Achzijan?«

»*Herr* Schröder«, korrigiert ihn der streng dreinschauende Mann. »So viel Zeit muss sein. Außerdem verbitte ich mir solche …«

»Ja, ja, is klar.« Rolf grinst mich an. »Ditt is Möller, ick meine natürlich: *Herr* Möller.« Dann schielt er zu Herrn Schröder hoch. »Weeßte Bescheid, ja? Ick lass euch jetzt alleene, muss im Nawi-Raum noch meine Eier wärmen.«

Mit diesen Worten rauscht er davon. Einen Moment lang stehe ich neben Herrn Schröder und beobachte, wie er ein weiteres Arbeitsblatt auf das Kopiererglas legt und präzise an der Ecke ausrichtet, bevor er den Deckel schließt. Eine rahmenlose Brille sitzt auf seiner spitzen Nase, unter der sich ein sauber rasierter Schnurrbart befindet. Sein ebenfalls spitzes Kinn ist vollkommen frei von Haaren, ebenso die Oberseite seines Kopfes.

»Herr Geier brütet mit seinen Naturwissenschaftsklassen Hühnereier aus«, erklärt Herr Schröder mit dünner Stimme und drückt dann so lange auf das Bedienfeld des Kopierers, bis ein Piepton zu hören ist und der Kopiervorgang startet. »Ich verstehe einfach nicht«, zischt er zuerst leise, wird dann aber lauter, »warum es jetzt überall diese Tatschdinger hier gibt. Sind ganz normale Tasten denn aus der Mode gekommen?« Dann atmet er einmal tief durch und mustert mich aus seinen kleinen Augen. »Wie gut kennen Sie Khalim?«

»Ich habe ihn zwei Jahre lang in Mathe und Sport unterrichtet und weiß noch, dass er ...«

»Gar nichts wissen Sie, Herr Müller, rein gar nichts.« Schröder verschränkt die Arme vor der Brust und schließt die Augen für einen Moment. »Nichts für ungut, aber Sie haben ja überhaupt keine Vorstellung davon, was da oben los ist. Wenn ich recht informiert bin, sind Sie von Hause aus gar kein Lehrer, oder?«

»Von Hause aus bin ich Lehrerkind und per Ausbildung Diplom-Pädagoge mit Schwerpunkt Erwachsenenbildung.«

Er schaut mich einen Moment schweigend an, dann meldet der Kopierer Papierstau. Ruckartig öffnet Schröder eine seitliche Abdeckung des Geräts, bückt sich hinunter und reißt ein zerknittertes Blatt heraus.

»Bei Khalim handelt es sich um ein ganz besonders freches Früchtchen«, spricht er gebückt in den Kopierer hinein, »der meinen Unterricht gezielt ... Also, diese vermaledeite SCHEISSE hier!« Er hebt seinen geröteten Kopf und wendet sich an das Kollegium. »Kann mir mal jemand erklären, wie man ...«

»Ja, kann ich«, unterbreche ich ihn und lege einen roten Hebel um, der sich direkt neben der Seitenklappe versteckt. Wie früher schiebe ich dann die Walze beiseite, ziehe das restliche zusammengeknüllte Papier aus dem Gerät, schließe die Klappe und setze den Kopiervorgang mit einem Knopfdruck fort. »Das Ding hat damals schon nicht richtig funktioniert«, sage ich ruhig. »Am besten schaue ich mir Khalim mal selbst an. Sind Sie hier fertig? Sonst würde ich schon mal ...«

»Allein gehen Sie hier nirgends hin. Sie sind ja immerhin schulfremd.«

Auf dem Weg nach oben zum Unterricht bleibe ich brav hinter Schröder und kann dabei beobachten, wie er seinen strammen Schritt immer wieder schnaubend unterbrechen muss, weil ihm einer der Schüler vor die Füße läuft. Als er einen kleinen dicken Jungen mit Basecap entdeckt, der mit einem Fuß an der Wand lehnt und Kaugummi schmatzend auf sein Handy starrt, bleibt Schröder vor ihm stehen und räuspert sich – ohne erkennbaren Effekt.

Erst nach dem dritten Räuspern schaut der Teenager hoch und zuckt mit den Schultern. »Was?«

»Das heißt: ›Wie bitte?‹! Und Handys sind hier verboten.« Schröder blinzelt nervös. »Beim nächsten Mal nehm' ich dir das sofort ...«

»Schon klar«, antwortet der Junge und schaut wieder auf das Display, »sch'mache ihm gleisch weg.«

Auf den nächsten Metern höre ich gerade noch, welche Bezeichnung der Handyglotzer für Herrn Schröder übrig hat – und was der wiederum von der Sprache der Schüler hält.

»Dieses asoziale Kauderwelsch«, schimpft er vor sich hin, als er auf Geierchens Klassenraum zugeht, »ist doch glatt zum Auswandern! Und irgendwelche Sprachforscher wollen uns auch noch weismachen, das sei eine kulturelle Leistung – Dummheit ist das, sonst nix!«

Vermutlich spielt er auf die Argumentation einer Sprachforscherin aus Potsdam an, die vor einiger Zeit den Begriff »Kiezdeutsch« entwickelt hat. Darunter versteht sie den Sprachduktus vieler Jugendlicher, die meist – aber durchaus nicht immer – aus Migrantenfamilien stammen und nicht nur zahlreiche Worte aus der Heimatsprache ihrer Eltern in ihre Sprache einfließen lassen, sondern auch eine ganz eigene Grammatik verwenden.

Während vor allem die Mitglieder etablierter Milieus angesichts dieses Sprachwandels die Hände über dem Kopf zusammenschlagen und der Meinung sind, darin einen Vorboten des Untergangs der deutschen Dichter- und Denkerkultur auszumachen, vertritt die Potsdamer Wissenschaftlerin einen ganz anderen, wie ich finde recht erfrischenden Standpunkt: Kiezdeutsch sei kein falsches oder schlechtes Deutsch, sondern eine ganz eigene Sprache, die auch Jugendlichen ohne Migrationshintergrund als Abgrenzung zu Erwachsenen, vor allem aber Migrantenkindern als kulturelles Identifikationsmerkmal diene.

Bis hier kann ich diese Argumentation sehr gut nachvollziehen, denn auch ich und meine Freunde haben als Teenager echt komisches Zeug geredet. Und auch heute haben es einige der Floskeln aus dem Kiezdeutsch zur Verwunderung richtiger Erwachsener bis in meinen Wortschatz geschafft – wie »übergeil«, »chill' ma« oder »nice, I like!«. Außerdem erstaunt es mich nicht weiter, dass Kinder, die weder die Heimatsprache ihrer Eltern noch die deutsche Sprache richtig gelernt haben, sich selbst behelfen. Noch weniger verwundert, dass dabei eine bunte Mischung aus allen anwesenden Sprachen entsteht – inklusive eigener Begriffe und grammatischer Regeln.

Dieses Phänomen habe ich auch in der kulinarischen Welt beobachtet. Vor einigen Jahren flog ich mit ein paar türkischstämmigen Freunden nach Istanbul, die Heimatstadt ihrer Eltern, und sorgte für großes Gelächter, als ich vorschlug, dort einen Döner essen zu gehen. Der wurde nämlich in den 70er-Jahren von einem türkischen Gastarbeiter in Berlin erfunden und ist somit quasi das essbare Pendant zum Kiezdeutsch.

Nur bei einer Argumentationslinie, die aus der Uni

Potsdam in die Zeitungen und Radiosendungen der Bundesrepublik drang, bekam ich etwas Bauchschmerzen: Aus den eher nüchternen Feststellungen ihrer linguistischen Untersuchungen zieht die Wissenschaftlerin nämlich den Schluss, dass wir uns um die sprachlichen Kompetenzen der betroffenen Kids keine Sorgen machen müssen. Die meisten Kiezdeutschsprecher, so wollen es die Forscherin und ihr Team beobachtet haben, könnten das Kiezdeutsch nämlich auch »abschalten« und würden im Unterricht oder im Bewerbungsgespräch eine Sprache sprechen, die – zumindest im weiteren Sinne – als korrektes Deutsch gelte.

Ich habe keinen blassen Schimmer, wo sie das herausgefunden haben will, denn nach allem, was ich in Klassenzimmern und auf dem Schulhof erlebt habe, verfügen nur wenige Kinder aus den betroffenen Milieus – oft genug auch ohne jeglichen Migrationshintergrund – über die Fähigkeiten, die richtigen Artikel und Präpositionen zu verwenden (oder überhaupt welche), Verben zu konjugieren, Adjektive zu beugen oder Substantive zu deklinieren. Zu diesem Phänomen, das also eher sozialen als nationalen Ursprungs ist, kommen nach meiner Erfahrung oft ein sehr beschränkter Wortschatz und eine Aussprache, die jeden Sprachtherapeuten ans Ende seines Logopädenlateins bringen würde – allem voran das wichtigste Merkmal der *Generation Isch*: die konsequente Aussprache des weichen *ch* als *sch*.

Vorm Klassenraum angekommen, stellt sich uns ein kleiner Schüler in den Weg, der ebenfalls eine Schirmmütze trägt und mich mit seinem Gebrüll aus meinem kleinen Exkurs in die Realität des Schulgebäudes zurückholt.

»Herr Schröda, kumma, kumma, kumma!« Er holt einmal Luft und legt dann los. »Isch hab so meine Platz gegeht, und Khalim er sagt so, sch'bin Kaffa, er denkt so er's Hayvan, dabei bei ihn es rennt überkrass rückwärts, ja?« Der Schüler schaut Herrn Schröder an, dann mich. »Weißdu, wie'sch meine?«

Langsam atmet der Deutschlehrer durch die Nase und krallt sich am Griff seiner Tasche fest. Als er reagieren will, fällt sein Blick jedoch auf das Chaos in der Klasse, also stellt er die Tasche neben sich ab, lässt seinen Blick durch den Raum wandern und schweigt.

»Also, es ist doch immer dasselbe, wenn ich hier …«, ruft er plötzlich mit sich überschlagender Stimme. »Setzt ihr euch jetzt bitte hin? Und du, Marcel.« Er wendet sich wieder dem schmächtigen Schüler mit der Mütze zu. »Du lernst erst mal Deutsch, bevor du jemanden verpetzt, klar?«

Wieder lässt er einen Moment vergehen, dann schüttelt er den Kopf und bahnt sich – seinen Koffer in beiden Händen eine Armlänge vor sich – seinen Weg durch das Chaos zum Lehrerpult. Ich warte lieber erst einmal vor der Tür und beobachte, wie er mithilfe des Tafellineals das Durcheinander auf dem Schreibtisch zur Seite schiebt. Dann winkt er mich herein.

Und da ist er wieder, dieser Moment, an dem ich damals so oft und grandios gescheitert bin: der Erstkontakt mit den Kids. Ich weiß noch genau, wie ich mir zu Beginn meiner Lehrerlaufbahn eingebildet habe, mit einem netten Auftreten für ein gutes Klassenklima zu sorgen. Als ich dann nach meinem ersten beinharten Berufsjahr eine sechste Klasse in die Oberschule entließ, verrieten mir ein paar Schüler, wann sie merken, ob sie einem neuen Lehrer auf der Nase herumtanzen können: in den ersten Sekunden seines Auftritts.

Die Gestik und die Mimik, die ich mir im Laufe der darauffolgenden Zeit antrainierte, musste frei von jeglichem Zweifel sein, musste zeigen, dass ich der Typ war, der diese Veranstaltung namens »Unterricht« leitete – unmissverständlich. Nun bin ich heute zwar nur als Beobachter dabei, dennoch rufe ich mir das Schema noch einmal kurz ins Gedächtnis. Immerhin präsentiere ich mich nun keinen Kindern mehr, sondern knapp dreißig Jugendlichen, die vor wenigen Tagen ihr letztes Jahr in dieser Bildungsanstalt begonnen haben.

Also, Möller: Bauch rein, Brust raus, langsam gehen, nicht lächeln, nicht blinzeln, niemanden anstarren, für den Fall aber, dass dich jemand anstarrt: seinem Blick nicht ausweichen!

Als ich fast unbemerkt neben Herrn Schröder angekommen bin, stelle ich meine Tasche auf dem Fensterbrett ab und wage den ersten, entscheidenden Blick in die Klasse.

»Züüüüüüüscho, Herr Mülla!«, brüllt sofort einer aus dem hinteren Teil des Raumes, wo sich die Jungs zu einer großen Gruppe zusammengerottet haben. Die Gespräche werden schlagartig leiser, fast alle Köpfe drehen sich zu mir um, als ein etwas untersetzter Blondschopf auf mich zuläuft.

Erst einen Moment später erkenne ich ihn: Es ist Justin, der damals in der 6e zusammen mit Jack direkt vor dem Lehrertisch saß, woran sich bis heute offenbar nichts geändert hat. Hinter den beiden entdecke ich auch Melek und Samira wieder, und in der letzten Reihe finde ich schließlich Khalim. Er sitzt an einem Einzeltisch, schaut mit offenem Mund zwischen mir und Herrn Schröder hin und her und ist der Erste, der den kurzen Moment der Stille unterbricht.

»Was ... was machst du hier?«

Wenn der wüsste! Wie mit Geier abgemacht, verrate ich ihm nichts von dem Plan, ihn in seinem schwierigsten Schulfach zu beobachten. Stattdessen bin ich erst einmal erstaunt darüber, wie heftig sich ein Mensch zwischen dem dreizehnten und dem sechzehnten Lebensjahr entwickeln kann. Da ich ihn in dem Kifferkreis vorhin nicht erkannt habe, ist mir somit auch nicht aufgefallen, wie markant seine Gesichtszüge inzwischen sind. Dicklich war Khalim nie, aber nun ist auch das letzte Gramm Babyspeck aus seinem Antlitz verschwunden. Sein kantiger Kiefer formt sich zu einem stolzen Kinn, darüber sitzen volle Lippen und eine kerzengerade Nase. Unter buschigen Brauen schaut er mich aus großen dunkelbraunen Augen an.

»Herr Möller ist heute hier«, schaltet sich nun der Deutschlehrer ein, »weil er für die Universität eine Arbeit über Berliner Schulen schreibt.«

Gelangweilt wenden sich die meisten der Teenies wieder ab und gehen ihren bisherigen Beschäftigungen nach, nur Justin und Jack bombardieren mich mit Fragen.

»Bist du immer noch Hartz Vier?«

»Wie alt sind jetze deine Kinder?«

»Ohaaaaa, hast du neue Schuhe? Eschte Naikie?«

»Kannst du bitte, bitte wieder unser Lehrer werden und wieder Türkei auf Gitarre spielen?«

Schon während meiner aktiven Zeit im Schuldienst hätte ich manchmal am liebsten eine Webcam auf dem Lehrerpult installiert, um aus diesem so wunderbar ungleichen Pärchen eine YouTube-Sensation zu machen: Der eine, Justin, ist immer aufgekratzt und stets in Bewegung, wie ein aufgescheuchtes Huhn, und der andere, Jack, lethargisch, chronisch müde und schwerfällig in all seinen Bewegungen.

Aber so unterschiedlich die beiden waren und sind, so viel hat sie – zumindest damals – auch verbunden: und zwar ihre stark ausgeprägte und alle Fächer betreffende Lernbehinderung. Ob Schreib-, Lese- oder Rechenkompetenz, Konzentrationsfähigkeit oder Arbeitsmotivation, ob Grob- oder Feinmotorik oder die Fähigkeit zum selbstständigen Arbeiten – die beiden bildeten in allen Fächern das absolute Schlusslicht, hinkten teilweise bis zu drei Jahrgänge hinterher und waren damit sozusagen die Blinden unter den fast ausschließlich Einäugigen, durch die diese Klasse geprägt war.

»Mir geht's gut, Jungs, danke«, sage ich leise. »Schön, euch zu sehen.«

Und davon ist kein Wörtchen gelogen, denn über die beiden habe ich mich tatsächlich immer wieder gefreut. So schwierig es nämlich auch gewesen sein mag, das ohnehin geringe Leistungsniveau dieser Klasse für die beiden immer noch zu unterschreiten, so berührend und erfüllend war die Arbeit mit diesen zwei wirklich liebenswerten Kerlen, die sich über ihre sehr spezielle Rolle stets im Klaren waren – und vom Rest der Klasse immer wieder daran erinnert wurden.

Jeder von ihnen reagierte damals anders auf die ständigen Hänseleien, und so war es ihren Mitschülern ein Leichtes, den zappligen Justin im Handumdrehen zur Weißglut zu bringen, wohingegen Jack sein Gesicht bei jedem fiesen Spruch hinter den Händen versteckte und sich aus dieser Haltung oft erst Minuten später wieder heraustraute.

Als ich in meiner Tasche nach Schreibmaterial krame, kommt Schröder mir so nahe, dass ich seinen letzten Filterkaffee riechen kann. »Die beiden hier vorn«, flüstert er mir zu und verdreht die Augen, »sind die absoluten Schwachköpfe. Ich sag' immer: Dick und Doof – wobei beide beides sind.« Dann schaut er mich mit aufgerissenen Augen an, präsentiert sein Koffeingebiss und wartet vergebens darauf, dass ich über seinen Witz lache.

»Ich setze mich dann mal nach hinten«, sage ich leise, ohne auf seinen boshaften Spruch einzugehen, »dann vergessen mich die Schüler vielleicht eher, als wenn ich hier vorn rumstehe.«

»Ja, ist gut.« Er greift wieder nach dem Tafellineal und wendet sich dann an die Klasse: »Ruhe jetzt, wir fangen an!«

41

Lustlos schlendern die Teenager zu ihren Plätzen und verlieren dabei ein paar unschöne Kommentare über Herrn Schröder und seinen rauen Tonfall.

Im hinteren Bereich der Klasse angekommen, schnappe ich mir einen Stuhl und positioniere ihn schräg in der Ecke, sodass ich Khalim aus dem Augenwinkel, aber auch die restliche Klasse sehen kann. Dann schlage ich die Beine übereinander und nehme mir vor, die Stunde einfach mal auf mich wirken zu lassen – ganz objektiv.

Noch immer mit dem Lineal ausgestattet, verschränkt der hochgewachsene Schröder nun die Hände hinter dem Rücken, marschiert wie ein Zinnsoldat ein paar Schritte in die Mitte seiner Bühne und bleibt dort stehen. Dann verkündet er die ersten Worte seiner Stunde, wobei er seine Oberlippe samt Bart wie eine Jalousie nach innen einrollt: »Womit? Haben wir? Die letzte Stunde? Beendet?«

Die Sprechpausen zwischen den einzelnen Satzbausteinen lassen seine Frage wie vier Fragen wirken, wobei er jede einzelne in höherer Stimmlage beendet. Das Ergebnis ist beeindruckend: absolute Stille.

»Was denn? Niemand weiß, womit wir die letzte Stunde beendet haben?«, hakt Schröder ungläubig nach, doch in der ersten Reihe meldet sich nun das kleine Kerlchen mit der Schirmmütze. »Ja, bitte. Marcel.«

»Mit Pausenklingel.«

Die Klasse bricht in lautes Gelächter aus, das der Lehrer mit dem wilden Gefuchtel seiner Arme zu beenden versucht.

»So ein Unsinn!«, schimpft er in den langsam ausklingenden Lärm hinein. »Außerdem, Marcel«, er stapft auf die erste Reihe zu und rupft dem Jungen die Mütze vom Kopf, »keine Hüte im Unterricht. Wie oft soll ich das denn noch …«

»Is kein Hut«, unterbricht ihn Marcel, »is Käppi!«

»*Eine* Kappe!«, ruft Schröder und legt den Kopf in den

Nacken. »Habt ihr denn noch nie etwas von Artikeln gehört?«

Wieder herrscht Stille.

»Doch, sch'kenne Artikel«. ruft Melek plötzlich, die schon zu meiner Zeit zwar nicht auf den Mund, aber eben doch ein bisschen auf den Kopf gefallen war. »Von Dings, Ammatzohn.«

Schröder schaut sie an, als würde sie sich gerade selbst einen Zahn ziehen, doch sie hat keine Gnade und erklärt ihm ihren Gedankengang.

»Kumma so. Wenn isch gehe so Ammatzohn, dann er sagt so: Ihre Warenkorb sind drei Artikeln drinne.«

Als Schröder gerade zusammenbrechen will, steht Khalim auf und zeigt mit ausgestrecktem Arm auf Melek. »Was hast du gekauft Amazon?«, ruft er. »Eine Dildo?«

Tumult bricht aus. Die Typen in Khalims Umgebung klatschen ihn zur Belohnung ab, andere profilieren sich stöhnend mit masturbationsartigen Bewegungen, die Mädels dagegen schreien lauthals durcheinander und werfen den Jungs grausame Begriffe um die Ohren. Und das alles nach weniger als drei Minuten Unterricht.

Wobei das vielleicht nicht unbedingt der passende Begriff für diesen Zeitvertreib ist.

Schröder lässt die Schultern nach unten sacken, schaut mich an und setzt sich, mit spitzen Lippen nickend, langsam auf seinen Stuhl. Aus einer Schublade im Lehrerpult zieht er das Klassenbuch, woraufhin erste Schülerinnen und Schüler anfangen, sich gegenseitig zur Ruhe zu ermahnen. Als er die Kappe seines Füllfederhalters mit sadistischer Langsamkeit abschraubt und auf dem Tisch ablegt, ist bis auf ein paar Lacher nichts mehr zu hören, und als die Feder das Papier berührt, befürchten nun auch die Letzten, dass diesmal vielleicht doch handfeste Konsequenzen folgen könnten.

»Beim nächsten Mal«, sagt Schröder leise und schaut

sich mit schmalen Augen in der Klasse um, »gibt's Ärger, das verspreche ich euch.«

Nach seiner Drohung ist es zwar weitgehend leise, dennoch ist deutlich zu spüren, dass noch irgendetwas in der Luft liegt. Ohne jegliche Mitarbeit der Klasse widmet sich Schröder nun dem Thema seiner Stunde, für das er nach und nach ein aufwendiges und textlastiges Tafelbild kreiert. In einem langen Monolog erklärt er – zumeist mit dem Rücken zur Klasse – den Unterschied zwischen Jambus, Trochäus, Daktylus und Anapäst und trägt dabei immer wieder eine Verszeile vor, wobei er bei seinem Vortrag rhythmisch den Zeigefinger schwenkt und sich schließlich zu seinem vermeintlichen Publikum umdreht. »All das kann – kann! – natürlich im nächsten Test abgefragt werden.«

Aus dem Augenwinkel sehe ich, dass Khalim, der inzwischen ziemlich weit in seinen Stuhl hineingerutscht ist, abwechselnd mit einem Zirkel in einem Radiergummi herumbohrt, aus dem Fenster schaut oder unter dem Tisch an seinem Handy herumspielt. Auch die anderen Kids scheinen vollkommen vergessen zu haben, dass ich hinter ihnen sitze, und haben kein Problem, sich mit allem anderen zu beschäftigen als dem Gegenstand des Unterrichts: dem Versmaß in den Werken Johann Wolfgang von Goethes.

Als ich kurz davor bin, auf meinem Notizblock gegen mich selbst im Käsekästchen zu gewinnen, bahnt sich endlich wieder Action an. Im Stechschritt ist Schröder zu Khalim unterwegs, der schnell sein Handy in die Hosentasche schiebt.

»Soso, Farroukh, was haben wir denn da?« Wieder bleckt Schröder seine gelblichen Zähne. »Na los, zeig schon her! Liest du vielleicht Märchen aus Tausendundeiner Nacht? Ach, was red ich da?« Er lacht mit hoher Stimme. »Du und lesen?«

Khalim schnalzt mit der Zunge und deutet ein Kopfschütteln an, aber Schröder lässt nicht locker und droht
ihm mit einer Woche Hofreinigungsdienst, sollte er sein
Telefon nicht augenblicklich herausrücken. Khalim presst
die Lippen aufeinander und folgt den Anweisungen zäh-
neknirschend.

»Diese fürchterlichen modernen Dinger«, nuschelt
Schröder, doch nachdem er ein paarmal mit seinen langen Fingern übers Display gestrichen hat, verstummt
das Gekicher der Klasse, und seine Miene erhellt sich.
»Aha, Fehsbuck also!«, ruft er mit freudiger Erregung in
der Stimme, und erst als er sich zur Klasse umdreht, habe
auch ich kapiert, dass er mit diesem denglischen Begriff
das größte soziale Netzwerk weltweit meint. »Wer möchte
wissen, was Khalim hier schreibt?«

Wie erwartet bricht Applaus aus, und so beobachte
ich mit offenem Mund, wie Schröder seinem Schüler das
Handy hinhält. »Lies bitte laut vor!«

»Nein, sch'mache nisch«, bringt Khalim mit unter-
drücktem Zorn hervor, traut sich aber offensichtlich nicht,
nach dem Telefon zu greifen.

»Lies! Laut! Vor!« Schröder beugt sich mit geradem Rücken zu Khalim hinunter, legt dann aber noch einen drauf.
»Welchen Teil dieses deutschen Satzes hast du nicht verstanden?«

Khalim schüttelt wieder den Kopf, und auch nachdem
Schröder seine Forderung noch einmal wiederholt hat,
bleibt er stur.

Also nimmt der Lehrer das Handy und hält es sich
vor die Nase. »Dann lese ich eben vor.« Er räuspert sich.
»»Hallo Miri, isch liebe auch Somma schwimm übergeil. Freitag isch geh Prinzenbad. Gehst du auch? Du bist
bombe!‹«

Die Klasse bricht in hämisches Gelächter aus. Melek
liegt vor Lachen fast unter ihrem Tisch, Justin und Jack

fallen sich gegenseitig in die Arme und machen Khalim nach.

»Er liebt ein Bombe!«, brüllt Justin und wischt sich dabei Tränen aus den Augen. »Und dann er geht so schwimm. Sch'lach misch kaputt ...«

»Tja, Khalim«, ruft Schröder über den Lärm der Klasse. »Selbst schuld. Und jetzt ist hier ...« Er holt tief Luft und brüllt dann in die Klasse. »RUHE IM KARTON!«

Justin, der schon damals viel Zeit brauchte, um sich nach einem Lachanfall zu beruhigen – und mich damit immer mal wieder ansteckte –, zeigt jetzt mit dem Finger auf Schröder. »Ruhe im Kahtong«, wiederholt er und hält sich den Bauch. »Welscha Kahtong? Ein Schuhkahtong?«

Während Schröder um Fassung ringt, fällt mir Samira auf, die sich ihre Haare vors Gesicht geschoben hat und still auf ihrem Platz sitzt, was für sie doch eher untypisch ist.

Khalim, dessen Zirkel jetzt im Tisch steckt, kaut auf seiner Unterlippe herum und starrt aus dem Fenster. Schröder dagegen nimmt den Unterricht wieder auf und will von Khalim wissen, ob er das Tafelbild versteht.

»Jaja«, antwortet der abwesend, schaut dabei aber weiter aus dem Fenster. »Hast du super gemacht.«

»*Sie!*« Schröder schaut sich grinsend in der Klasse um. »Das haben *Sie* super gemacht, Khalim.«

»Wieso *sie*?« Khalim guckt seinen Lehrer an. »Bist du Frau, oda was?«

Angesichts des erneut entflammenden Gelächters erschlaffen die Gesichtsmuskeln des Lehrers augenblicklich, dann greift er wieder nach dem Klassenbuch. »Jetzt reicht's mir aber, Farroukh«, sagt er leise und zeigt auf den freien Platz zwischen Marcel und Justin, »du setzt dich SOFORT nach vorn!«

»Nach vorn?« Khalim lässt sich mit seiner Antwort einen Moment Zeit. »Nein.«

»Doch, das wirst du!«, brüllt Schröder nun noch lauter. »Ich meine es verdammt ernst.«

»Sch'auch.« Lässig kippelt der Junge mit seinem Stuhl gegen die Wand und verschränkt die Arme vor der Brust. »Sch'wör dir, sch'mache nich! Was jetzt, he?«

Schachmatt für Khalim, denn nach dieser Provokation hat er seinen Lehrer genau dort, wo er ihn haben will, und zwar mit dem Rücken an der Wand althergebrachter Pädagogik. Und da schlummert die letzte Waffe, die Herrn Schröder jetzt noch bleibt: die Kollektivstrafe.

»Na gut, dann gibt's jetzt eben ...« Diesen Anfang scheint die Klasse bereits zu kennen, denn schon greifen die meisten in ihre Federtaschen und zücken mit verdrehten Augen die Stifte. »... ein Strafdiktat für alle. Und das schlechteste ziehe ich wie immer in der Pause auf eine Folie und zeige es euch an der Wand.« Er lässt einen Moment vergehen und schaut dann wieder nach hinten, wo Khalim immer noch mit dem Stuhl kippelt. »Ob es wohl diesmal wieder Farroukhs sein wird?«

Mit offenem Mund verfolge ich die letzten Minuten der ersten Halbzeit in dieser Schüler-gegen-Lehrer-Partie, in der Schröder der Klasse im Eiltempo einen improvisierten Text diktiert, der voller Fremdwörter und Nebensätze steckt. Als er die Pause einleitet, stelle ich meinen Stuhl an seinen Platz zurück, falte meine Notizen mehrfach zusammen und lasse sie in meiner Tasche verschwinden.

»Na?« Schröder schaut mich über seine Brille hinweg an und nimmt noch einen Schluck Kaffee aus dem Becher seiner Thermoskanne. »Hab ich zu viel versprochen?«

Ich schüttele erst meinen Kopf und dann seine Hand, bevor ich kurz in die Klasse winke, Khalim zunicke und mit großen Schritten aus dem Raum eile.

Wieder knirscht der Schmutz unter meinen Schuhen, wieder renne ich durch den Gestank bis zum Lehrerzimmer, wo ich nach Geierchen frage. Einen Moment später stehen wir zusammen am Hinterausgang der Schule und rauchen.

»Und?« Geierchen schaut mich neugierig an. »Wie war ett?«

Ich starre auf den Boden und beantworte seine Frage in drei Worten: »Un. Fass. Bar.«

»Also machstet?«

»Weiß ich nicht.« Ich zucke mit den Schultern. »Eine Stunde am Tag hätte ich neben der Arbeit für die Stiftung ja theoretisch noch übrig. Aber sag mal: Wer soll das denn überhaupt bezahlen?«

»Ick dachte schon, du fragst jahnich mehr. Pass uff!« Er zieht mich am Oberarm zu sich heran und senkt seine Stimme. »Een Kumpel von mir hat zu viel Kohle, Hoteljee, und wie ick ihm von Khalim und dem Unfall erzähle, sachta, er würd 'ne Nachhilfe springen lassen.«

»Du veräppelst mich doch.«

»Nee, Mensch! Der Kerl verdient ditt Jeld im Schlaf und hat selbst 'ne schwere Kindheit jehabt. Helfasyndrom, weeßte? Ick hab ditt ma kalkuliert, pass uff!« Er zieht einen verknitterten Zettel aus der Hosentasche und setzt seine Brille wieder auf die Nasenspitze. »Wenn der Junge vierma die Woche für 'ne Stunde zu dir kommt, könnten wa dir den Stundenlohn zahlen, den de damals als Aushilfspauker hattest.«

Ich zögere, also schiebt Geierchen mich Richtung Fahrrad.

»Nu schlaf ma drüber. Denn sehn wa, ob Khalim überhaupt mitspielt. Und jetze hauste ma ab und machst dir 'n schönen Tach!«

Willkommen in meiner Welt

Als der orangefarbene Zug der U-Bahn Linie 1 Richtung Kreuzberg am Wittenbergplatz einfährt, warten mit mir etwa dreißig andere Fahrgäste darauf, von der angenehmen Kühle des Bahnhofs in die Bullenhitze des Waggons zu steigen. Es ist kurz nach halb vier am Nachmittag, als ich mich zwischen den Menschen in den Zug schiebe und mich frage, wie willkommen mein Besuch bei Khalims Familie wohl sein wird.

»Raus ausse Türen, sonst stehn wa 'n janzen Tach hier!«, pöbelt der Zugführer mit der landesweit berühmten Berliner Freundlichkeit aus den Lautsprechern. »Abba wiese mein, ick hab Sseit …«

Ruckartig fährt die Bahn an. In der Mitte des Waggons entdecke ich einen Stehplatz am offenen Fenster, wo der Fahrtwind meine schweißgetränkte Stirn und Kopfhaut trocknen kann. Dass ich dabei aussehen könnte wie ein Cockerspaniel am offenen Autofenster, ist mir angesichts der allgemeinen Geruchslage hier drin herzlich egal.

Auf meinem Weg zum Fenster verteile ich großzügig Entschuldigungen und schiebe mich an allem vorbei, was der Berliner Nahverkehr während der Rush-Hour zu bieten hat: Ein grünhaariger Punk sitzt neben einer älteren Dame mit Blaustich in den ondulierten Locken, fernöstliche Reisegrüppchen schnattern neben nahöstlichen Migrantenfamilien, vereinzelte Teenager, die um diese Zeit von der Schule kommen, vermischen sich mit Fahrrädern, Kinderwagen, hechelnden Vierbeinern, introvertierten Bücherwürmern und extrovertierten Handymusikhörern. Und mittendrin die deutschsprachigen Touristen, die man in Berlin mittlerweile wirklich an jeder Ecke trifft. Dieses Mal: die Bayern, bestehend aus drei Pärchen, die sich in tiefstem Dialekt miteinander unterhalten.

Gerade noch rechtzeitig vor der nächsten Station erreiche ich das offene Fenster, halte mich an einer von der Decke hängenden Schlaufen fest und schließe die Augen im Fahrtwind. Es ist der Moment, in dem ich wieder einen kühlen Kopf bekomme und mich auf den bevorstehenden Termin konzentrieren kann.

Wie wird Khalim wohl auf Geierchen reagieren, wenn der ihm mitteilt, dass ein erweiterter Hauptschulabschluss ohne Nachhilfe quasi ausgeschlossen ist? Wie wird seine Familie uns willkommen heißen, während der Vater mit schwersten Verletzungen auf der Intensivstation liegt? Und wie hoch ist die Wahrscheinlichkeit, dass ein kiffender Teenager angesichts seiner Situation zur Vernunft kommt?

Als die Türen an der nächsten Station noch keinen halben Meter geöffnet sind, stürmen bereits drei Mitglieder einer Jugendclique herein. Kein bisschen zimperlich schubsen sie dabei aussteigende Fahrgäste zur Seite und springen dann kreischend und lachend auf die frei gewordenen Plätze.

»Ey, ihr Fotzen«, brüllt ein Mädchen und schmeißt sich zwischen zwei ihrer Freundinnen, »macht ma Platz für misch, ja? Vallah, mir is überwarm«, ruft sie und zeigt auf den Landwehrkanal, an dem die Bahn gerade entlangfährt. »Isch spring mit meine fette Arsch gleisch in See.«

»Is keine See«, korrigiert ihre linke Nachbarin sie, »is Spree!«

»Ey Mädels, ihr seid so turbodumm!«, tönt es da von der dritten im Bunde. »Is nisch Spree, is Fluss, vallah!«

Über den Rand ihrer Süddeutschen Zeitung verfolgt eine ältere Dame die geografische Debatte, dann verdreht sie die Augen, steht auf und flüchtet in den nächsten Waggon.

An diesen Effekt kann ich mich noch gut erinnern, denn bei den Klassenausflügen, die ich als Lehrer begleitet habe, konnte ich immer wieder Fahrgäste beobachten, die bei unserem Anblick Reißaus genommen haben. Spätestens am Ende meines ersten Ausflugs hatte ich dafür vollstes Verständnis.

Als den Platzstürmerinnen noch fast ein Dutzend gleichaltrige Jungs und Mädels folgen und umgehend ein vergleichbares Vokabular präsentieren, erstarren die sechs Bayern zu Salzsäulen und stellen ihre leise geführte Unterhaltung ein. Lieber nicht auffallen, scheint die Devise.

Die Bahn setzt sich erneut in Bewegung, und es dauert nicht lange, bis einer der Teenager einen stark gepiercten jungen Mann in einem bodenlangen schwarzen Mantel entdeckt, der der Clique den Rücken zudreht.

»Kumma, kumma, kumma: er!«, läutet der Junge die Szene ein und zeigt mit aufgerissenen Augen auf die riesigen schwarzen Tunnel, mit denen der Typ seine Ohrläppchen erweitert hat. »Er denkt so, er's Afrika, ja?«

Es schreien fast alle aus der Gruppe durcheinander, in der sich übrigens auch Kinder mit afrikanischer Zuwanderungsgeschichte befinden.

»Züscho, is ihn nisch warm?«

»Ohaaa, er's ieberhässlisch!«

»Abboooh, er's Matrix vier«, ruft der Kräftigste der Gruppe durch die Bahn.

»Und dein Mutter is Matrix fümpf, du Tonne«, fällt einem der Mädchen dazu ein.

»Was mein Mutter?«, brüllt er sie an. »Dein Mutta sie is Hurensohn, ja?!«

Lächelnd blicke ich aus dem Fenster und entdecke das

Prinzenbad, an dem die Hochbahn nun vorbeifährt. Bei diesen Temperaturen gleicht Kreuzbergs Freibad natürlich einem Ameisenhaufen, und erst jetzt fallen mir die Sporttaschen der Jugendlichen auf.

»Prinzenstraße, ihr Opfasse!«, ruft einer, und erst als sich alle an die Türen drängeln, habe ich es geschafft, seine letzte Beleidigung als den Plural des Wortes »Opfer« zu identifizieren.

Bevor sie aussteigen, lassen zwei Jungs der Clique mich noch an einem letzten Dialog teilhaben.

»Fadiwarumerhathausverbotprinzenbad?«, fragt der Kleinere den Größeren in 1,92 Sekunden.

»Mann, Fadi er hat so Bademeister, Dings: ein Kartoffel, ieberkrass Fresse geschlagen.«

»Oha!« Der Kleine hält sich die Hand vor den Mund und lacht. »Warumerhat?«

»Dieser Kartoffel er hat so Fadi gesagt so ...« Der große Junge mit dem weiten Basketballshirt über der schmalen Brust sucht einen Moment nach den richtigen Worten. »›Nisch so andere Wasser schubsen‹, er sagt so, ja?« Jetzt wird er lauter und spricht ebenfalls im Tempo eines Maschinengewehrs. »Dannsofadiso: ›S'miregal‹, dann so Kartoffel so immer noch voll fresch, ja?! Schwöre: Iiieeeberkrass fresch! Dann so Fadi so ...« Er imitiert einen Boxer, der hinter seinen Fäusten in Deckung geht, und schlägt eine rechte Gerade in die Luft, wobei er plötzlich laut brüllt: »Bäm, Alter! Er hat ihn rischtisch karasse Bombe gegeben. Iebergeil!«

Als sich die Türen schließen und die Bahn wieder in Bewegung setzt, starren die meisten Fahrgäste weiter ins Leere oder auf die Displays ihrer Handys oder wedeln sich noch mehr klebrige Luft zu. Nur die Bayern haben ihre Sprache wiedergefunden.

»Mei, i hob joa bloß die Hoifte verstandn«, erklärt eine der Damen, »vom was woa die Briada vazoiht hoam.«

»Des hat a'scho g'reicht«, sagt die andere kopfschüttelnd. »Also Deutsch is des nimma!«

»Des Schlimme is joa«, fällt einem der Männer dazu ein, »dass die sich vermehre wie die Koarnickl!«

Die Damen nicken, ein zweiter Herr in der Runde bringt das Gespräch auf eine kurze Formel: »Ja dann, guade Nacht Deutschland!« Er streicht langsam über seinen üppigen Bauch. »Schee is gwesen!«

»Nächste Station«, unterbricht die freundliche Computerstimme aus dem Lautsprecher meine Gedanken, »Kottbusser Tor.«

Schnellen Schrittes steige ich aus der Bahn, genieße den schlagartig gestiegenen Anteil von Sauerstoff in der Luft und halte mal wieder für mich fest, dass Multi-Kulti wohl erst dann funktionieren wird, wenn die Akteure der verschiedenen Kulturkreise miteinander ins Gespräch kommen. Und wenn Deutschkurse auch für Deutsche angeboten werden.

Unten angekommen, überquere ich eine Ampel, dann stehe ich am Kottbusser Tor, einem Platz, der schon lange einer der pulsierendsten Orte der Stadt ist. Auf der Ost-West-Achse fährt die U-Bahn, aus der ich eben gestiegen bin, in mehreren Metern Höhe über den Kreisverkehr hinweg, in nördlicher und südlicher Richtung ist der Platz von Hochhäusern umzingelt. Verkehrstechnisch schlägt auch hier das ABFS zu, das »Akute Berliner Flughafensyndrom«, also die vollkommene Unfähigkeit der Berliner Regierung, größere Bauprojekte durchzuziehen, ohne dabei viel Zeit und noch viel mehr Geld versanden zu lassen. Entsprechend staut sich hier seit Jahren der Verkehr in alle vier Himmelsrichtungen rund um die allseits präsenten Baustellen. Auch jetzt, als ich den nördlichen Abschnitt des Kottis betrete, sorgen die Metallzäune mit dem schweren herrenlosen Baugerät dahinter für ein ansehnliches Verkehrschaos.

Mit dem desaströsen Zustand haben sich die Ansässigen aber offenbar gut abgefunden. Weder die Händler der zahlreichen Obst- und Gemüsestände noch die Bewohner der Obdachlosensiedlung unter der Hochbahnbrücke oder die Junkies, die mit zitternden Knien und tiefen Augenringen am Ausgang der U-Bahn stehen und mit geschnorrten und gefälschten Fahrscheinen handeln, scheinen die hupende Blechlawine wahrzunehmen, die sich den ganzen Tag über an ihnen vorbeiwälzt.

»Mensch, da biste ja endlich!«, ruft Geierchen mir aus einigen Metern Entfernung zu. Mein Ex-Kollege wedelt mit seinem Schlüsselbund herum. »So, jetzt erstma 'ne kühle Schwarze, denn erzählste mir Jenauerett von Schröder.«

Wenige Minuten später sitzen wir auf der Biergarnitur eines Kiosks und trinken eine eiskalte Cola. Zuerst trage ich meinen Bericht aus dem Deutschunterricht noch vorsichtig vor, weil Rolf mir aber bald verklickert, dass sich die Schüler bei ihm schon oft über den Deutschlehrer beschwert haben, kann ich meine Einschätzung ziemlich offen formulieren.

»Für Schröders Aktion gibt's doch eigentlich nur einen Begriff«, sage ich und blicke in Geierchens eisblaue Augen. »Mobbing.«

Er seufzt und nickt. »Schröder hat zwei Probleme. Ditt is 'n Choleriker *und* 'n Zyniker.«

Ich schüttele den Kopf und komme Rolf etwas näher. »Wenn du mich fragst, hat der noch viel mehr Probleme. Das ist ein frustriertes, rechtes und unfähiges ...«

»Nuhma janz ruhich, Kleena«, unterbricht er mich. »Ick weiß ja, watte meinst, aber der Typ war wohl nich immer so. Die Verrückten tanzen dem ebent so lange uffe Nase rum, bissa nich mehr weiter weeß.«

»Ach, komm schon, Rolf.« Ich stelle meine Flasche laut auf dem Tisch ab. »So was darf einem erfahrenen Lehrer einfach nicht passieren!«

Er zeigt mir seine schneeweißen Zähne. »Wer von euch beiden hat denn een Tafellineal uffm Lehrerpult zerkloppt?«

Die Bilder des schlimmsten Ausrasters meiner kurzen Lehrerkarriere blitzen vor meinem inneren Auge auf, also nicke ich und schaue weg.

»Na bitte! Aber ett stimmt schon«, räumt er ein, »für so wat is der Mann zu alt. Und für Khalim issa reinstet Gift.« Er reicht unsere leeren Colaflaschen einem vorbeikommenden Flaschensammler und steht auf. »Na los, wir jehn hoch.«

Unser Weg führt uns vorbei an verschiedenen Restaurants und Imbissen, aus denen das Aroma knusprigen Fleischs und exotischer Gewürze strömt. Vor fast jedem Laden sitzen ältere Herren, rauchen Zigaretten und trinken Schwarztee aus kleinen Gläsern. Das Publikum auf dem Gehweg besteht hauptsächlich aus Werbeagentur-Hipstern, alteingesessenen Arbeitern, ein paar Fixern und Menschen, die, wie man inzwischen politisch korrekt sagt, eine Zuwanderungsgeschichte haben. Zumeist eine türkische, aber oft auch eine aus den Ländern, die hierzulande unter dem Begriff »Arabische Welt« subsumiert werden.

Nach ein paar Metern stehen wir am Fuß eines zehnstöckigen Betonklotzes, der fast die komplette nördliche Seite des Kottis einnimmt und in der Mitte von einer Straße getunnelt wird. Als wir die Eingangstür erreichen, lege ich meinen Kopf in den Nacken und schaue an den Balkonen hoch, die fast alle mit Satellitenschüsseln verziert sind.

»Kick ett dir an.« Geierchen seufzt einmal und drückt einen Klingelknopf in der obersten Reihe. »Schön is anders, wa?«

»Hallo?«, klingt es kurz darauf verzerrt aus dem Lautsprecher.

»Icke, Geier.«

Mit dem Hintern schiebt er die summende Eingangstür auf und betritt vor mir ein finsteres Foyer, in dem Werbeprospekte vor den Briefkästen auf dem Boden liegen. Schweigend steigen wir in den Fahrstuhl, ruckeln damit nach oben und verlassen die stinkende Liftkabine schließlich im zehnten Stock. Ein langer und finsterer Gang liegt vor uns, in dem zahlreiche Schuhe vor den Eingangstüren stehen. Eine Neonröhre an der Decke brummt und flackert, es riecht nach Reinigungsmittel und Essen, unsere Schuhsohlen verursachen schmatzende Geräusche auf dem Boden. Am Ende des Ganges wird eine Tür geöffnet, in der die Silhouette eines Mädchens mit langem lockigem Haar erscheint.

»Ditt is Nadia, Khalims Schwester«, erklärt Geierchen. »Hab ick ooch schon unterrichtet. Die war aber zu jut für unsere Schule und hat's uffs Gümmi jeschafft.«

Man hört Nadia ein paar arabische Worte in die Wohnung hineinrufen, dann kommen wir vor der Tür an. Mit einem sanften Händedruck begrüßt sie uns, lächelt uns kurz an und zeigt dabei auf die Schuhe, die ordentlich nebeneinander aufgereiht vor der Wohnung stehen. Die großen schwarzen Augen des hochgewachsenen Mädchens sind leicht dunkel umrandet und blinzeln selten, ihre Brauen bilden eine feine Linie darüber.

»Meine Mutter ist sofort für Sie da«, erklärt sie uns, nachdem wir auf Socken den Flur betreten haben. Bis auf einen orientalischen Teppich, eine Garderobe und drei Bilderrahmen mit arabischen Schriftzeichen gibt es nicht viel, was die schlichte Ordnung dieses Ortes stören könnte.

Als Nadia uns mit einer knappen Geste ins Wohnzimmer bittet, staune ich über ihre Ähnlichkeit zu Khalim, die in jeder mimischen Regung und sogar in ihrer Stimme unverkennbar ist. So zart ihre Gesichtszüge und so zaghaft ihre Bewegungen auch sein mögen, sosehr gleicht sie ihrem Bruder doch in ihrer gesamten Erscheinung. Der Ursprung dieser Erscheinung – oder zumindest die

Hälfte davon – kommt uns nun im Flur entgegen: Khalims Mutter.

Im Gegensatz zu ihrer Tochter trägt sie ein Kopftuch, das ihr überraschend junges Gesicht sorgfältig umschließt. Ihre Augenpartie hat sie fast eins zu eins an ihre Kinder vererbt, die Mimik ist ähnlich scheu wie die ihrer Tochter. Sie ist in weite Kleidung in Schwarz- und Grautönen gehüllt und spricht kein Wort, als sie uns auf die gleiche vorsichtige Art die Hand gibt, in der es Nadia getan hat.

»Das mit Ihrem Mann«, sage ich vorsichtig, »tut mir wirklich sehr, sehr leid.«

Frau Farroukh schaut erst zu Boden, dann ihre Tochter an, die meine Worte ohne weitere Aufforderung ins Arabische übersetzt.

»Danke.« Sie schaut wieder auf den Boden und atmet tief und bebend durch die Nase ein, bevor sie auf die Küchentür zeigt. »Bitte, kommen Küsche. Essen!«

Rolf und ich schütteln die Köpfe und bedanken uns, doch so leicht lässt Frau Farroukh sich nicht abspeisen. Erst als sie trotz unserer mehrfachen Ablehnung schon in die Küche gehen will, schreitet ihre Tochter mit ein paar arabischen Worten ein und bittet uns dann ins Wohnzimmer. Von Freunden weiß ich zwar, dass Khalims Mutter es wahrscheinlich als sehr unhöflich wahrnimmt, dass wir ihr Angebot ablehnen, und doch ist die sprachliche Barriere zwischen ihr und mir so unüberwindbar hoch, dass ich dieses interkulturelle Missverständnis nicht auflösen kann.

»Sagst du deiner Mutter noch, dass ich ihr Angebot sehr schätze?«, spreche ich Nadia daher an. »Ich hab nur wirklich keinen Hunger.«

»Kann ich machen, aber das wird nichts bringen«, entgegnet das hochgewachsene Mädchen. »Meine Mutter hat sich an sehr viele Unterschiede zu ihrer Heimat gewöhnt – aber das?« Mit einem vorsichtigen Lächeln schüttelt sie den Kopf. »Das wird sie nie verstehen …«

Gemeinsam betreten wir das Wohnzimmer, einen ebenfalls eher nüchtern eingerichteten Raum, der von einer beigefarbenen Couchgarnitur aus Leder beherrscht wird. Gegenüber vom Sofa läuft ein Fernseher mit arabischen Nachrichten, den Nadia nach Betreten des Raumes leiser stellt.

»Meine Mutter spricht außerdem quasi kein Deutsch«, erklärt sie mir, als Geierchen und ich auf dem Dreiersofa Platz nehmen. »Ich habe sie aber endlich für einen Kurs angemeldet, jetzt wo …« Einen Moment starrt sie durch den Fernseher hindurch, dann blickt sie mir fest in die Augen. »… jetzt, wo das Leben meines Vaters auf dem Spiel steht.«

»Dafür sprichst du aber umso besser«, sage ich. »Wie kommt's?«

Sie lächelt schief und zuckt mit einer Schulter. »Glück.« Vorsichtig nimmt sie neben ihrer Mutter auf der Vorderkante des Zweiersofas statt. »In der Grundschule hatte ich auch deutsche Freunde, später gute Lehrer, außerdem ein bisschen Talent. Bei meinem Bruder«, sie schaut zur Tür und spricht dann leise weiter, »lief es leider ganz anders. Der ist nicht dumm, hatte aber sehr viel Pech. Ich hole ihn mal.«

Außer der leisen Stimme des Nachrichtensprechers ist nichts zu hören, bevor Nadia wieder zurückkommt und uns Tee anbietet, dann betritt Khalim das Wohnzimmer.

Ein Basecap sitzt schräg auf seinem Kopf, dazu trägt er ein weites T-Shirt und eine Trainingshose. Seine Stirn legt er in tiefe Falten, als er mich erblickt. Ohne mich und Geierchen aus den Augen zu lassen, geht er langsam zum Sessel und lässt sich hineinfallen. Dann legt er seine in Gummisandalen steckenden Füße auf dem Tisch ab.

»Hallo, Herr Geier, hallo, Herr Müller.« Er schaut Rolf an, weist aber mit dem Kinn auf mich. »Was macht er hier?«

Seine Mutter legt ihre Hand auf seine, doch er zieht sie weg. »Sch'will nur wissen«, sagt er mit hoher Stimme und schiebt leise ein paar arabische Worte hinterher. Schließlich dreht er den Kopf in meine Richtung. »Sch'abe nisch gewusst, dass du kommst.« Aus geröteten Augen schaut er zu mir, doch Geierchen meldet sich nun zu Wort.

»Pass uff, Khalim, ick bin ja nich zum ersten Mal hier, aber heute wirtet ernst.«

Khalim verzieht keine Miene.

»Ick machet kurz: Vor den großen Ferjen haste gerade so den niedrigsten Schulabschluss bekommen, diese BBR. Wenn de so weitermachst, denn bleibtet ooch dabei.«

»Na und?« Khalim zuckt mit einer Schulter und schiebt seine Unterlippe vor. »Immerhin sch'ab dann ein Abschluss.«

»Na, denn kannste ooch gleich uffhörn.« Geierchen macht eine dramatische Pause, bevor er fortfährt. »Ick weiß ja nich, watte später vorhast, aber …«

»Sch'auch nisch.«

»Na super! Jedenfalls sarick aus der Erfahrung: Mit ner BBR wirtet verdammt schwer, anne Lehrstelle zu kommen.«

Eine Weile kaut Khalim auf seiner Unterlippe herum, dann lehnt er sich im Sessel zurück und verschränkt die Arme vor der Brust. »Und? Was soll'sch jetze machen?« Sein Blick springt zwischen mir und Geierchen hin und her, seine Augen glänzen. »Meine Vater er's kaputt, mein Mutter sie kann mir nisch helfen, Schröder, dieser Bastard, er hasst misch!« Mit einer schnellen Bewegung wischt er sich eine Träne von der Wange. »Und isch hasse ihm. Also?«

Nadia reicht ihm ein Taschentuch, das Khalim mit einer zackigen Handbewegung von sich weist. »Lass misch ma in Ruhe«, sagt er zu ihr, »sch'brauche kein Hilfe.«

»Doch, brauchste.« Rolf stützt sich mit den Ellenbogen

auf seine Oberschenkel und sucht Khalims Blick. »Deine Noten sind miserabel, und dein Benehmen ooch. Deutsch is 'n Hauptfach, da schreibste 'ne fette Klausur und darfst ooch in der Jahrgangsnote nich uff Fünf stehen. Ick saret dir ...« Geierchen rutscht mit dem Hintern an den Rand der Couch und hebt seinen Zeigefinger. »Der Schröder, der lässt dich eiskalt durchrasseln. Sieh ett doch endlich ein, Mensch!«

»Ja, Mann!«, antwortet Khalim lauter als vorher. »Sch'weiss ja, aber er macht misch überaggro. Er macht mit Absischt!«

Ich nicke spontan, woraufhin Khalim sich an mich wendet.

»Du hast gesehen, oder? Sch'abe nix gemacht, und er ...«

»Er hat dich auf dem Kieker, stimmt.« Ich schaue kurz zu Geierchen, der mir zunickt. »Aber bei jemandem wie Schröder hast du meiner Meinung nach nur eine Chance: Er muss merken, dass du ihn respektierst.«

Ein Grinsen huscht über Khalims finsteres Gesicht. »Aber sch'mache nisch, er's ...«

»Ich hab nicht gesagt, dass es wirklich so sein muss«, unterbreche ich ihn und kann mir ein Grinsen ebenfalls nicht verkneifen. »Aber er muss es zumindest denken, sonst bist du raus.«

»Man merkt, du warst mal Lehrer.« Wieder beißt Khalim auf seine Unterlippe. »Aber was willst du machen? Du gehst doch jetzt diese Unität.«

»Ditt war nur 'n Trick«, schaltet Rolf sich wieder ein, »damit Herr Möller sich mal ankicken kann, wie der Schröder mit dir umspringt.« Er schaut in Khalims regungsloses Gesicht und lässt endlich die Katze aus dem Sack. »Ick möchte, dass du Nachhilfe bei Herrn Möller nimmst.«

Für ein paar Sekunden ist wieder nur die arabische Nachrichtenstimme zu hören.

»Ach, deswegen du bist hier!« Khalim starrt mich aus großen Augen an. »Jetzt geht mein Lampe auf.«

»Genau deswegen.« Ich nicke ihm freundlich zu. »Ich weiß ja von damals, dass du ein schlauer Kerl bist, und denke, dass wir …«

»Ihr habt misch angelogen.« Khalim starrt mich an und nickt dabei ununterbrochen. »Deswegen du hast misch immer beobachtet, und wegen dir«, seine Stirn legt er plötzlich wieder in tiefe Falten, sein Brustkorb hebt und senkt sich, dann wird er lauter, »wegen dir, Schröder er hat misch fertischgemacht!« Er springt vom Sessel und baut sich vor mir auf. »Fick disch, Herr Müller!« Zitternd streckt er seinen Arm aus, zeigt auf den Flur und schiebt noch ein paar arabische Worte hinterher, bei denen sich seine Mutter die Ohren zuhält. Dann schaltet er wieder auf Deutsch um. »Und verpiss disch von meine Vater seine Haus!«

Plötzlich steht seine Mutter auf, flüstert Khalims Namen, wartet, bis er sie anschaut, und schlägt ihm dann blitzschnell mit der flachen Hand auf seine linke Wange.

Eine Träne kullert daran herunter, während er den Kopf langsam zu ihr dreht, Adern treten auf seinen Unterarmen hervor, als er die Fäuste ballt. Dann dreht er sich um und rennt aus dem Zimmer. Nur eine Sekunde später knallt die Wohnungstür zu.

Khalims Mutter stürzt weinend aus dem Zimmer.

Nadia greift langsam nach der Fernbedienung, drückt die rote Taste und schließt die Augen, als der Fernseher endlich Ruhe gibt. Gemeinsam genießen wir für einen Moment die angenehme Stille.

»Willkommen in meiner Welt«, sagt Nadia schließlich und starrt dabei auf die schwarze Mattscheibe. »Ungefähr so läuft das hier jeden Tag. Aber wissen Sie was?« Das Mädchen wendet mir ihr trauriges Gesicht zu. »So einsichtig wie heute habe ich Khalim lange nicht erlebt.«

»Einsichtig?« Ich schaue von meinem Tee hoch. »Ich dachte, der will mir jeden Moment aufs Maul hauen.«

»Dachte ich auch.« Nadia nickt. »Aber Herr Geier ist ja hier, da macht Khalim so etwas nicht. Meinen Sie denn, er nimmt die Nachhilfe an?«

»Wo kein Wille ist«, fällt mir dazu ein, »ist auch kein Weg.«

»Ach, Möllerchen.« Geierchen schaut mich finster an. »Sprüche kloppen, ditt kannste, wa? Nu wartet ma ab, der meldet sich schon. Oder watt habt ihr jedacht? Dassa uns vor Dank inne Arme fällt und sich danach an seine Hausaufgabn setzt?«

Meine Oma sitzt am Tisch
und isst Kartoffeln

*heer müller tut mir kras leit bin ich ausgerast wan kannst
du mir nachhelfe machen*

Ein Name hinter dieser Nachricht ist vollkommen über-
flüssig, und so rätsle ich nicht lange über den Absender,
sondern verabredete einen ersten Termin mit Khalim und
besorge alle nötigen Unterlagen.

Drei Tage später sitze ich mit wippendem Bein an meinem Schreibtisch im Büro, sortiere die Arbeitsblätter und
schaue alle drei Minuten auf die Uhr. Ich weiß gar nicht so
recht, woher meine Aufregung kommt, aber ein bisschen
erinnert mich meine jetzige Situation an meinen ersten
Tag als Lehrer. Glasklar habe ich noch vor Augen, wie ich
bei meiner Unterrichtspremiere mit weichen Knien auf die
Klassentür zugelaufen bin, wie ich mit kaltem Schweiß in
den Handflächen die Klinke heruntergedrückt habe, um
dann inmitten des Chaos zu stehen, das die Kids dort ver-
anstaltet haben. Besonders gut habe ich noch vor Augen,
wie ich versucht habe, mich dort als Autoritätsperson zu
behaupten – und daran kläglich gescheitert bin.

Heute wird das hoffentlich anders laufen, denn ein
paar Dinge habe ich aus meinen vielen Fehlern ja gelernt.
Außerdem muss ich jetzt keine sechs Stunden mit knapp
dreißig Kids mehr durchhalten, sondern nur eine Stunde
mit einem Schüler.

»Yo Phil, whaddup?« Mein Vermieter und Bürokollege

Joe steht plötzlich vor meinem Schreibtisch. Der fast vierzigjährige vollbärtige und volltätowierte Fahrradfreak heißt eigentlich Johannes, kommt aus Villingen-Schwenningen im Schwarzwald und verwendet in so ziemlich jedem seiner Sätze mindestens ein Wort, das ich im besten Fall aus dem Kontext verstehe oder im Anschluss an ein Gespräch mit ihm google. »Sollte nicht heute der Boy am Stizzo sein?«

»Doch, doch, der ist gleich am Start«, antworte ich und führe meine Faust widerwillig an seine, die er mir zum Gruß hinstreckt.

»Crazy.« In abgeschnittenen Jeanshosen und weitem Muskelshirt steht er vor mir und begutachtet ein neues Tattoo auf seinem Unterarm, das noch von Folie geschützt wird. Dann krault er seinen Vollbart und rückt die Hornbrille zurecht. »Bin jedenfalls totally gespannt, wie ...«

Die Klingel unterbricht seinen Sprachcocktail, und wenige Augenblicke später öffnet Khalim vorsichtig die Milchglastür zu der Fabriketage, die mir, Joe und Tobi sowie einer Handvoll Start-up-Hipstern als Büro dient. Mit großen Augen bleibt mein neuer Nachhilfeschüler im Türrahmen stehen und sieht sich um.

In dem knapp einhundert Quadratmeter großen Raum mit riesiger Fensterfront stehen nicht nur weiße Schreibtische, an denen sonderbare Typen wie Joe sitzen, sondern auch meine E-Gitarre und der passende Verstärker. Neben der Tür hängen Joes Vintage-Bikes an Haken an der Wand, auf einem Fensterbrett sitzen zwei weibliche Schaufensterpuppen, die ausschließlich mit Hüten bekleidet sind. In der Mitte des Raumes stehen zwei Sofas mit ausrangierten Computern davor, die laut Joe so »out of date« sind, dass ihre Aluminium-Gehäuse nur noch als Couchtische herhalten. Neben der Tischgruppe des Start-up-Unternehmens, das Filmfestivals betreut (oder organisiert oder bewirbt oder vielleicht einfach nur die Berlinale-Partys besucht – so richtig habe ich das bis heute nicht verstanden), hängt eine riesige Pinnwand mit Hunderten von Flyern, VIP-Bändern, Bargeld für den Sushi-Lieferanten und Fotos von Janina, ihres Zeichens Head of Communications des Start-ups, und ihren Kolleginnen, die sich auf angesagten Veranstaltungen mit anderen schönen Menschen haben ablichten lassen.

»Tschüüüüüüüsch!« Mehr bekommt Khalim vorerst nicht heraus.

Als ich auf ihn zukomme und ihm die Hand schüttele, schaut er sich noch immer im Raum um, wobei ihm jetzt der Beamer an der Decke auffällt. Blinzelnd verfolgt er das Kabel und entdeckt schließlich die Spielkonsolen unter der Leinwand, mit denen sich Joe nach getaner Arbeit vergnügt. Oder davor. Oder währenddessen.

»Vallah, sch'bin Paradies!« Khalims Augen leuchten. »X-Box, Playstation, iebergeile Spiele, Full-HD Biema …« Er atmet leise durch den Mund und schaut mich dann mit Hundeaugen an. »Isch will auch so eine Job.«

»Wir gehen jetzt erst einmal in die Küche, okay? Da können wir uns nämlich besser auf …«

»Bestes Game ever!« Joe stellt sich uns in den Weg und hält Khalim ein Spiel vor die Nase, auf dem ein vermummter Kerl mit Pistole in der einen und Smartphone in der anderen Hand abgebildet ist. »Die Graphics sind deluxe und …«

»Und nichts für Minderjährige!« Ich zeige auf die rote 18, die auf der Hülle prangt. »Außerdem ist Khalim zur Nachhilfe hier, nicht zum Spielen.«

»Biddebiddebidde, Herr Mülla!« Khalim steht mit gefalteten Händen vor mir und zieht die Augenbrauen in der Mitte zum klassischen Hundeblick hoch. »Sch'wöre: Sch'mache auch Schulabschluss, ja?«

Sollte das etwa schon die Lösung sein? Ein Videospiel als pädagogischer Köder, und schon setzt sich Khalim brav auf seine vier Buchstaben und büffelt?

»Come on, Herr Mülla«, fleht auch Joe mich nun an. »Dann hätt' ich endlich einen Gamingpartner. Pleeeaaase!«

»Ach, Jungs.« Ich seufze tief. »Also gut, aber höchstens eine halbe Stunde – und auch erst *nach* getaner Arbeit.«

»Yeah!« Joe hebt die Hand, und als würden sie sich seit Jahren kennen, schlägt Khalim ein. »Willkommen im Incredible-Office!«

»Hä?« Khalim zieht seine halbe Oberlippe hoch. »Was für'n Ding?«

»Das unglaubliche Büro«, erklärt Joe. »So hab ich den Laden genannt – megacool, oder?«

Khalim zuckt mit einer Schulter, Joe hingegen tänzelt zu seinem Schreibtisch und hält triumphierend eine weiße Box in die Luft, auf der ein silberner Laptop mit angebissenem Apfel darauf abgebildet ist. »Mein neuer Leppi ist da«, singt er und grinst über beide Ohren. »Fünfzehn Zoll, Doubleretina-Display, Triple-Core, acht Gigs Memory, NVIDIA-GeForce und …«

»Und vollkommener Schwachsinn!« Joes Sitznachbar und Geschäftspartner Tobi schüttelt den Kopf. Der Mann ist quasi Joes genaues Gegenteil: stets unauffällig gekleidet, konzentriert, strukturiert und pünktlich. Nur sein voller Name, Tobiaš, und ein mikroskopischer Dialekt verraten seine polnische Zuwanderungsgeschichte. Exakt alle vier Wochen taucht Tobi mit einem frischen Haarschnitt im Büro auf, seine Wortbeiträge sind selten und kurz, aber immer pointiert. Gemeinsam entwerfen und betreuen er und Joe Homepages, wobei Tobi den technischen Teil übernimmt und Joe eher den kreativen.

»Und was ist mit dem hier?« Tobi zeigt auf den silbernen Laptop, der auf dem Arbeitsplatz seines Kollegen steht. »Das Teil läuft doch noch eins A.«

»Excuse me? Das Teil ist über zwei Jahre alt!« Joe stemmt die Hände in die Hüften. »Bin halt ein Early Adopter.«

»Ein jämmerlicher Apfel-Jünger bist du.« Tobi widmet sich kopfschüttelnd wieder seiner Arbeit. »Und den alten Rechner lässt du einfach wieder vergammeln. Andere würden sich darüber freuen.«

Auf Zehenspitzen linst Khalim auf Joes Schreibtisch, dann lässt er sich widerstrebend von mir aus dem Multimedia-Himmel in die sterile Küche führen. Außer einer aufgeräumten Küchenzeile, einem Whiteboard und einem langen Massivholztisch in der Mitte des Raums gibt es hier nichts, was Khalim ablenken könnte. Eine Beispielklausur aus dem Fach Deutsch habe ich im Internet gefunden und ebenfalls bereitgelegt, dazu verschiedene Arbeitsblätter. Heute und in den folgenden Stunden wird es jedoch primär darum gehen, ein gutes Verhältnis zu ihm aufzubauen. Stress hat der Kerl schließlich schon genug. Ich biete ihm einen Platz am Tisch an und gieße ihm ein Glas Wasser ein.

»Sag mal, bevor wir anfangen«, beginne ich und überlege einen Moment, »was führt dich denn nun doch zu mir?«

»Sagen wir so …« Er verdreht kurz die Augen, kann sich aber ein geheimnisvolles Lächeln nicht verkneifen. »Isch hab Geisterblitz gehabt.«

»Geisterblitz?« Sofort schlägt meine Klugscheißer-App Alarm, doch statt einer sofortigen Korrektur zaubert sie mir ein kleines Lächeln ins Gesicht. »Wunderbar. Na gut, dann legen wir mal los!«

Zuerst schauen wir gemeinsam sein letztes Zeugnis durch, das Khalim auf meine Bitte hin mitgebracht hat. Geierchen hatte mich auf den Anblick vorbereitet, und doch muss ich schlucken, als ich die vielen Fünfen vor mir sehe. Im Kopf addiere ich die Zahlen und zähle die Fächer, doch Khalim kommt mir zuvor.

»Durschgeschnitten is vier Komma drei.«

Ich starre auf sein Zeugnis, atme einmal durch und will dann die einzelnen Noten mit ihm durchgehen. Wir beginnen mit einer Fünf in Geschichte, für die Khalim schnell eine Begründung parat hat.

»Geschischte is Schröder!« Mit der flachen Hand weist er auf mein Gesicht. »Sch'wöre, Mann, er macht immer nur Hitler, ja? Dabei er's selber …«

»Was?«, frage ich dazwischen, doch Khalim schnalzt nur mit Zunge und verschränkt die Arme vor der Brust.

»Was ist er selber?«

»Mann, er's so … Er hasst Ausländer.«

»Bist du denn Ausländer? Ich dachte, du wärst in Berlin geboren …«

»Trotzdem bin isch Libanon!« Schnell greift er in den Ausschnitt seines T-Shirts und fummelt eine Kette hervor. Der Anhänger gleicht einer militärischen Erkennungsmarke, statt des Namens eines Soldaten ist allerdings die libanesische Flagge aufgedruckt.

»Okay. Und deswegen die Fünf?«

Khalim kaut auf seiner Unterlippe herum, sucht dabei nach den richtigen Worten, zuckt dann aber bloß mit der Schulter.

»Beteiligst du dich denn am Unterricht?«

»Manschmal ja.«

Ich erkläre ihm, dass eine mangelnde Beteiligung allein nicht ausreicht, um eine Fünf zu vergeben, und frage ihn nach seinen schriftlichen Leistungen. An die Zensuren kann er sich nicht erinnern, nur daran, dass Schröder ihn während einer Klassenarbeit beim Googeln erwischt und ihm direkt eine Sechs verpasst hat.

»Du hast während der Arbeit dein Handy rausgeholt?!«, frage ich und kann mir ein kleines Lächeln nicht verkneifen. »Was wolltest du denn nachschauen?«

»So halt. Weltkrieg.« Genervt schaut er an die Wand.

»Was: Weltkrieg?« Ich winke vor seinem Gesicht herum, bis er zu mir schaut. »Das ist keine Antwort. Weltkrieg. Was genau wolltest …«

»Keine Ahnung, Mann!«, unterbricht er mich laut, dann herrscht Stille zwischen uns.

Mir fällt ein, was mir mein ehemaliger Konrektor Alex beigebracht hat: wie man in den Klassenraum hineinruft, so schallt es auch heraus. Statt laut zu werden, solle ich den Kids in die Augen schauen und leise, aber unmissverständlich klarmachen, welches Verhalten ich nicht toleriere.

»Khalim, ich möchte nicht«, beginne ich ruhig, aber sehr deutlich, »dass du so mit mir sprichst. Verstanden?«

Er nickt.

»Du bist hier nicht in der Schule. Mach dich locker, aber konzentrier dich, sonst verschwenden wir bloß unsere Zeit. Also, weiter geht's. Eine Fünf in Erdkunde. Auch Schröder?«

»Nein, Mann.« Er reißt die Augen auf und hält sich kurz den Mund zu. »Sch'meine, nein, Herr Mülla. Kumma, Dings, Frau Schneider, sie hat krass kein Plan und so. Sie weiß nischma Hoppsstadt von Libanon, ja?«

»Hoppsstadt?« Ich ziehe eine Augenbraue hoch.

»Na, Dings, so wie Berlin.«

»In Mathe hast du eine Drei«, fahre ich schnell fort. »Warum klappt es da?«

»Is Geierchen«, erklärt er lächelnd. »Aussam sch'kann gut reschnen. Deswegen er hat misch auch diese E-Kurs gesteckt.«

Ob dieses Kurssystem vergleichbar mit dem ist, das ich als Schüler auf der Gesamtschule kennengelernt habe, werde ich mir später wohl noch einmal genauer anschauen müssen. Genau wie alle anderen Prüfungsmodalitäten für Khalims Abschluss.

Im Verlauf der weiteren Betrachtung seines Zeugnisses vertritt er jedoch weiterhin die Haltung, an seinen schlechten Zensuren seien die zu strengen oder zu blöden Lehrer, die uninteressanten Inhalte oder seine Kumpels schuld, die ihn ständig ablenken würden. Nur einer ist seiner Meinung nach nie verantwortlich für seine Noten: er selbst.

Darauf angesprochen schweigt Khalim einen Moment, atmet schwer durch die Nase aus und wischt sein Zeugnis dann mit einer Handbewegung zur Seite. »S'mir egal, ja?!« Er verschränkt die Arme wieder vor der Brust und schaut mich mit gerunzelter Stirn an. »Sch'ab doch gesagt, alle hassen misch. Und du auch.«

Aus dem Studium weiß ich, dass das Abschieben der Schuld auf andere beim eigenen Scheitern oft mit einer geringen Frustrationstoleranz einhergeht, und genauso läuft es bei Khalim auch gerade.

»Das stimmt nicht«, widerspreche ich ruhig. »Aber wenn ich dich dabei unterstützen soll, deine Probleme zu lösen, muss ich sie erst einmal kennen. Fangen wir mal mit dem größten an ...«

»Schröder«, flüstert Khalim und starrt dabei aus dem Fenster.

»Der kommt später. Deine Fünf in Deutsch, die ist dein größtes Problem.«

»Abba kumma, mein Eltern sie spreschen Arabisch, ja? Is voll unfair, Mann.«

»Und was ist mit Nadia?«

»Mein Schwester sie's iiieeebaschlau!«, ruft er und tippt dabei mit beiden Zeigefingern an seine Stirn. »Immer sie hat gute Noten, immer schon sie kann gut spreschen.«

Etwas ratlos, was ich mit seiner Erkenntnis anfangen soll, greife ich nach Teilen der Klausur, bei deren Anblick Khalim die Augen verdreht und sein Handy aus der Hosentasche zieht, um nach der Uhrzeit zu schauen. Um ihm den Schrecken zu nehmen, erkläre ich, dass dies die einzige Übung für heute ist.

»Von nüscht kommt nüscht, fastehste?«, rutscht es mir im kräftigen Berlinerisch heraus.

Ich grinse ihn an, ernte aber nur eine hochgezogene Oberlippe.

»Wieso du sprischst du so?«

»Ich bin halt auch zweisprachig aufgewachsen. Meine Eltern haben immer Deutsch mit mir gesprochen, und meine Oma Berlinerisch. Pass uff!« Ich kräusele meine Lippen und stelle meine Stimme etwas hoch, dann sage ich einen der Lieblingsverse meiner verstorbenen Spandauer Großmutter auf: »Ick sitz an Tisch und esse Klopps, uff eema klopps. Ick kicke, staune, wund're mir, uff eema jeht'se uff, de Tür. Ick jeh na' draußen, kicke – und wer steht draußen?«

Ich schaue in sein ratloses Gesicht.

»Na, wer steht draußen?«

»Kein Ahnung. Dein Oma?«

»Nein: icke!«

Stille.

»Wieso du stehst draußen?«, will er wissen und setzt sich aufrecht hin. »Isch denke, du sitzt Tisch und esst ein Kartoffel.«

»Ach, egal. Was ich nur sagen wollte …« Ich reibe mir die Augen und starre dann an die Wand. »Jetzt hab ich den Faden verloren.«

Khalim schaut sich auf dem Tisch um, hebt ein paar Blätter an und schüttelt dann den Kopf. »Hier is keine Faden.«

»Was?«

Er grinst mich an. »Das heißt ›Wie bitte?‹«, sagt er plötzlich in fast lupenreinem Deutsch. »Schröder er sagt immer so.«

»Stimmt. Aber jetzt mach dich erst einmal an die Arbeit, ja?«

Während er sein Kinn in die Hand stützt und sich den Arbeitsbögen widmet, beobachte ich ihn aus dem Augenwinkel. Eines fällt mir sofort auf: Khalims Handschrift.

Krakelig wäre das falsche Wort, vielmehr schreibt er wie ein rechtshändiger Drittklässler, der wegen eines Gipsarmes vor zwei Wochen auf links umgestiegen ist. Die unsichtbare Linie, auf der Buchstaben im Idealfall stehen, existiert bei ihm so gut wie gar nicht, gleiche Buchstaben schreibt er immer wieder auf unterschiedliche Weise, außerdem sind fast alle Linien krumm und zittrig. Ich erinnere mich nicht mehr daran, wie sein Schriftbild in der fünften und sechsten Klasse aussah, aber mit diesem Gekritzel hätte er eigentlich schon längst eine Ergotherapie bekommen müssen.

Ein Zeitungsartikel fällt mir ein, in dem der Autor der Frage nachgegangen ist, welche Auswirkungen die frühe Verwendung von Tastaturen auf das Erlernen der Handschrift bei Kindern hat. Der Siegeszug der Computer mache schließlich auch vor Schulen nicht halt, hieß es dort, und auch wenn dies sinnvoll und zeitgemäß sei, so seien Stift und Papier keineswegs durch Computer oder Tablet zu ersetzen. Wozu aber noch Handschrift lernen, wenn irgendwann sowieso überall Tablets herumliegen oder Spracherkennungssoftware selbst die Tastatur als altmodische Schnittstelle zwischen analoger und digitaler Welt ersetzt? Diese Frage, die ich mir bis dahin schon öfter gestellt hatte, beantwortete der Autor ebenfalls und ließ dafür einen Sprachforscher zu Wort kommen. Der wollte nämlich einen direkten Zusammenhang zwischen dem Erlernen der Handschrift und dem Erwerb der Schreib-, Lese- und – siehe da! – Sprachkompetenz gefunden haben. Außerdem, so der Tenor des Artikels, gelte auch für den Spracherwerb, dass Hans nur sehr schwer lernen könne, was bei Hänschen versäumt wurde.

Sollte der Verfasser noch einen lebendigen Beleg für seine Thesen suchen: Khalim wäre vermutlich ein Musterbeispiel. Auch frage ich mich vor diesem Hintergrund, wie aussichtsreich das Vorhaben eigentlich sein kann, seine

Zensuren im Schnitt um zwei ganze Noten verbessern zu wollen – vor allem in einem Fach wie Deutsch. Mit einem Lehrer wie Herrn Schröder und einer Sprachkompetenz, wie sie bei Khalim vorherrscht. Wie soll der Junge bloß in einem Schuljahr aufholen, was in fünfzehn Lebensjahren nur bruchstückhaft erlernt wurde?

Vielleicht fangen wir am besten so an, wie alle großen Aufgaben, die uns im Leben bevorstehen, angegangen werden: mit dem ersten Schritt. Und weil der darin bestehen könnte, seine Defizite zu visualisieren, beginne ich damit, eine Liste aus Worten und Satzfragmenten anzulegen, die ich mittelfristig gern aus Khalims überschaubarem Wortschatz verbannen würde. Dann beobachte ich, wie er den nächsten Bogen Papier vom Stapel nimmt, diesen betrachtet und einen Moment innehält.

Was ist los? Warum macht er nicht weiter?

Um seine Fähigkeit zu prüfen, Illustrationen in Worte umzusetzen, habe ich eine Bildergeschichte aus der Reihe »Vater und Sohn« für ihn ausgedruckt. Diese Darstellungen aus den Dreißiger- und Vierzigerjahren erzählen in wenigen und einfachen Schwarz-Weiß-Zeichnungen die Erlebnisse eines Vaters mit seinem Sohn.

Erst jetzt fällt bei mir der Groschen – ich Trottel! Ein unpassenderes Arbeitsblatt hätte mir nun wirklich nicht einfallen können, als ausgerechnet eine Vater-Sohn-Geschichte! Doch zu meiner Verwunderung will Khalim bloß wissen, was hier zu tun ist.

»Beschreib einfach, was in dem Comic passiert«, sage ich. »Vielleicht auch, was die Personen sagen könnten oder was sie denken und fühlen.«

Khalim macht sich sofort an die Arbeit, und nach ein paar Minuten schnappt er sich das letzte Blatt des Stapels, starrt dann aber schon bald Löcher in die Luft und wirkt abwesend. Ich will wissen, ob er fertig ist, woraufhin Khalim den Kopf schüttelt und mit der Zunge schnalzt.

Auch diesen Laut füge ich meiner Liste hinzu und erkläre ihm die letzte Aufgabe für heute, bei der er so viele leere Felder des Aufgabenblattes ausfüllen soll, wie er eben schafft. Außerdem erinnere ich ihn daran, dass ich ihm dafür keine Note geben werde.

Während er sich auch dieser Aufgabe widmet, stehe ich auf, um Joe zu signalisieren, dass er sein Erwachsenenspielzeug schon einmal warm laufen lassen kann. Als ich die Tür zum Büro öffne, kann Khalim die Neugierde nicht verbergen.

»Abboooh, wo gehst du?«

»Toilette«, flunkere ich, und erst, als ich die Tür hinter mir verschlossen habe, fällt mir auf, dass ich bei meiner Antwort auch ein Wörtchen vergessen habe.

Nachdem ich Joe eingeschärft habe, keine Ego-Shooter, sondern lieber ein Autorennen mit Khalim zu spielen, kehre ich wieder in die Küche zurück, lasse mir das letzte Aufgabenblatt geben und entlasse den ungeduldigen Teenager endlich in die verdiente Zock-Pause.

Als wir das abgedunkelte Büro betreten, flackert bereits das Licht des Beamers durch den Raum, und auf der Leinwand fährt Joe über eine Rennstrecke.

»Abboooh«, ruft Khalim, als er das Bild entdeckt, »er macht Nürnbergring!«

Mit entrücktem Gesichtsausdruck starrt Joe auf die Leinwand und bewegt Oberkörper und Kopf ruckartig hin und her, wenn er sich in die Kurven legt. Khalim setzt sich daneben, sieht schnell ähnlich betäubt aus wie Joe und bewegt sich synchron zu ihm – gäbe es Götter, es wäre ein Bild für sie.

Ich hingegen ziehe mich an meinen Schreibtisch zurück, zücke den Rotstift, den ich mir eigens für die Nachhilfe besorgt habe, und nehme mir Khalims Arbeitsblätter vor. Als ich gerade loslegen will, taucht Joes Kollege Tobi neben mir auf.

»Warst du eigentlich gern Lehrer?«, will er wissen und mustert mich.

Ich überlege einen Moment, nicke dann aber.

»Sieht man dir an.« Mit diesen Worten geht er weiter in die Küche und lässt mich nachdenklich zurück. Bevor ich mich aber wieder in die Grübeleien über meine Hassliebe zu diesem Job stürze, schirme ich mich mit meinen Kopfhörern gegen die jaulenden Motoren und quietschenden Reifen des Videospiels ab und widme mich dann Khalims Arbeit.

Auf dem ersten Blatt sollte er Verben in der richtigen Form in einen Lückentext einsetzen. Eine kurze Prüfung ergibt, dass sein Fehlerquote bei schlappen 92 Prozent liegt – zumindest in den Fällen, in denen ich seine Schrift entziffern kann.

```
Drei Fußgänger _sie geen__ (gehen) über den
Gehweg.
```

So lautet ein Vorschlag für eines der auszufüllenden Kästchen, wobei Khalims Eintrag exakt so klingt, wie er sich auch mündlich ausdrücken würde. Und so geht es auch weiter:

```
Am liebsten _est__ (essen) Susi Schokoladen-
torte.
```

Bereits am Ende des ersten Arbeitsblatts frage ich mich, ob ich tatsächlich der richtige Nachhilfelehrer für Khalim bin. Natürlich könnte ich die Sätze selbst fehlerfrei bearbeiten, aber sonderlich bewandert war ich in der Benennung grammatischer Regeln nie. Entsprechend könnte ich ihm in der Theorie gar nicht beibringen, wann welches Substantiv in welchem Fall wie gebeugt wird oder wie man Verben in welcher Zeitform dekliniert.

Aber würde Khalim eine solch theoretische Herangehensweise überhaupt weiterhelfen? Geht es nicht vielmehr um eine möglichst fehlerfreie Anwendung der Sprache im Alltag? Und geschieht diese nicht sowieso aus dem Gefühl heraus? Muss ich daher vielleicht doch die Kompetenzen eines Lehrers mitbringen, der sich auf DAZ, also ›Deutsch als Zweitsprache‹ spezialisiert hat? Das wäre für Khalim, der zwar in Berlin geboren und aufgewachsen ist, vielleicht doch das Richtige. Aber was ist dann seine Erstsprache? Was ist seine Muttersprache, also nicht im wörtlichen Sinne die Sprache seiner Mutter, sondern die, in der er denkt, in der er träumt, liebt und flucht?

Ich ziehe meine Kopfhörer aus den Ohren, und nur wenige Augenblicke später kenne ich die Antwort.

»Sick da lan, du Opferkind!«, höre ich Khalim rufen und schaue vorsichtig am Monitor vorbei. »Isch ficke disch, vallah!« Wie wild drückt er auf dem Joystick herum und reißt dabei den Kopf hin und her.

Schön, denke ich, dass er sich bei einem Autorennen so auslassen kann, also stöpsele ich meine Kopfhörer wieder ein und notiere für mich, dass Khalim eigentlich über keine Muttersprache verfügt. Vielmehr kombiniert er deutsche, türkische und arabische Begriffe mit allerlei Anglizismen, spricht sie mit einem harten Akzent aus und bastelt sie nach einem System zusammen, dass sehr ungewohnten Regeln folgt. Und das ist sogar mir neu, obwohl ich Khalim und seine Freunde über zwei Jahre lang unterrichtet habe.

Ich erinnere mich noch bestens an weitgehend bedeutungsfreie Laute des Erstaunens wie »Abboooh!«, »Ohaaaaa!« und »Züüüüüsch!«. Auch die Unfähigkeit, das weiche *ch* auszusprechen, begegnet mir nicht nur bei Schulkindern und auch durchaus nicht nur bei Menschen mit Zuwanderungsgeschichte, sondern fast täglich – die

Generation Isch ist überall. Entsprechend verschmilzt in der Sprache der Kids das Wörtchen »ich« (korrekt ausgesprochen in Kiezdeutsch: »isch«) auch fast immer mit dem darauffolgenden Verb, und so hörte ich bei der Vorstellung mit Namen oft den etwas verwirrenden Begriff »sch'eiße«. Aus »Ich heiße Ümit« wird also: »Sch'eiße Ümit.«

Was mir bei Khalims Sprache die größten Sorgen bereitet, ist die konsequent missachtete deutsche Grammatik, mit der er seine Sätze bildet. Ein von ihm nacherzählter Dialog könnte beispielsweise so klingen: »Ümit er sagt so: ›Was, was, was?!‹, dann Görkan so: ›Dein Mutta is Huansohn!‹ Dann Ümit er geht so zu ihn so, er gibt ihn so Schelle, er sagt so: ›Du Hissgeburt, sch'ficke deine Leben‹, dann Görkan er rennt so weg – ja?! Ieberkrass!«

Grammatisch »übersetzt« sähe der erste Teil des Satzes so aus: *Ümit* (Subjekt) *er* (Subjekt) *sagt* (Prädikat) *so* (Partikel): ›*Was, was, was* (Adverb, Adverb, Adverb)*?!‹, dann* (Adverb) *Görkan* (Subjekt) *so* (Partikel): ›*Dein* (Pronomen) *Mutta* (Subjekt) *is* (Prädikat) *Huansohn* (Objekt)*!‹*

Auch Fragen werden nicht nach dem Muster Fragewort-finites Verb-Subjekt-Adverb-infinites Verb gebildet, sondern folgen dem Schema Fragewort-Subjekt-finites Verb-infinites Verb-Adverb (beziehungsweise Objekt, Pronomen und so weiter):
Was du hast gemacht gestern?
Wo er hat gegangen/gegeht?
Warum du hast ihn nisch gegeben ein Bombe?

Artikel werden konsequent gestrichen.
Schwimmbad is iebergeil.
Er holt Flettskrien.
Sch'abe Tatschhendie.

Dafür wird das Subjekt gern zweimal genannt:
Herr Schröder er's Opfa.
Tschopp-Tzenta es hat zu.

Präpositionen fallen weg.
Isch bin Ernst Reuter. (Ich bin am Ernst-Reuter-Platz.)
Gehst du Bus? (Gehst du zum Bus?)
Gehst du mit Bus? (Fährst du mit dem Bus?)

»Gehen« wird als universelles Verb für Bewegungsvor-
gänge genutzt:
Hast du mit Flugzeug gegeht?
Wohin Schröder er hat bei Auto gegeht?

Das Hilfsverb »machen« avanciert zum Allzweckbegriff.
Isch mach disch Krankenhaus.
Warum du machst ihn Krankenhaus?

Das Wort »so« muss spätestens nach fünf anderen Wör-
tern eingesetzt werden: *Dann er geht so Unterricht, er
sagt so egal, dann so Herr Krüga er schreibt so Klassenbuch ...*

»Weil« wird grundsätzlich durch »wegen« ersetzt: *Wegen
sch'bin so Video-World, ja?*

»Als« wird im Falle eines Vergleichs immer durch »als
wie« ersetzt: *Sch'bin größer als wie du.*

Im Falle einer zeitlichen Angabe wird *als* stets durch
wo ersetzt: *Weißt du noch, wo isch so zu ihn so gesagt
habe ...?*

Auch die Aussprache folgt eigenen Regeln. Der Laut *ch* existiert nicht, ist immer (!) *sch*:

isch

Schemie

fürschterlisch

Jedes *R* muss (wie in fast in allen Ländern außer Deutschland) gerollt werden, allerdings nur sehr kurz.

Wie im Berlinerischen auch wird *Z* immer als scharfes *S* ausgesprochen:

Sigarette

Ssehn Öro

bessahlen

Andersherum wird (ebenfalls wie im Berlinerischen) ein *scharfes S* am Anfang eines Wortes (was fast nur bei englischen Fremdworten vorkommt) immer wie *Z* ausgesprochen:

Tzenta

Tzöhrwiss

Tzekjuretie

Zwischen zwei Konsonanten kann nach Belieben ein Vokal eingesetzt werden:

Karankenhaus

Fulugzeug

Herr Schiröda

Schilampe

Mir qualmt der Schädel, und mein Blatt, auf dem ich mir Khalims »Besonderheiten« im deutschen Sprachgebrauch notieren wollte, ist prallvoll. Zu allem Überfluss ist bald auch noch die halbe Stunde rum, die Khalim mit Joe zocken darf, also wühle ich mich durch die restlichen Arbeitsbögen, auf denen mein Nachhilfeschüler fast jede Lücke falsch ausgefüllt hat.

Die Auszüge aus der Klausur ergeben, dass er in diesem Teil eine glatte Sechs geschrieben hätte, und so widme ich mich seufzend dem letzten Aufgabenblatt, auf dem Khalim die in sechs Bildern dargestellte Szene mit Vater und Sohn beschreiben sollte. Hier zeigt sich seine sprachliche Unfähigkeit vielleicht am dramatischsten.

Viele Menschen würden diesen kleinen Comic wohl etwa so nacherzählen: Ein schwarzhaariger Junge und ein Junge ohne Haare prügeln sich. Der Dunkelhaarige holt darauf weinend seinen Vater, und als dieser dem Vater des anderen Kindes begegnet, bricht eine Schlägerei zwischen den beiden Erwachsenen aus. Die Söhne hingegen spielen inzwischen friedlich zusammen mit Murmeln.

Khalim gibt den Handlungsverlauf etwas anders wieder:

Türcke und nazikind sie Machen ein schleegerei dann türcke er get zu so zu vater er spukt boden er sagt dieser nazi er hat misch frese gehaut dan die fatas sie kommen beide so sie schreien ieberkrass dan der türcke fata er würkt so nazi dann er gippt ihn krase bombe aber die kinder schpilen mit gelt

Ich lege den Rotstift beiseite und reibe mir die Augen. Wo soll ich hier bloß ansetzen? Beim Schriftbild? Bei der Rechtschreibung? Beim Satzbau? Immerhin: Den ungefähren Verlauf der Story konnte Khalim wiedergeben. Wir fangen also nicht ganz bei null an.

Wieder frage ich mich, ob es eine besonders gute Idee war, ausgerechnet mit einer Vater-Sohn-Geschichte um die Ecke zu kommen, noch dazu in der ersten Nachhilfestunde. Vorsichtig schiele ich an meinem Bildschirm vorbei und suche in Khalims Gesicht nach der Trauer über den schweren Unfall seines Vaters – momentan aber vergeblich. Stattdessen scheint das Autorennen einen ganz gesunden Ehrgeiz in ihm auszulösen. Außerdem, und das dürfte gerade am wichtigsten sein, lenkt es ihn offensichtlich bestens ab.

»So, Khalim, genug für heute.« Ich stehe auf, verlasse meinen Schreibtisch und baue mich vor Joe und meinem Schüler auf. Grinsend schaue ich in sein bettelndes Gesicht. »Jetzt zeig *ich* dir mal, wie man Autorennen gewinnt.«

Von Joe lasse ich mir den Sitzplatz und den Controller geben, wähle den gleichen Wagen wie Khalim und liefere mir mit ihm ein ungleiches Rennen über die virtuelle Nordschleife des Nürburgrings – bei dem ich gnadenlos verliere. Wir verabreden uns für morgen, dann verlässt er das Büro.

Ich hingegen schirme mich wieder mit Musik gegen die Hintergrundgeräusche des Büros ab und setze mich an das Fazit der ersten Stunde – und das fällt ziemlich eindeutig aus: Khalims mit Abstand größtes Problem ist seine sprachliche Inkompetenz, und weil Deutsch nun einmal Unterrichtssprache ist, wirkt sich dies nicht nur auf den Deutschunterricht, sondern auch auf alle anderen Fächer aus. Ganz offenbar mangelt es dem Jungen also an der Fähigkeit, seine Gedankengänge in Worte zu fassen und aus diesen Worten Sätze zu bilden, die unmissverständlich ausdrücken, was er denkt, fühlt, träumt und will. Anfangs hatte ich noch ein Fünkchen Hoffnung, Khalim würde das Kiezdeutsch vielleicht nur sprechen, um unter seinen Freunden nicht negativ aufzufallen, und könnte den Slang wie einen Dialekt bei Bedarf abschalten. Nach dieser ersten Stunde jedoch und nach den Ergebnissen der Arbeitsbögen ist dieses Fünkchen erloschen. Eindeutig ist nämlich nicht nur Khalims krude Grammatik, sondern auch sein winziger Wortschatz.

Wie vereinbart rufe ich umgehend Geierchen an, berichte ihm von der ersten Stunde und erhalte von ihm die Aufgabe, mich mit Khalim auf Deutsch zu konzentrieren. »Die anderen schwierijen Fächer wie Englisch hatta ja bei mir, die Naturwissenschaften krichta ooch hin. Aber Deutsch bei Schröder, ditt is meene größte Sorje!« Im Hintergrund höre ich Papier rascheln. »Pass uff, eens musste noch wissen …«

Geierchen erklärt mir, dass Oberschüler inzwischen in Deutsch, Mathe, der ersten Fremdsprache und einem naturwissenschaftlichen Unterricht in Erweiterungskurse und Grundkurse aufgeteilt werden. »In Mathe hab ick ihn im E-Kurs, aber bei den anderen kann ick nüscht machen, allet G.«

»Ja, das kenne ich doch noch von früher aus meiner Gesamtschule«, sage ich beiläufig und überfliege gleichzeitig die Homepage des Landes Berlin, auf der alle Bedingungen für den Schulabschluss genau aufgelistet sind. »Aber wenn ich es richtig verstehe, kann er doch rein theoretisch sogar die Mittlere Reife machen, oder?«

»MSA heißt ditt jetze, Mittlerer Schulabschluss. Und rein theoretisch kann er ditt machen, ja.« Geier lacht. »Dafür bräuchta aber den zweeten E-Kurs und muss nachher 'ne schwerere Klausur schreiben.«

»Nein, er schreibt die gleiche.« Ich lese vom Bildschirm ab. »Die wird aber strenger benotet, genau wie die Präsentation, die er vorher noch halten muss.«

»Mein ick doch. Komm, verjisset! Ick bin froh, wenn der Junge den erweiterten Haupt… also: Dingsdabumsda macht und du dich mit ihm um ein Praktikum und so weiter kümmerst, jut? Denn hau ma rein!«

Nach dem Telefonat lehne ich mich im Schreibtischstuhl zurück, lege die Beine auf die Tischplatte und lasse den Blick über den kleinen Park schweifen, der vor unserem Büro liegt. Wie kann ich es bloß schaffen, frage ich mich, Khalim in so kurzer Zeit Deutsch beizubringen? Ist das überhaupt möglich? Soll ich ihn vielleicht klassische deutsche Werke lesen lassen und hoffen, dass er sich von der Sprache Hesses, Heines und Hölderlins anstecken lässt? Eine der ältesten pädagogischen Weisheiten besagt schließlich, dass Gras nicht schneller wächst, wenn man daran zieht, dass Pädagogen also auf die selbstständige Entwicklung ihrer Schüler setzen sollten. Ein nobler Gedanke, aber vermutlich stand dessen Schöpfer deutlich mehr Zeit zur Verfügung als Khalim und mir. Muss ich angesichts des straffen Zeitplans vielleicht eher brachiale Disziplin walten lassen und unser Büro in diesem Zuge zu einem Bootcamp umbauen?

Im Zweifel immer Hitler

Challo die Damen!« Khalim nimmt zur Begrüßung sein
Baseballcap ab, als er das Büro betritt und sich vor den anwesenden Mitarbeiterinnen des Start-up-Unternehmens
leicht verbeugt. »Schöne Wetter heute, oder?«

Etwas irritiert blicken die Mädels aus den Fenstern, wo
eine milde Herbstsonne die bunten Blätter beleuchtet, und
nicken ihm erstaunt zu.

In der Küche angekommen, stellt Khalim pfeifend seine
Tasche in der Ecke ab und grinst mich breit an, während
ich uns einen Kaffee zubereite.

»Na, der Herr, gute Laune?« Erfreut blicke ich in Khalims grinsendes Gesicht. »Wie kommt's?«

»Nur diesem Woche noch«, trällert er, »dann sch'abe
Härbstfäääärien.«

Ist es schon wieder so weit? Offenbar, denn wie so oft
fand der Sommer ein jähes Ende, verabschiedete sich mit
ein paar netten warmen Tagen und zog sich dann rasch
zurück, um dem Herbst kampflos die Großwetterlage zu
überlassen.

So groß der Fortschritt an der Klimafront in den letzten Tagen war, so gering sind leider die Erfolge, die Khalim und ich in den ersten Wochen unserer Nachhilfe erzielt
haben. Und umso erstaunter bin ich daher von seinem
charmanten Auftritt, denn zu Beginn unserer Zusammenarbeit geizte Khalim nicht mit Blicken auf kurze Röcke

oder großzügige Ausschnitte, um dann in der Küche – immerhin in Abwesenheit der Damen – den klassischen Macho zu geben.

Schon als Lehrer habe ich höchst allergisch auf den leider ziemlich präsenten Sexismus einiger Schüler reagiert und entsprechend auch jetzt einige sehr deutliche Worte für seine Sprüche gefunden. Seinen heutigen Auftritt verbuche ich deshalb eindeutig als Lernfortschritt, was ich auch ziemlich bitter nötig habe.

Nicht nur der Sexismus war während meiner Zeit in der Schule sehr präsent, sondern auch das lähmende Gefühl der pädagogischen Hilflosigkeit, das bei einem gewissen Teil meines sehr erfahrenen ehemaligen Kollegiums längst zu einer zynischen Resignation geführt hat. Auch ich gab irgendwann der Versuchung nach, meiner Kapitulation eine gehörige Dosis Galgenhumor beizumischen, um die Symptome des schleichend einsetzenden Wahnsinns damit zu betäuben. Eine Kollegin jedoch – eine gestandene und wundervoll altersmilde Lehrerin – verschrieb mir ein anderes Medikament: Akzeptiere die Grenzen deiner Möglichkeiten und erfreue dich an jedem Erfolg, sei er auch noch so klein! Es hat zwar ein paar Wochen gedauert, bis mir diese Formel wieder eingefallen ist, aber seitdem beobachte ich sehr genau, welche Lernerfolge (ob nun geplante oder ungeplante) ich mit Khalim verbuchen kann.

»Ach, Mensch, bevor ich's vergesse …« Während er seine Unterlagen auspackt, hole ich den Schuhkarton, der auf meinem Schreibtisch liegt. »Bitte schön, ein kleines Geschenk für dich.«

»Naikie Frieh?« Er reißt atemlos den Deckel auf, findet darin aber nur Packpapier. »Mann ey, is ja ein Schimmelpaket!«

»Erstens heißt das Schummelpaket«, sage ich oberlehrerhaft und setze mich neben ihn, »und zweitens wird das dein neuer Wortschatz.«

»Wortschatz?« Er schüttelt den Kopf. »Sch'kapier nur U-Bahn.«

»Ging mir auch so, aber die Idee kommt von meiner Frau, und die studiert immerhin Lehramt an der Uni.« Ich greife nach einem Stapel Karteikarten und erkläre ihm dann die Methode, die Sarah mir gestern vorgeschlagen hat. »Immer wenn wir auf einen Begriff stoßen, den du nicht kennst, schreiben wir ihn auf ein Kärtchen. So wie hier, schau her!« Langsam spreche ich mit, was ich aufschreibe. »›Ich versteh nur Bahnhof.‹ Auf die Rückseite schreibe ich dann die Bedeutung, nämlich etwas nicht zu kapieren, und so füllen wir nach und nach deinen Wortschatz. Cool?«

»Und dann sch'muss Vokabeln lernen wie Englisch? Züüüsch!« Er schaut wieder in die Box. »Es passt mies viel Karten rein, ja?!«

»Ist ja noch ein bisschen Zeit bis zu deinem Schulabschluss. Aber jetzt«, ich trommle mit den Fingern auf dem Tisch, »machen wir erst einmal deine Hausaufgaben. Was gibt's heute?«

»Geschischte und Erdkunde.« Er lässt die Schultern hängen. »Aber s'voll viel, Mann, sch'ab voll kein Bock.«

»Los, wir beeilen uns. Dann können wir heute noch Joe und Tobi fertigmachen.« Ich greife nach einem unsichtbaren Lenkrad. »Team Khalim muss doch gewinnen!«

Zu Beginn war ich ja noch skeptisch, aber in der Tat hat die Playstation stark dazu beigetragen, das Verhältnis zwischen Khalim und mir aufzulockern. Als Racingteam fahren wir inzwischen nämlich ganze Meisterschaften gegen Joe und Tobi, und obwohl wir drei alten Herren durchaus eine gewisse Affinität zu Videospielen haben, ist Khalim der mit Abstand beste Fahrer. »Siktir lan, fresse meine Schmutz!«, ruft er dann manchmal laut durchs Büro, wenn er Joe oder Tobi überholt, oder »Super-Khalim like a boss!«, wenn er – wie fast immer – als Erster durchs Ziel fährt.

Beende ich hingegen ein Rennen – ebenfalls wie fast immer – auf einem der hinteren Plätze, nimmt er mir den Controller schnell wieder weg. »Boah, Herr Mülla du bist so miesa Fahra, ja?«, sagt er dann. »Komm, isch zeige dir mal wie eine eschte Plehboy Auto fährt. Kumma zu und lerne!«

Dann fährt er den anderen beiden so gnadenlos davon, dass wir trotz meiner Computerspiel-Talentfreiheit als Team so ziemlich jede Meisterschaft gewinnen.

»Unbesiegbar, meine Damen und Herren: das Team Müller-Khalim!«, rief ich einmal, nachdem mein Schüler mit mehreren Sekunden Vorsprung durchs Ziel gerast war. Dafür lachten mich jedoch alle drei aus, und so änderte Joe unseren Namen in *Team Khalim*. Diese vielen Momente, in denen die Rennergebnisse seinen Namen auf Platz 1 der Tabelle zeigen, sind für ihn eine extrem wichtige Abwechslung zu der vorangegangenen Stunde, in der sein schulisches Versagen in wirklich jeder Sekunde deutlich wird.

»Also los, mein Lieber, lass uns mit Erdkunde anfangen. Worum geht's?«

»S'voll der Bullschitt, ja? Kumma.« Khalim zieht den Linienplan der Berliner S- und U-Bahnen aus dem Rucksack und faltet ihn auf dem Tisch auf. »Damit wir sollen dursch Berlin finden, aber wie Mittelalta.« Er legt sein Handy daneben. »Dafür sch'abe doch einem Epp!«

»Und wenn der Akku alle ist?« Mit dem Finger tippe ich auf die rote Batterieanzeige. »Wie findest du dann deinen Weg? Zum Beispiel zu einem Vorstellungsgespräch? Apropos, weißt du eigentlich inzwischen, wo du dein Praktikum machen willst?«

Khalim schnalzt mit der Zunge und rollt mit den Augen, holt dann aber lächelnd einen zerknitterten Zettel heraus, auf dem die Verbindungen stehen, die er finden soll. Seinen Schulweg entdeckt er ohne Mühe, doch schon an der zweiten Aufgabe, eine Fahrt vom Zoologischen Garten zum Richard-Wagner-Platz, scheitert er kläglich, was ganz einfach daran liegt, dass er weder Start- noch Zielbahnhof auf der Karte findet.

»Warst du denn schon einmal im Zoo?«

»Isso mit Tiere, Dings, Elefant und so, wa?«

Ich nicke, also spricht er weiter.

»Tüüühlisch sch'war schon gewesen, danach sch'ab Ku'damm gegeht, dann Mäckdonnilz, iebergeil!«

»Wenn der Zoo also am Ku'damm liegt«, frage ich ihn in alter Pädagogenmanier, »wo könnte dann der Bahnhof Zoologischer Garten liegen?«

Er schaut auf die Karte, dann reißt er die Augen auf und schlägt sich lachend gegen die Stirn. »Abboooh! Zoo is bei Zoologische Gahtn?«

Wieder nicke ich.

»Dann is ja babyeimpfach. Hier!«

»Und von dort zum Richard-Wagner-Platz?«

»Rischard Wagina?« Er zuckt mit den Schultern. »Sch'kenne ihm nisch.«

Mit ein wenig Hilfe löst er die Aufgabe schließlich, doch bei allen weiteren Strecken zeigt sich, dass er außerhalb von Kreuzberg und abseits von ihm bekannten Einkaufszentren ohne sein Handy hoffnungslos verloren wäre. Darüber hinaus bekommt er den Transfer von der Karte zur Realität einfach nicht hin, also hole ich das iPad, öffne Google-Maps und zeige ihm das Satellitenbild unseres Bürogebäudes. Wie erwartet ist er davon sichtlich unbeeindruckt, doch schon seinen Fußweg durch den Görlitzer Park nach Hause kann er nicht finden. Mit jedem Meter, den ich nun mit der virtuellen Kamera nach oben fliege, werden seine Augen größer.

»Karaaaaasssss!«, sagt er schließlich und hält sich die

Hand vor den Mund. »Berlin er's züschogroß, ja?! Und kumma hier, Herr Mülla!« Hektisch zeigt er auf den Südwesten der Stadt. »Hier's sogar eine Wald.«

»Sag bloß, du warst noch nie im Grunewald?« Ich komme aus dem Staunen nicht mehr heraus, Khalim fällt aber plötzlich etwas ein.

»Doch. Sch'war schumma eine andre Wald gewesen, Dings, Wienerwald!« Schlagartig verschwindet sein Lächeln. »Mit meine Vater.« Einen Moment lang schweigt er, fängt sich aber schnell wieder. »Vielleischt isch gehe bald wieder mit ...«, er lehnt sich nach hinten und muss sich ein Grinsen verkneifen, »Dings, so halt.«

»Mit?« Ich werde hellhörig. »Sag schon: mit wem?«

»Ach, s'egal, ja?« Er runzelt die Stirn, muss aber weiterhin lächeln. »Lass ma weiter diesem Erdkunde machen jetze.«

Gemeinsam identifizieren wir verschiedene Bezirke Berlins und legen dann ein Liste mit geografischen Begriffen an. Dabei fangen wir im Kleinen an, bei der Straße, und zoomen dann über Plätze und Ortsteile immer weiter hinaus zu Bezirken, Städten, Bundesländern und Ländern, bis ganz Europa auf dem Display zu sehen ist.

»Also noch einmal von vorn«, setze ich an, um die Begriffe zu wiederholen, die wir schon im Schuhkarton gesammelt haben. »Du wohnst am Kottbusser Tor. Der Bezirk heißt Kreuzberg, die Stadt Berlin, das Land ist Deutschland und der Kontinent Europa. Bist du so weit mitgekommen?«

Konzentriert starrt Khalim auf die Karte und nickt. Ich will testen, ob er die Unterschiede wirklich verstanden hat, und frage ihn, wo die Schweiz liegt.

»Schweiz?« Bierernst schaut er mich an, dann auf das Display und wieder zu mir. »Er's Münschen, oder?«

»In der Nähe, ja.« Ich atme tief durch und tippe dann auf das iPad. »Da ist die Schweiz. Ist ein Land.« Vielleicht reicht's für heute mit Erdkunde. »Du hattest doch noch andere Hausaufgaben, oder?«

»Ja, aber vorher sch'muss bei Klo gehen, ja?«

Während er verschwunden ist, führe ich mir den evolutionären Prozess noch einmal vor Augen, den diese Frage bei ihm durchgemacht hat. Als Khalim nämlich in der ersten Woche wortlos aufstand und die Büroküche verlassen wollte, fragte ich ihn, was er vorhabe. »Klo«, lautete die Antwort, dann war er weg. Ich bat ihn beim nächsten Mal um einen ganzen Satz und bekam bald »Sch'muss Klo« zu hören. Immer wieder von mir auf die richtige Form dieses Anliegens hingewiesen, sagte er irgendwann: »Herr Müller, sch'muss Klo.« Nachdem ich ihn dann ein paar weitere Wochen korrigiert hatte, fügte er eines Tages ein kleines Wörtchen hinzu: »Herr Mülla, sch'muss ins Klo.«

»Ins Klo?« Ich ging mit ihm zur Toilettenschüssel und deutete einen Kopfsprung an. Seitdem konzentriert er sich jedes Mal auf diesen einen Satz, und bis heute hat mich die Hoffnung nicht verlassen, dass er mich vielleicht irgendwann ganz lässig darüber informieren wird, mal auf die Toilette gehen zu müssen.

Als er wiederkommt, holt er gut gelaunt seine nächste Hausaufgabe heraus. »Dieser Schröder er labert öhngtwas von öhngtsoeine Maua.« Er schlägt das Geschichtsbuch auf und zeigt mir Bilder vom Mauerfall und vom Todesstreifen. »Kein Plan, was er will.«

»Irgendeine Mauer?« Ich klappe das Buch zu und starre ihn an. »Komm schon! Wo stand diese Mauer?«

»Ach so, wo? Sch'weiß natöhlisch.« Er greift nach dem iPad und zeigt auf Österreich. »Hier.«

»Sicher?«

Er nickt, also frage ich weiter.

»Wann wurde die Mauer gebaut?«

»Gebaut?« Langsam kratzt er sich am Kinn und schaut

aus dem Fenster. »Isso schwanzisch Jahre her, v'leischt fümschwanzisch.«

»Ah ja.« Ich ziehe die Augenbrauen hoch und schlage die Beine übereinander. »Und wer hat sie bauen lassen?«

»Hitler.« Er blinzelt mich an und verzieht keine Miene. »Oder warte: dieser dicke Helmut … Dings!«

»Kohl?«

»Genau.«

Ich schüttele langsam den Kopf und setze mehrmals zum Sprechen an, um ein paar historische Eckdaten gerade zu rücken, fühle mich dazu aber vorerst nicht in der Lage und setze uns stattdessen erst einmal einen Tee auf. Während der Wasserkocher immer lauter sprudelt, frage ich mich, wie man in einer Stadt wie dieser, in der jede Ecke voll lebendiger Geschichte steckt, so grandios wenig Ahnung davon haben kann. Ist denn bisher wirklich kein Erwachsener auf die Idee gekommen, den Jungen mal durch Berlin zu führen? Hat ihm nie jemand erklärt, dass das ganze Land noch zehn Jahre vor seiner Geburt durch eine von Scharfschützen bewachte Mauer getrennt war – und zwar fast vor seiner Haustür?

»Los, pack deine Sachen und das iPad ein!« Ich schalte den Wasserkocher wieder aus. »Wir gehen jetzt auf historische Schnitzeljagd.«

Weil sich unsere Bürogemeinschaft direkt an der ehemaligen Grenze zwischen Ost- und West-Berlin befindet, stehe ich keine fünf Minuten später mit Khalim vor einem Schild, das ich mir von ihm vorlesen lasse.

»Ber-lin-er-Mau-er-weg?« Seine Mütze hat er sich in der Hektik schräg auf den Kopf gesetzt und schaut sich daher mit anderthalb Augen in der Gegend um. »Welsche Mauer is weg?«

»Na, die Berliner Mauer, Mensch!« Ich rücke seine Mütze zurecht und stelle mich auf die Zehenspitzen, um mit dem Finger auf dem Schild entlangzufahren. »Und das hier ist der Berliner Mauerweg, weil hier die …? Na?«

»Die Berliner Mauer steht?«

»Steht?!« Ich drehe ihn an den Schultern um seine eigene Achse. »Siehst du hier irgendwo eine Mauer?«

Er schüttelt den Kopf, setzt sich den Rucksack richtig auf und schließt seine Jacke.

»Gut – also *stand* die Mauer hier. Aber ein paar Teile hat man als Erinnerung an der East Side Gallery stehen lassen, und da führst du uns jetzt hin.«

Nachdem ich Khalim diesen englischen Begriff diktiert habe, schickt uns die App auf seinem Handy zu Fuß entlang der Schlesischen Straße über die Oberbaumbrücke bis zur Mühlenstraße, und weil dieser Weg ungefähr zwanzig Minuten dauern wird, habe ich genug Zeit, ihm vom Mauerfall und der Wiedervereinigung unseres gemeinsamen Heimatlandes zu erzählen.

»Is ja haram, Alta.« Mit offenem Mund bleibt er mitten auf der Oberbaumbrücke stehen und schaut sich um. »Also, wo du noch eine Kind warst, hier Berlin war vorbei?«

»Als ich noch ein Kind war, war West-Berlin hier vorbei, genau.« Auf dem iPad zeige ich ihm Bilder der abgesperrten Brücke, die von bewaffneten Soldaten und Stacheldraht bewacht wurde. »Aber wieso ›haram‹?«

»Wir sagen so, für wenn eine Sache verboten is, also kacke.« Er öffnet wieder die Navigations-App und zeigt auf das andere Ende der Brücke.

Als wir einen Moment später vor den bemalten Überresten der ehemaligen Berliner Mauer stehen, staunt Khalim Bauklötze. Ein echtes Licht geht ihm aber erst auf, als wir uns eine alte Karte der Stadt anschauen, auf der die Mauer noch eingezeichnet ist. »Züüüschooo! Dann ihr wart eingesperrt?«

»Wir nicht, aber die anderen.« Ich zeige ihm eine historische Deutschlandkarte und fahre mit dem Finger die verschiedenen Transitstrecken entlang. »Genau da durften wir mit dem Auto entlangfahren. Wer aber hier gewohnt hat«, ich umkreise das Gebiet der ehemaligen DDR, »der war eingesperrt.«

»Und wenn er einfach geht?« Khalim zeigt auf die Oberkante der Mauer. »Beispiel mit ein Leiter?«

»Da, wo jetzt Strandbars sind, war früher der Todesstreifen.«

»Ein totes Streifen? Was haben sie da …« Er hält sich plötzlich die Hand vor den Mund, dann imitiert er Gewehrschüsse.

Ich nicke.

»Ohaaa, diesem nisch gut. Aber warum war so?«

»Das erkläre ich dir auch noch, aber dafür brauchst du ein bisschen Geduld.« Ich ziehe den Liniennetzplan aus der Tasche, drücke ihm das Papier in die Hand und zeige auf den Bahnhof Warschauer Straße, der nicht weit von der East-Side-Gallery entfernt ist. »Erst einmal bringst du uns von hier zum Alexanderplatz. Ohne Internet.«

Schnell hat er eine Verbindung mit der S-Bahn herausgefunden, und so kann ich den Fußweg und die Fahrt nutzen, um ihm von den Grenzübergängen zu erzählen, an denen wir früher viele Stunden im Auto warten mussten, bevor unser Wagen von der Volkspolizei bis in den letzten Winkel durchsucht wurde.

Als wir im Internet ein Foto dieser Grenzkontrollen finden, lacht Khalim plötzlich laut auf. »Kumma er!« Er vergrößert das Bild eines Grenzbeamten der DDR. »Er's überhässlisch! Er hat so«, Khalim hält sich den Bauch und zeigt dann auf seinen Schnurrbart, »er hat ein karassen Pornobalken in Gesischt. Er's bestimmt hayvan, ja?«

»Ach Khalim, das war früher halt modern«, sage ich. »Komm schon, beruhig dich, ja? Das ist nicht lustig.« Beim Anblick der Bilder und der Fahrgäste um uns herum, die uns abschätzig beobachten, fällt es mir allerdings schwer, mich von seinem Gegacker nicht anstecken zu lassen. Je mehr Bilder wir aus der DDR der 80er-Jahre entdecken, desto lauter müssen wir lachen – bis das vermutlich berühmteste Bild dieser Epoche auf dem Touchscreen erscheint: der Grenzbeamte, der 1961 in voller Montur über den Stacheldraht springt.

»Ohaaa!« Khalim schaut mich plötzlich betroffen an. »Hat er geschafft?«

»Ich glaube schon, ja.«

»Überhalal! Aber, Dings, wenn so zwei Länder waren, waren auch verschiedene Deutsch?«

»Du meinst die Sprachen? Nein, auf beiden Seiten wurde deutsch gesprochen, das heißt …«, ich lasse meine Unterlippe hängen, »bis üffde Diorläckte.«

»Iiih, Herr Müller!« Er rümpft die Nase. »Wie redest du?«

»Nor, wie een Sackse.« Dann packe ich den Satz aus, mit dem wir uns nach der Maueröffnung über die Sprache unserer neuen Mitbürger lustig gemacht haben: »Gänsefleisch ma de Göffa üffmachen? Sch'möschte ihrö Fohrährlöbnis in Ohrenschein nehmn!«

Bevor wir aussteigen, schauen wir uns noch mehr ostalgische Bilder an: Sandmännchen, Ampelmännchen, Vopo-Uniformen, sowjetische Fellmützen, eine Statue von Honni, sonderbare Straßenschilder und natürlich das kleine Auto, das angeblich aus Pappe gewesen sein soll. Als ich Khalim später von der Wartezeit für den Trabbi erzähle, kriegt er sich kaum noch ein.

»Is ja länger als neues Eifohn, ja?« Vor Lachen brüllt er fast über den ganzen Alexanderplatz. Selbst als wir den Sockel des Fernsehturms erreicht haben, hat er sich noch nicht eingekriegt. »Dann warum sie haben nisch selbst gebastelt? Von eine Kornflexpackung.«

Von unten staunen wir über die Höhe des höchsten Gebäudes der Stadt, betrachten aus der Ferne das Rote Rathaus und im Vorbeigehen die Marienkirche.

Bevor wir aber historisch noch weiter zurückgehen, muss ich einen Satz loswerden, der in diesem Zusammenhang nicht fehlen darf. »Das klingt jetzt alles ein bisschen krass, Khalim, aber«, wieder schiebe ich meinen Unterkiefer vor, »äs wor öch nich olles schläscht im Össdn!«

»Aha.« Er bleibt stehen und blickt kopfschüttelnd zurück auf den Alexanderplatz. »Was war denn nisch schlescht gewesen?«

»Na ja, zum Beispiel …« Ich überlege einen Moment, lasse noch einmal alles vor meinem inneren Auge Revue passieren, was ich mit dieser glücklicherweise gescheiterten Diktatur verbinde, und zucke dann mit den Schultern. »Keine Ahnung. Das fragst du am besten jemanden, der dort gelebt hat.«

Vorbei am Berliner Dom und an der Baustelle des neuen Stadtschlosses, führe ich Khalim in die Zeit der Kutschen, der gezwirbelten Schnauzbärte, der Zylinder und der großen deutschen Literaten. »Bevor wir aber zu den beiden Figuren kommen, die du kennst …«

»Kohl und dieser … Dings?«

»Genau. Vorher müssen wir noch über einen Mann sprechen, der den Namen Hindenburg trug. Der Typ spielte eine wichtige Rolle im Ersten Weltkrieg und hat später Hitler zur Macht verholfen.«

»Genau: Hitler!« Khalim bleibt stehen. »Er's doch dieser Züscho, oder?«

Ich nicke und erzähle ihm von der Machtergreifung der Nazis und der Unterstützung, die sie damals durch das deutsche Volk erhalten haben, und auch von den ersten Angriffen auf deutsche Juden.

»Hör dir das mal etwas genauer an, mein Lieber«, füge ich in einem Nebensatz hinzu, »und merk dir bitte, dass ich ›Jude‹ nie wieder als Schimpfwort von dir hören will.«

Khalim nickt betroffen und schaut zu Boden.

Schließlich landen wir am Bebelplatz und betreten die Glasplatte im Boden, unter der leere Regale an die Bücherverbrennung durch nationalsozialistische Studenten im Mai 1933 erinnern.

»Diese dumm' Nazis, ja?« Khalim schlägt seine Faust in die hohle Hand. »V'leischt sie haben eimfach diesem Büscha nisch kapiert, dann sie sind aggro geworden, und dann sie haben alle verbrennt.«

Gemeinsam spazieren wir anschließend Unter den Linden entlang, und während ich grob den Zweiten Weltkrieg skizziere und ihm von den Gräueltaten der Nazis berichte, von den Konzentrationslagern und dem Völkermord an den Juden, von der SA und der SS, von den Morden und Misshandlungen Homosexueller, Behinderter und irgendwann aller, die nicht den kruden Vorstellungen dieses faschistischen Regimes entsprachen, verstummt Khalim endgültig und läuft mit gesenktem Kopf bis zum Brandenburger Tor neben mir her.

»Als Deutschland den Krieg 1945 endgültig verloren hatte, haben die Gewinner das Land unter sich aufgeteilt. Die Russen haben sich den Osten geschnappt«, sage ich und zeige zurück in die Richtung, aus der wir gekommen sind, »und die Amerikaner, Engländer und Franzosen den Westen des Landes. Von der Hauptstadt aber – und das ist Berlin, mein lieber Khalim – wollten beide Seiten etwas haben, also verlief die Grenze einmal von oben nach unten durch die Stadt. Und die Mitte dieser Grenze?«

»War sie etwa hier?«

Als ich nicke, streicht Khalim mit seinen Handflächen über die steinernen Säulen, zwischen denen wir stehen, und als ich mit dem Finger auf das heutige Bundestagsgebäude zeige und ihm erkläre, dass schon Hitler von dort aus regierte, bekommt er den Mund kaum noch zu.

»Ganz ehrlisch? Sch'abe alles nisch gewusst.«

»Ich dachte, Schröder redet dauernd über Hitler.« In Erinnerung an den Geschichtsunterricht, den ich als Schüler erlebt habe, blicke ich ihn fassungslos an. »Ist denn davon wirklich gar nichts hängen geblieben?«

»Nein, Mann. Schröder er's Eierkopf!« Er zuckt mit den Schultern. »Also keiner hört ihm zu.«

»Und deine Eltern?« Langsam laufen wir die Ebersstraße entlang Richtung Potsdamer Platz. »Haben sie dir auch nie davon erzählt?«

»Herr Mülla!« Er schnalzt mit der Zunge und schüttelt den Kopf. »Mein Mutter sie kennt nischma Geschischte von Libanon, ja? Ihre ganze Leben sie hat nur eine Buch gelest, imma wieda, imma wieda der gleische. Und meine Vater? Er ...« Khalim läuft ein paar Meter schweigend weiter und verschränkt die Hände hinterm Rücken, erst dann setzt er seinen Satz fort. »Er's guter Mann, weißt du? Wöhklisch guter Mann, aber er war lange weg gewesen.«

»Wo denn?«

»S'egal!« Khalim bleibt stehen und schaut mich ziemlich böse an. »Sch'will nisch drüber spreschen, o.k.?«

Wortlos setzen wir unseren Fußweg fort. Als wir die Stelen aus Beton erreichen, erkläre ich ihm nur kurz, dass es sich dabei um das Denkmal der ermordeten Juden Europas handelt, dann laufen wir stumm zwischen den Steinen entlang. Erst als wir in der Mitte des Kunstwerks angekommen sind, legt Khalim den Kopf in den Nacken und stellt mir eine Frage.

»Meinst du, sie haben auch immer so Himmel geguckt, wo sie in diese Nazi-Gefängnis waren?«

»Im KZ? Gute Frage.« Ich zucke mit den Schultern. »Aber vermutlich schon, ja.«

Erst am Potsdamer Platz verlässt uns das bedrückende Gefühl wieder, das zwischen den Betonklötzen des Denkmals entstanden ist, und nachdem wir uns den dort nachgezeichneten Mauerstreifen und die in den Boden eingelassenen Sterne der deutschen Superstars angeschaut haben, setzen wir uns erschöpft vor den Springbrunnen im Sony Center.

»Das war escht cool, Herr Müller.« Khalim hält mir seine Faust entgegen und wartet, bis ich mit meiner leicht dagegen geboxt habe. »Sch'glaub, sch'gehe auch ma so ein Schnitzel jagen mit Sami…«

Er hält sich die Hand vor den Mund, ich hingegen grinse ihn über beide Ohren an.

»Samira also, he?«

Er nickt und schaut weg.

»Sieh mal einer an. Schon lange?«

Er schüttelt den Kopf und wird rot.

»Glückwunsch!«

»Du findest gut?« Er schaut sich nach rechts und links um, dann flüstert er. »Aber sie's nisch Islam.«

»Sie ist gut drauf, das ist doch am wichtigsten«, sage ich milde. »Und wenn ihr euch liebt, ist doch alles super.«

Gemeinsam schlendern wir schließlich zum S-Bahnhof, wo sich unsere Wege für heute trennen werden. Dabei erinnere ich ihn noch einmal an die zwei Namen, die er vorhin in einen Topf geschmissen hat. »Also, der eine hat 1939 den Zweiten Weltkrieg begonnen und war damit für die Teilung Deutschlands und den Mauerbau verantwortlich.«

»Das war dieser Hitler.«

»Stimmt. Und Helmut Kohl war Bundeskanzler, als 1989 die Mauer fiel und 1990 die politische Wiedervereinigung stattfand. Kannst du dir das merken?«

»Logisch. Hitler er war kranker Züscho, Kohl er war bisschen fett, aber korrekta Typ.«

Ich nicke vorsichtig, also hebt er triumphierend die Faust und winkt mir dann freudestrahlend aus der davonfahrenden S-Bahn zu.

Nur wenige Minuten später erhalte ich per Handy die vielleicht höchste Auszeichnung, die ein Jugendlicher seinem Nachhilfelehrer verleihen kann: eine Freundschaftsanfrage auf Facebook.

Ein Wortschatz soll auch glänzen

Weil die Nachhilfe heute zum ersten Mal bei uns zu Hause stattfindet, Khalim den Weg zu mir aber noch nicht kennt, trete ich auf unseren Balkon, um nach ihm Ausschau zu halten – und gehe dann schnell wieder rein. Habe ich das gerade richtig gesehen? Vorsichtig linse ich doch noch einmal nach unten.

»Sch'werde disch vermissen.« Zärtlich streicht Khalim einem dunkelhaarigen Mädchen eine Strähne aus dem Gesicht und gibt ihr dann einen vorsichtigen Kuss. »Sehen wir uns heute Nachmittag wieder?«

»Fjeden, sch'kanns kaum erwarten.« Sie presst Khalim fest an sich und gibt ihm noch einen Kuss. »Musstu denn wirklisch da hin?«

»Ja!«, rufe ich gut gelaunt von oben, woraufhin die beiden erschrocken auseinandergehen. »Muss er.«

Samira statt Schröder, also Lust statt Frust, und Ausschlafen statt täglich um acht im Institut für staatlich organisierte Kreativitätszerstörung aufzuschlagen ... Es gibt wohl kaum etwas Schöneres im Leben eines Jugendlichen als Ferien und die erste große Liebe.

Schon nach wenigen Tagen Herbstferien ist Khalim merklich entspannt, und weil er sich an den Vormittagen anscheinend oft mit Samira trifft, kommt er danach meist total beschwingt zu mir ins Büro. Auch etwas unkonzentriert und verträumt, dafür aber stets mit bester Laune.

Und nicht nur das, auch sprachlich scheint das Mädchen einen guten Einfluss auf ihn zu haben, womit sie meine Arbeit – wohl ohne es zu wissen – massiv unterstützt. Zwar macht er nicht unbedingt weniger Fehler, wirkt in seinem Duktus aber weicher, benutzt weniger Kraftausdrücke, pöbelt weniger herum und wird immer besser bei all den Selbstverständlichkeiten, die für ihn bisher keine waren: Er grüßt, verabschiedet, bedankt und entschuldigt sich und kommt eigentlich immer pünktlich zum Unterricht.

Doch auch die Ferienmedaille hat offenbar eine Kehrseite, denn in seiner vielen Freizeit trifft sich Khalim nicht nur mit Samira, sondern chillt auch mehr mit seinen Kumpels. Seine Clique, von der ich nur noch einen weiteren 16-Jährigen aus der Ludwig-Feuerbach-Schule kenne, besteht aus Jungs unterschiedlichen Alters, die aber zwei maßgebliche Interessen miteinander teilen: Sportwetten abschließen und Joints rauchen.

Am ersten Tag der Ferien kam Khalim offenbar direkt aus dem Wettbüro am Kottbusser Tor zu mir, und natürlich war kaum etwas mit ihm anzufangen. Mit glasigen Augen, unmotiviert und maulfaul saß er am Tisch und tat erst gar nicht so, als würde er mir zuhören oder sich auf die Arbeit konzentrieren. Ich machte ihm das zwar nicht sofort zum Vorwurf, um aber eine solche Zeitverschwendung kein zweites Mal zu erleben, einigte ich mich mit ihm darauf, die Nachhilfe während der Ferien auf den Vormittag zu legen, sodass er danach noch den ganzen Tag Zeit für Samira hat – und davor nicht zum Kiffen kommt.

Wären Khalims Erfolge auf schulischer Ebene so groß wie die mit seiner neuen Freundin, hätte ich um seinen Schulabschluss keine Sorgen. Doch obwohl auch ich diesen frommen pädagogischen Wunsch als Jugendlicher keineswegs erfüllt habe, stellt sich bei mir langsam, aber sicher das altbekannte Gefühl der Hilflosigkeit ein. Seit zweieinhalb Monaten arbeite ich inzwischen mit Khalim, und wenn ich ganz ehrlich bin, hat sich – abgesehen von vorübergehenden Kleinigkeiten – noch keine sichtbare Besserung eingestellt. Noch immer schmeißt der Junge mit den wildesten Formulierungen um sich, ist hoffnungslos in seinem überschaubaren Wortschatz verhaftet und legt eine Aussprache an den Tag, bei der jedem selbst ernannten Hüter der deutschen Sprache die Haare zu Berge stehen würden. Bei all seinen Hausaufgaben muss ich ihn in kleinsten Schritten begleiten, und nach wie vor halten seine Motivation und Konzentration auch ohne Joint höchstens eine halbe Nachhilfestunde an.

Tagein, tagaus schlage ich mich also mit der großen Frage herum, wie ich unseren Unterricht weniger theoretisch und trocken gestalten kann. Schließlich muss er eine Sprache erlernen, was – und das ist nicht nur plausibel, sondern von Bildungsforschern auch vielfach erwiesen – in der Praxis geschehen muss, eingeatmet und gespürt, erprobt und erfahren werden muss. Aber wie?

Außerdem fehlt ihm immer noch ein Platz für das Schülerpraktikum Anfang des kommenden Jahres. Anscheinend interessiert sich Khalim für nichts, mit dem sich später einmal Geld verdienen ließe, und so weist er alle meine Vorschläge für eine mögliche Stelle zurück.

Kurz gesagt fehlt mir noch immer die zündende Idee, mit der es gelingen könnte, Khalims sprachlicher Unfähigkeit und fehlender Motivation, sich um seine Zukunft zu kümmern, wirkungsvoll zu begegnen. Ein Geisterblitz müsste her, doch an meinem erziehungswissenschaftlichen Horizont zeichnet sich derzeit leider kein einziges Wölkchen ab. Sollte sich daran nicht schon bald etwas radikal ändern, werde ich Khalim und Geierchen wohl enttäuschen und meinen Platz für einen anderen Nachhilfelehrer räumen müssen. Wenn es nämlich so weitergeht wie bisher, habe ich Khalim nach einem Jahr sicherlich bei ganz vielen Hausaufgaben geholfen und konnte den drohenden Verlust seines Vaters im besten Fall ein wenig abfedern – dem Ziel des *Projekt Khalim*, also der erweiterten Berufsbildungsreife, kommen wir so jedoch keinen Millimeter näher.

Die Herbstferien neigen sich dem Ende zu, und weil Sarah mit unserem Zweitgeborenen, Anton, heute zum Arzt muss und Klaras Kinderladen wegen eines Betriebsausflugs geschlossen bleibt, gibt es eine kleine Premiere: Khalim kommt zur Nachhilfe zu uns nach Hause. Heute lernt er also nicht nur meine Frau Sarah, sondern auch unsere knapp vierjährige Klara und Anton kennen, der inzwischen fast ein Jahr auf der Welt ist. Kinder, wie die Zeit vergeht!

»Isch bin's«, tönt es aus der Klingelanlage, woraufhin Klara aufgeregt in den Flur gerannt kommt.

»Papa, Papa, Papa?« In Strumpfhosen und mit wippenden Pippi-Langstrumpf-Zöpfen steht sie vor mir und reißt die Augen weit auf. »Kommt jetzt Kalli?«

»Khalim heißt der«, erkläre ich ihr, »und heute spielen wir Schule. Ist das cool?«

»Jaaa, das ist voll cool!« Sie reißt die Arme in die Luft und rennt in ihr Zimmer. »Schule! Schule! Schule!«

Immer wenn sie voll ungetrübter Freude diesen Schlachtruf von sich gibt, graust es mir ein bisschen mehr vor der anstehenden Realität. Schon in weniger als drei Jahren müssen Sarah und ich eine Schule ausfindig gemacht haben, auf der Klara die Freude am Lernen nicht schon innerhalb der ersten Wochen genommen wird. Das wird angesichts eines Schulsystems, das einst entwickelt wurde, um willenlose Arbeiter auszubilden, verflucht schwer. Um dieses Kapitel des Lebens meiner Tochter mache ich mir jedoch lieber erst dann Sorgen, wenn es so weit ist …

»Bist du Kalli?« Mit Federmäppchen und Malblock in der Hand steht Klara plötzlich wieder im Flur und schaut zu Khalim hoch, der in diesem Moment unsere Wohnung betritt. »Ich bin nehmich Klara, und ich geh heut innie Schule. Aber nur aus Spiel.«

»In die Schule?« Khalim schaut mich irritiert an, sieht dann aber mein Zwinkern. »Achso – Schule! Sch'eiße aber Khalim.«

Klara atmet tief ein und reißt die Augenbrauen hoch. »Papa!« Entrüstet schaut sie mich an. »Scheiße sagt man nich, oder?«

»Was?« Khalim muss lachen. »Sch'abe gesagt: Isch …« Er macht eine lange Pause. »heiße Khalim.«

»Hä?« Sie lehnt sich an mein Bein. »Warum sprescht Kalli Englisch?«

»Ohaaa, isch spresche doch Deutsch.« Lächelnd stemmt er die Hände in die Hüften. »Wie alt bisstu, Klara?«

»Also, pass mal auf!« In der Aufregung lässt sie das Mäppchen und ihren Malblock fallen und hebt beide Hände. »Jetzt binnich so«, sagt sie und zeigt ihm erst drei Finger, »dann binnich vier, dann fünf, dann sechs, dann geh ich innie Schule, und wenn ich so bin«, mehrmals streckt sie alle zehn Finger von der Hand, »dann geh ich inne Uni. Wie Mama!«

Mit Anton auf dem Arm kommt Sarah aus dem Schlafzimmer und begrüßt Khalim, der von Klaras Lebensentwurf sichtlich beeindruckt ist. Als er aber Anton entdeckt, kriegt er sich kaum noch ein und zeigt sich von einer Seite, die ich noch nie bei ihm gesehen habe.

»Ohaaa, dein Baby er's züschosüß!«, entfährt es ihm, als er vorsichtig über Antons immer noch recht kahlen Kopf streichelt. »Und er hat voll so Glatze-Matze.«

Diese türkische Form der Verniedlichung, in der die

Worte mit dem Buchstaben M am Anfang wiederholt werden, ist unter Khalim und seinen Kumpels weit verbreitet – was Klara natürlich nicht wissen kann.

»Hä? Matze?« Sie stemmt die Hände in die Hüften. »Das is doch Anton, mein Bruda! Hast du auch ein Bruda?«

»Sch'ab ein Schwester«, antwortet er. »Nadia.«

Nachdem wir Sarah und Anton verabschiedet haben, die sich nun auf den Weg zum Kinderarzt machen, bitte ich meine beiden Schüler ins Wohnzimmer, wo auch der Esstisch steht. Mit zwei Kissen unterm Popo sitzt Klara uns schließlich gegenüber und malt. Als Khalim jedoch den Schuhkarton herausholt, der ihm als Vokabelbox dient, unterbricht sie ihre Arbeit und will sofort wissen, was da drin ist.

Stolz präsentiert Khalim ihr die Kärtchen. »Dein Papa sagt, das's mein Wortschatzkiste, damit isch lerne Deutsch.«

»Eine Schatzkiste?« Empört lässt Klara ihren Stift fallen. »Abba Kalli, die muss doch schön aussehen! Ich hab mal eine gute Idee. Ich kann doch dir die anmalen, ja?«

Khalim zuckt mit den Schultern und nickt, also schnappt sich Klara den Karton und macht sich rasch ans Werk.

Während wir weiter an seinen Hausaufgaben arbeiten, ist mein Töchterchen ganz vertieft in ihre kreative Arbeit, irgendwann jedoch passiert, was bei einem Lehrerkind in vierter Generation früher oder später wohl passieren muss. »Guck mal, Papa!«, ruft sie plötzlich und zeigt auf Khalims Deutschbuch. »Diss is doch mein Buchstabe.« Sie tippt auf ein *K* und grinst mich über beide Ohren an.

Eine Gänsehaut läuft mir den Rücken hinunter, denn bisher wusste ich nicht, dass Klara schon Buchstaben kennt. »Dein Buchstabe?« Ich schüttele den Kopf. »Woher weißt du denn ...«

»Na, von Oma. Mit Oma habbich nehmich auch schon Schule gespielt.«

Daher weht also der Wind: Meine Mutter, eine echte

Vollblutlehrerin, hat aktuell natürlich auch Ferien, und als Klara diese Woche bei ihr übernachtet hat, gab es dort wohl Deutschunterricht. Testweise zeige ich Klara noch ein paar Überschriften, die in Großbuchstaben geschrieben sind, und tatsächlich kann sie auch die restlichen drei Buchstaben ihres Vornamens identifizieren.

»Mit Oma hab ich auch schon geschreibt, kumma!« Sie nimmt sich ein leeres Blatt und malt über die gesamte Fläche abstrakte Zeichen, in denen ich am Ende – mit sehr viel Fantasie – alle Buchstaben ihres Namens erkenne. Allerdings in willkürlicher Reihenfolge: A-R-K-A-L.

»Abboooh!« Mit offenem Mund verfolgt Khalim die Szene. »Wenn sie Schule geht, sie kann schon schreiben, oda was? Isch konnte nischma zweite Klasse so machen.«

Das Leben ist schon unfair. Als Lehrerkinder haben meine Geschwister und ich natürlich oft genug über die Omnipräsenz der Institution Schule geklagt, aber letztlich sind wir dadurch in einem äußerst lernfreundlichen Klima aufgewachsen. Es gab keinen Druck, sondern Angebote; keinen Ärger, sondern Unterstützung; kein Misstrauen, sondern einen bedingungslosen Vertrauensvorschuss; immer Bücher und Musikinstrumente um uns herum, die von unseren Eltern, Onkels, Tanten und Freunden gelesen und gespielt wurden. Wir bastelten und sangen mit unseren Eltern, statt von ihnen zum Bastelkurs oder zur Musikschule gefahren zu werden. Seit ich denken kann – und wie ich meine Mutter kenne, auch schon vorher –, wurde uns jeden Tag vorgelesen. Es gab wenig Fernsehen, viele Hörspiele und höchstens dreißig Minuten Gameboy pro Tag, dafür aber stundenlange Fahrradtouren am Wochenende. Und obwohl ich noch immer nicht sagen kann, in welcher Situation es Fluch und in welcher es Segen ist, gab es noch einen gewaltigen Unterschied zwischen meiner Kindheit und der von Khalim und seinen Altersgenossen: Es gab kein Internet. Keine Smartphones, keine Tablets, keine Laptops, kein Web-TV mit sechshundert Sendern, kein Smart-TV, keine Mediathek, kein You-Tube, kein Youporn, kein Stream, kein Facebook, Tinder, Cyber-Mobbing, Skype – oder gar Amazon.

Entsprechend hatten meine Eltern immer wieder das Gleiche mit uns vor: nichts. Einen großen Teil unserer Kindheit verbrachten wir damit, zu tun, was uns gerade in den Sinn kam. In den Tag hineinleben, im Schlafanzug Comics lesen, Stöcke schnitzen, im Kopfstand aus dem Strohhalm trinken, mit Wolle Spinnennetze durchs ganze Kinderzimmer weben, auf Bäume klettern, Schaukelweitsprung üben, den Fußball stundenlang gegen den Bauwagen auf der Straße ballern, bei den Nachbarn Klingelstreiche machen und dafür Ärger bekommen, mit Freunden Umweltschützer spielen und dabei Müll aus dem nahe gelegenen Fluss fischen, mit Papa Kuchen backen und mit Mama Papierflieger bauen … Und immer, wirklich immer redeten meine Schwester und ich den lieben langen Tag wie zwei Quasselstrippen – also eigentlich genau so, wie Klara es heute tut.

Schier endlos erscheint mir rückblickend die Zeit, in der wir uns spielerisch ans Leben herantasteten, in der wir uns ausprobieren und austoben konnten und die Dialoge, die unsere Eltern untereinander und mit anderen führten, in zahllosen Situationen imitiert und einstudiert haben – ganz ohne Noten, ohne Bewertung durch Erwachsene, ohne Zwang oder die Gefahr, dabei zu scheitern. Ohne bewusst etwas dafür zu tun oder von meinen Eltern dazu aufgefordert worden zu sein, hatte ich schon vor meiner Einschulung die gesamte Asterix-Sammlung meines Vaters gelesen, und als ich in der dritten Klasse war, schlug mich meine Schwester regelmäßig im Kopfrechnen – als Erstklässlerin.

All das lag natürlich nicht nur am Beruf unserer Eltern, sondern an ihrer gesamten Lebenseinstellung. Aber heute, in der direkten Gegenüberstellung von Khalim und Klara, erklärt sich der Fakt, dass Kinder tatsächlich mit einer Leistungsdifferenz von drei bis vier Jahren eingeschult werden – was die Schwächeren angesichts der Ungerechtigkeit in Deutschlands sechzehn verschiedenen Bildungssystemen nur sehr selten wieder aufholen können.

Nachdenklich setze ich den Unterricht mit Khalim fort, bis Sarah die Tür aufschließt. Als der Wecker an meinem Handy fast zeitgleich die Stunde beendet, überreicht Klara feierlich ihr Kunstwerk an Khalim. Sämtliche Seiten des Schuhkartons hat sie mit Buntstiften bemalt. Sie erklärt Khalim nun, was die einzelnen Abbildungen darstellen. Am meisten Mühe hat sie sich aber mit dem Deckel gegeben. Dort scheint eine quietschgelbe Sonne, unter der auf grünem Rasen zwei große und zwei kleine Strichmännchen stehen und sich an den Händen halten.

»Diss bist du, diss is deine Schwesta, hier is eure Mama und diss«, sie zeigt auf die größte Figur, »is euer Papa.«

Freudestrahlend schaut sie zu Khalim hoch, der den Deckel lange anstarrt und langsam durch die Nase atmet.

»Bist du traurig, Kalli?«

Er nickt. »Mein Papa er's sehr krank.«

»Oh nein!« Klara schiebt die Unterlippe vor, dann erhellt sich ihr Gesicht plötzlich. »Abba dann muss er eine Palette essen, dann issa wieder gesund.«

»Eine Palette?« Khalim muss lächeln, ringt aber sichtlich um Fassung. »Abba er's nisch nur krank, er's auch kaputt.«

»Abba dahann …« Klara überlegt einen Moment. »Dann muss man ihn doch batteriern, oda? Komm, Kalli, ich mach dir erstmal ein Eis, dann geht's dir gleich besser.«

Sie steht auf, greift nach seiner Hand und führt ihn so entschlossen zu dem Kaufmannsladen in ihrem Zimmer, dass Khalim keine Chance zur Widerrede hat. Quietschvergnügt sitzt bald auch Anton auf dem Teppich im Kinderzimmer und beobachtet die beiden, sodass Sarah und ich in Ruhe das Mittagessen vorbereiten können.

»Klara, Anton, Khalim«, rufe ich schließlich, »kommt ihr bitte, es gibt …«

»Abba Papa!«, unterbricht mich Klara laut. »Anton kann doch noch nich laufen, und Kalli muss noch ein Eis kaufen!«

Als die beiden auch nach ein paar Minuten noch nicht aufgetaucht sind, gehe ich rüber, um sie zu holen. Bei dem Bild aber, das sich mir beim Eintreten ins Kinderzimmer bietet, bleibe ich wie angewurzelt im Türrahmen stehen.

Mit ernster Miene steht Klara hinterm Tresen ihres Kaufmannsladens und tippt auf der Kasse herum. Dazu hat sie sich die kleine Kinderschürze umgebunden, die Sarahs Mutter ihr genäht hat, und verschiedene Sorten Eis aus ihrem Sortiment (knallbunte Kugeln aus Holz) in die Sandförmchen drapiert.

»So, der Nächste bitte!«

»Eine Eis«, bestellt Khalim.

»Nein, Kalli, erstmal musst du doch guten Tag sagen.«

»Ohaaa, ieberstreng.« Khalim räuspert sich und fängt von vorn an. »Guten Tag, isch nehme eine Eis.«

Ein bisschen klingt er dabei, als würde er diese alltägliche Floskel zum ersten Mal in seinem Leben aussprechen. Weil Klara das Prozedere von unserem Eisladen im Kiez ziemlich gut kennt, spielt sie es jetzt komplett durch.

»Welche Sorte möchtest du denn?«, will sie wissen. »Es gibt Schucklade, Vanüllje, Ähtbär, Meistwalder, Schlumpfeis und Mango.«

»Was is diese Meistwalder?«

»Diss grüne.«

»Dann isch will.«

»Will sagt man nicht.« Sie verdreht die Augen. »Ich hätte gern, muss man sagen.«

Ob ich Geierchen vorschlage, dass Klara ab sofort die Nachhilfe übernimmt?

»Sch'ätte gern eine grüne Eis«, erklärt Khalim, woraufhin Klara zufrieden nickt, eine grüne Holzkugel in das Förmchen fallen lässt und es ihm überreicht.

»So, bitte schön. Jetzt musst du zwei Geld bezahlen, ja?« Dann schaut sie ihn ernst an und flüstert: »Is aber nur Spiel!«

»Ohaaa, zwei Geld? Sch'offe, sch'abe!« Ebenfalls mit ernstem Blick kramt Khalim in seiner Tasche, reicht ihr dann nacheinander zwei unsichtbare Münzen und tut schließlich so, als würde er einen Löffel von seiner Kugel Waldmeistereis probieren. »Ohaaa! Schmeckt iebalecka, ja?«

Zufrieden nickt Klara, zieht sich die Schürze über den Kopf und rennt an mir vorbei aus dem Zimmer.

Khalim will ihr folgen, doch ich stelle mich ihm in den Weg.

»Was?« Er schaut mich irritiert an. »Hab isch Scheiße gebaut?«

»Nein, ganz im Gegenteil.« Ich zeige auf den Kaufmannsladen. »Wenn du dich in der Schule so anstellen würdest, wie eben mit Klara, würdest du mit Schröder deutlich besser klarkommen.«

»Bei Klara gipps ja auch Meistwalder.« Er nimmt noch einen Löffel von seinem eingebildeten Eis. »Und in Klaras Unterrischt isch lerne was für meine Leben. Schule isch geh doch nur für Abschluss.«

»Quatsch.« Natürlich hab ich das damals auch gedacht und jeden ausgelacht, der mich eines Besseren belehren wollte, also muss ich wohl etwas besser argumentieren. »Ich weiß, was ich jetzt sage, wirst du mir nicht glauben, aber du gehst nicht zur Schule, um gute Noten zu bekommen oder um Schröder zu beeindrucken.« Ich nehme ihm das Förmchen aus der Hand und halte es ihm vor die Nase. »Das hier ist der Grund, warum du zur Schule gehst.«

»Das?« Mit hochgezogener Oberlippe betrachtet er das Sandförmchen von allen Seiten. »Ein Eis?«

»Ganz genau.«

Noch immer schaut mich Khalim verwirrt an, und in genau diesen Zustand wollte ich ihn bringen. Denn der Verwirrung folgt meist die beste Voraussetzung für die größten Lernerfolge: die Neugierde.

Ich hole tief Luft. »Ein Eis kaufen, eine Pizza bestellen, ein Taxi rufen, einen Fernseher und eine Playstation kaufen, Stellenanzeigen lesen, Bewerbungen schreiben, Bewerbungsgespräche führen, einen Job bekommen, damit Geld verdienen, einen Mietvertrag unterschreiben, eine Reise buchen, ein Auto finanzieren, Versicherungen abschließen …«

Khalim verdreht die Augen, doch ich bombardiere ihn weiter mit Beispielen.

»Ein Kochbuch lesen, eine Bedienungsanleitung verstehen, ausrechnen, ob du dir das Auto und die Versicherung und die Wohnung und die Pizza und das Eis und die Glotze und die Playstation leisten kannst, ob du vielleicht zwei Pizzen bezahlen kannst, um Samira einzuladen, Samira einen Liebesbrief schreiben …« Ich hole erneut Luft. »Oder um es kurz zu machen …«

»Ja, Mann, bitte sagma jetze!«

»Leben!« Ich breite die Arme aus. »Du gehst zur Schule, um das Leben zu lernen. Eis kaufen ist zwar ein Teil davon, aber ein winziger. Und jetzt? Was kommt als Nächstes?«

»Oh Mann, Herr Müller!« Er verzieht den Mund. »Bitte, was jetzt noch?«

»Jetzt gibt's Essen.«

Super-Icke im Einsatz

Na, kleine Heule-Eule, warum heulst denn so?«

Wie immer passt Klara an dieser Stelle ihres aktuellen Lieblingsbuchs ganz besonders gut auf.

»Alle Tiere spitzten die Ohren«, lese ich weiter. »Das wollten sie auch gern wissen. Die kleine Eule hörte auf zu heulen. Sie schniefte, dachte nach und piepste dann leise …«

»Ich hab's vergessen!«, ergänzt Klara und dreht ihren Kopf zu mir. »Noch mal, Papa!« Mit großen Augen schaut sie mich an. »Bittebittebitte!«

»Ein drittes Mal?« Ich schaue kurz auf die Uhr: noch fünf Minuten bis zum Tatort – das sollte ich schaffen. Außerdem habe ich schließlich noch genug Zeit zu lernen, meiner Tochter nicht sofort jeden Wunsch zu erfüllen. »Dann wird aber geschlafen, okay?«

»Ja, Papa. Aber dann musst du noch die Küche aufräumen, sonst schimpft Mama, stimmt's?«

»Wer sagt denn so etwas?«

»Na, du hast diss gesagt!« Sie grinst mich an und kuschelt sich dann wieder unter meinen Arm. »Aber jetzt nochma Heule-Eule, ja?«

Nachdem ich endlich die Erlaubnis erhalten habe, ihr Zimmer zu verlassen, läuft bereits der Vorspann der Serie, die schon meinen Eltern den ein oder anderen Sonntag versüßt hat – oder auch versaut.

Aus der Küche hole ich schnell noch Spekulatiuskekse und werfe dabei einen Blick aus dem Fenster. Kalter Novemberregen nieselt vom Himmel, und so husche ich schnell zu Sarah unter die Decke, gerade rechtzeitig, bevor der Krimi beginnt.

»Ist das etwa Münster?«, frage ich Sarah panisch.

Die schüttelt jedoch den Kopf, also atme ich durch. »Glück gehabt. Dieser Sch...«

»Ruhig!« Sarah starrt gebannt auf die Mattscheibe und zieht sich die Decke bis zum Kinn. »Gleich kommt bestimmt der Mord.«

In der Tat ist die ARD-Leiche auch in dieser Woche recht schnell produziert, und so erhält die Kommissarin schon kurz darauf den so wichtigen Anruf, zum Fundort zu kommen – als auch bei uns das Festnetztelefon klingelt.

Genervt schauen Sarah und ich uns an, doch als meine Neugierde kurz davor ist, mein Interesse an den Ergebnissen der kriminaltechnischen Untersuchungen zu übersteigen, nimmt mir Sarah das Telefon aus der Hand und wirft es auf den Couchtisch.

Eine tiefe Stimme erklingt kurz darauf aus dem Anrufbeantworter: »Jut'n Abend, Herr Müller, Radwanski hier«, sagt der Mann langsam und macht dann eine kurze dramatische Pause. »Vonne Berliner Polissei.«

Schnell regle ich die Lautstärke des Fernsehers herunter und setze mich aufrechter hin.

»Ick rufe Sie ausse Wache in Neukölln an. Der Herr Farkhouri ...«

»Farroukh! Sch'eiße, Farroukh!«, brüllt eine mir nur allzu vertraute Stimme aus dem Hintergrund. »Wie oft isch soll noch sagen, ihr Hurentöschta! Sch'wöre, sch'ficke euer Leben! Lasst misch ...«

»Hallo, hallo?«, rufe ich in den Hörer. »Philipp Möller hier, ich bin am Apparat.« Dann lausche ich dem Vortrag des Beamten und nicke. »Klar doch, bin schon unterwegs.«

Hektisch werfe ich mir die Jacke über, verabschiede mich von Sarah und renne die Treppe hinunter durch den Regen bis zum Auto. Zwischen abendlichen Sonntagsfahrern und anderen Hindernissen steuere ich den Wagen elegant bis sportlich durch den Verkehr, benutze – ausnahmsweise – die ein oder andere Busspur und erreiche schon kurze Zeit später die Polizeiwache. Mit großen Schritten gehe ich auf das Gebäude zu, reiße die schwere Tür zur Wache auf und betrete den Klinkerbau, der einer alten Schule nicht ganz unähnlich ist. Scheppernd fällt die schwere Holzpforte hinter mir ins Schloss, dann haste ich durch einen langen und stillen Flur.

Schlichte Neonröhren wurden hier lieblos in die gewölbten Decken des hohen Korridors gehängt und verbreiten ein gnadenlos grelles Licht. Nach ein paar Metern erreiche ich endlich einen Tresen, hinter dem der runde Glatzkopf eines Polizeibeamten zu sehen ist. Als ich vor ihn trete, schielt der schnauzbärtige Mann weiter durch seine Lesebrille auf ein Formular, das er gerade ausfüllt.

»Guten Abend«, begrüße ich ihn kurzatmig, bekomme aber keine Reaktion und rede daher einfach weiter. »Philipp Möller ist mein Name und ich ...«

»Ditt is schön«, sagt der ältere Herr, ohne von seinem Blatt hochzuschauen. »Und Sie hatten hier 'n Zimmer reserviert, oder watt?«

Zwei jüngere Kollegen, die hinter ihm an Computern sitzen, kichern kurz, hören aber auf, als er sich zu ihnen umdreht. Dann füllt der Tresenpolizist in aller Ruhe weiter das Formular aus.

Warum nur lässt der Mann mich so abblitzen?

Nach einem Moment fällt es mir wie Schuppen von den Augen: Ich habe ihn auf Hochdeutsch angesprochen, ein absoluter Anfängerfehler! Da der geistige Horizont manch alteingesessenen West-Berliners nämlich noch immer am

Mauerstreifen endet, hat er mich wohl für einen Zugezogenen gehalten, im schlimmsten Fall sogar für einen studierten Schnösel, eben einen, der sich für etwas Besseres hält. Und den lässt der gemeine Berliner natürlich warten.

Aber nicht mit mir, Freundchen, diese Rechnung hast du ohne mein Alter Ego gemacht! Die Mutation beginnt. Mein linkes Augenlied zuckt, meine Lippen kräuseln sich, ein leicht verrücktes Lächeln verrät, dass nun die in mir schlummernde zweite Persönlichkeit zum Leben erwacht: Super-Icke, der Typ, der immer dann zur Stelle ist, wenn der höfliche und beizeiten etwas naive Philipp Möller nicht mehr weiter weiß.

»Äääh, junga Mann?« Ich räuspere mich und trommele mit den Fingern auf seinem Tresen. »Ick störe Sie ja wöhklich nur unjerne beide Ahbeit, aber Radwanski tut da oben uff mich wahten.« Innerlich steht nun längst die Frau neben mir, von der ich diese Sprache gelernt habe: meine Oma, die noch mit achtzig Jahren tätowierte betrunkene Frauenschläger aus ihrem Hausflur in Spandau verjagt hat. »Und ick hab so ditt dumme Jefühl, da oben könnte die Kacke am Dampfen sein. Watt mein' Sie?«

»Rad… Radwanski?« Mit großen Augen schaut er zu mir hoch und spricht den folgenden Absatz, ohne dabei ein einziges Mal Luft zu holen. »Warum sahren Se ditt denn nich gleich, Mensch? Der wartet in Fümpfdreinswansichberta uff Se, nu abba los, abba schneller wie der Hund bellt, fümpfta Stock, da is der Fahrstuhl, ick sach oben Bescheid, zackizackizacki!«

»Na sehn Se, ett jeht doch!« Ich klopfe auf den Tresen und nicke den drei Männern zu. »Schön Ahmt, die Herrn Wachtmeister.« Mit diesen Worten stiefele ich breitbeinig auf den Fahrstuhl zu, wobei sich Super-Icke noch bei mir verabschiedet. »Mann, Mann, Mann doh«, sagt er leise. »Muss ick denn immer erst frech wehr'n, ey?!«

In Gedanken wieder bei Khalim, drücke ich ganz oft

115

auf den Fahrstuhlknopf und danach ganz oft auf die Fünf, um so schnell wie möglich zu meinem Schützling zu gelangen. Wie es aber kommen muss, erscheint natürlich im letzten Moment noch ein Fuß zwischen den Türen, die sich daraufhin wieder genauso langsam öffnen, wie sie sich gerade geschlossen haben, und den Weg freigeben für einen jungen Mann, der nun die Fahrstuhlkabine betritt und – auf die Eins drückt.

»Ersta Stock?« Super-Icke ist sofort wieder am Start. »Na, ditt hetzte nu ooch loofen könn!«

Erst das entrüstete Kopfschütteln des Mannes holt den Philipp Möller in mir wieder zurück, und so begrüße ich kurze Zeit später mit einem freundlichen Nicken die ältere, dunkelhaarige Frau, die im ersten Stock dazusteigt. Ohne meinen Gruß zu erwidern, legt sie ihren Kopf in den Nacken und starrt mich an.

»Draidraidrai«, sagt sie. »Wo?«

Mein Augenlied zuckt. »Wissen Se watt?« Ich stampfe aus der Kabine an dem fußfaulen Typen vorbei auf die Treppen zu. »Fahren Se hin, wo Se wolln, ick laufe!«

Damit lasse ich die beiden kopfschüttelnd stehen und renne mit drei Stufen pro Schritt die Treppen hoch. Hechelnd erreiche ich den fünften Stock, wo ich bereits von einem sehr ungleichen Polizistenpaar erwartet werde: ein gigantischer Mann, dessen riesige Schultern auf Höhe meiner Eins-neunzig-Marke sind, gebaut wie ein Baumstamm, das Gesicht so groß und eckig wie ein DIN-A4-Blatt. Neben ihm wirkt vermutlich fast jeder Mensch wie eine Miniaturausgabe seiner selbst, für seine Kollegin gilt dies jedoch erst recht. Sie reicht mir ungefähr bis zum Solarplexus, trägt ihre langen dunklen Haare zu einem streng geflochtenen Zopf gebunden und schaut mich aus eiskalten blauen Augen an.

»Na endlich. Berger!«, sagt sie mit dünner Stimme und zerquetscht zum Gruß meine Hand. »Der Junge ist hier vollkommen am Durchdrehen, sogar für Neuköllner Verhältnisse.«

»Tut mir sehr leid«, sagt der Philipp Möller in mir, »ich wurde aufgehalten.«

»N'ahmnt erstma. Radwanski.« Gutmütig lächelt der Gigant mich an und reicht mir seine Pranke. Ein riesiger Ehering, der auf mich den Eindruck macht, als hätte er im Standesamt mit einem Schraubenschlüssel befestigt werden müssen, blitzt an seinem Finger. »Schön, dasse so schnell hier sind.«

Super-Icke nickt ihm zu. »Also, was hattan anjestellt, der Kleene?«

Daran scheinen die Beamten jedoch überhaupt nichts witzig zu finden, und während ihrer Berichterstattung wird mir auch schnell klar, warum: Nachdem Khalim sich zusammen mit einem Kumpel ein paar Gramm Gras in einem Café in der Nähe des Hermannplatzes gekauft hat, muss es auf dem U-Bahnhof zum Streit und schließlich zu einer knackigen Prügelei zwischen den beiden gekommen sein. Passanten hielten sich wie üblich raus, und weder herbeigeeilte Kumpel noch die Männer vom Wachschutz der Verkehrsbetriebe konnten sie auseinanderbringen, also wurde die Polizei gerufen.

»Als wir dort eintrafen«, berichtet die kleine Polizistin und starrt auf den Linoleumboden, »war der Junge vollkommen außer Rand und Band. Er hat geschrien, gespuckt, um sich getreten und uns beschimpft und …«

»Ett war wild jewesen«, fällt Radwanski ihr ins Wort, »deswegen hamm'wan erstma herjebracht, damitta sich inne Zelle austoben kann. Bein Eltern jeht keena ran, und wieja müde wurde«, er zeigt auf die Tür, »hatta die janze Zeit watt von een Herrn Mülla jeredet. In sein Zmartfohn hammwa denn Ihre Handynummer jefunden, aber da sind Se nich ranjejangen, deswegen hamm'wa uff'n Festnetz anjerufen.«

»Aber woher haben Sie denn überhaupt die Nummer?«
Ich schaue die beiden kopfschüttelnd an und verschränke
die Arme vor der Brust. »Die kennen eigentlich nur meine
Eltern und Schwiegereltern.«

»Na ja.« Radwanski schaut kurz zu seiner Kollegin
nach unten, dann wieder zu mir. »Wir sind ja Pullizisten
und hamm da so unsere Möglichkeiten.«

Stimmt ja. Wäre noch zu klären, was ich hier überhaupt
ausrichten kann, schließlich bin ich in keiner Weise ju-
ristisch verantwortlich für Khalim, weder verwandt noch
verschwägert, kein Leumund, Bewährungshelfer oder
Erziehungsberechtigter – wenn auch aktuell Erziehungs-
beauftragter.

»Eigentlich hätten wir Sie auch gar nicht gerufen«, erklärt die Beamtin Berger nun, »aber er hat sich einfach
nicht beruhigt und …«

»Er hat niemand anders«, sagt Radwanski, nachdem
seine Kollegin ihren Satz nicht vollendet hat. »Wieja müde
war, hattat doch jesacht: Sch'ab niemand anders! Jehn'wa
rinn?«

»Kann ich allein mit ihm sprechen?«

Radwanski sagt nichts, Berger jedoch schüttelt vehement den Kopf, öffnet die Tür und betritt vor mir den
Raum. Und da ist er endlich, mein lieber Khalim. Eine
wilde Mischung aus Wut und Sorge überfällt mich, als ich
ihn sehe: die Hände auf dem Rücken zusammengebun-
den, sitzt er geknickt auf einem Stuhl. Seine Augenbraue
wurde mit einem kleinen Pflaster zusammengeklebt.

»Alter, was machst du denn für Sachen?«

»Herr Mülla!« Khalim will aufstehen, wird von Berger
aber zurückgehalten.

»Herr Farrakh, bitte bleiben Sie …«

»Sch'eiße nisch Farrakh!«, brüllt Khalim sie plötzlich
an. »Farroukh, du kleine Schl…«

»Khalim!«, rutscht es mir lauter heraus, als ich es vorhatte. Intuitiv reiße ich dazu meine Augen auf und zeige mit dem ausgestreckten Finger auf ihn. Weil mich diese Pose sofort an meinen Job an der Schule erinnert, fallen mir auch gleich die passenden Floskeln dazu ein. »Reiß dich zusammen, Freundchen, klar?«

Er will widersprechen, doch dazu darf man es in einer solchen Situation gar nicht erst kommen lassen. »Nix aber!«, falle ich ihm mit messerscharfer Stimme ins Wort. »Hinsetzen und Klappe halten, aber sofort! Verstanden?!« Ich starre ihn so lange an, bis er wegschaut. »Kann ja wohl nicht wahr sein«, schiebe ich noch hinterher und wende mich dann wieder an die beiden Beamten. »Kann ich Sie noch einmal vor der Tür sprechen?«

Die beiden nicken, also gehen wir wieder zusammen auf den Flur und entfernen uns ein paar Meter von der verschlossenen Tür. Zuerst entschuldige ich mich bei beiden für sein Verhalten, ernte aber nur das müde Lächeln zweier Menschen, für die solche Einsätze vermutlich zum harmloseren Teil ihres Jobs gehören. Um zu zeigen, dass ich mich wenigstens ansatzweise in ihre Welt hineinversetzen kann, berichte ich ihnen – wenn auch in aller Kürze – von meinem ehemaligen Job als Lehrer, meinem jetzigen Engagement mit Khalim und vom Unfall seines Vaters.

»Das ist keine Entschuldigung«, unterbricht mich Berger.

»Aber vielleicht eine Erklärung«, halte ich dagegen.

Sie spitzt den Mund und atmet schwer durch die Nase aus.

»Was genau liegt denn gegen ihn vor?«, frage ich vorsichtig weiter.

»Heute oder generell?« Radwanski wartet meine Antwort nicht ab und beginnt mit einer beeindruckenden Liste: mehrfache leichte Körperverletzung, mehrfacher Diebstahl, versuchter Raub, Verkauf, Besitz und Konsum von illegalen Rauschmitteln und seit heute eben auch Widerstand gegen Polizeibeamte.

»Ob Sie't wissen wollen oder nich, der Junge is aufm besten Weg zum Intensivtäter.«

Ich schlucke. Dabei sollte mich diese Info eigentlich nicht weiter wundern, denn aus einer Lehrerfortbildung weiß ich, dass Khalim und unzählige seiner Kumpel die besten Voraussetzungen für das Profil sogenannter Intensivtäter mitbringen: geringes Bildungsniveau, daraus resultierende Perspektivlosigkeit, Armut, Gewalterfahrungen innerhalb der eigenen Familie sowie das Aufwachsen in einem sozialen Milieu, in dem alle vorangegangenen Punkte an der Tagesordnung sind. Einen Ausweg daraus, so formulierte es die Seminarleiterin damals, stelle in erster Linie die Aussicht auf einen höheren Bildungsabschluss dar, weil dieser in der Regel eine gesteigerte soziale Akzeptanz mit sich bringe.

»Wir arbeiten ja daran«, entgegne ich schließlich. »All seine Lehrer sind mit im Boot, seine Mutter tut, was sie kann, und ich betreue den Jungen viermal pro Woche bis zum Ende des Schuljahres. Wirklich: Wir sind auf so einem guten Weg.«

»Also, Herr Mülla.« Radwanski seufzt und schaut Berger an. Die zuckt mit einer Schulter und blickt aus dem Fenster. »Die Nummer mit dem Gras entscheidet een Richta, allet andere ooch. Wenn wir keene Jefahr mehr im Fahzuch sehn, kanna gehn.«

»Und wann sehen Sie keine Gefahr mehr im Verzug?«

»Wenn er sich beruhigt hat«, erklärt die Beamtin Berger freundlich, aber sehr, sehr eindeutig. »Wenn er Einsicht zeigt und sich entschuldigt! Sie können sich vielleicht vorstellen, was er alles zu mir …«

»Absolut, ja!« Ich nicke und schaue zur Tür. »Sehr gut sogar. Also, bitte: zehn Minuten? Ohne Handschellen?«

Berger nickt, Radwanski führt mich in den Raum und

schließt Khalims Handschellen auf. »Wir jeh'n ma Kaffee holen«, erklärt er und nickt Khalim zu.

Die Tür schließt sich hinter uns, dann kehrt Stille ein. Bis auf den Sekundenzeiger der großen Wanduhr ist nichts zu hören, und auch als ich mich Khalim gegenüber hinsetze, bleibt es mucksmäuschenstill im Raum.

Er gibt ein unschönes Bild ab, und ich spüre schon jetzt, dass es mir so schnell nicht mehr aus dem Kopf gehen wird. Mit gebeugtem Rücken hängt er auf dem Stuhl, reibt die roten Striemen an den Handgelenken und starrt durch den Tisch hindurch. Sein Blick ist müde, seine Haare zerzaust, seine Kleidung schmutzig. Nach einer gefühlten Ewigkeit löst sich eine Träne aus seinem Auge und kullert an der Wange herunter.

»Du willst doch heute noch hier raus, oder?«

Eine zweite Träne fließt und tropft von seinem Kinn. Langsam nickt er, schaut mich aber noch immer nicht an.

»Dann hab ich schlechte Nachrichten für dich.« Endlich habe ich seine Aufmerksamkeit gewonnen. »Du wirst dich entschuldigen müssen.« Ich lasse ihn nicht aus den Augen und spreche weiter. »Und zwar bei der kühlen Lady *und* bei Robocop.«

Ein Grinsen zuckt um seinen Mundwinkel, also stehe ich auf, stelle mich auf Zehenspitzen, spanne alle Muskeln an und laufe so lange mit steifen Bewegungen durch den Raum, bis sich Khalim das Lachen nicht mehr verkneifen kann.

»Lach nicht!«, wende ich mich mit tiefer und mechanischer Stimme an ihn. »Sonst wird Robocop wüüütend!«

»Herr Mülla, hör auf!« Khalim muss immer lauter lachen, also lege ich noch einen drauf und imitiere mit spitzem Mund und dünner Stimme auch die Beamtin Berger.

»Sch'wöre, Herr Mülla, bittebitte: Hör auf!«, ruft Khalim wieder, doch mein innerer Klassenclown hat längst Besitz von mir ergriffen und spielt jetzt eine Verfolgungsjagd nach, bei der Robocop im Roboterschritt durch den Raum rennt.

»Mann, Herr Mülla«, bringt Khalim prustend hervor, »kumma Decke, ja?! Wöhklisch jetze!«

»Decke?« In einzelnen Pfennigen fällt bei mir der Groschen. Endlich erinnere ich mich daran, hier in einem Verhörraum zu sein. Mein Körper friert ein, mein Kopf dreht sich langsam zur Seite, sodass ich nach oben schielen kann. »Scheiße.« Starr vor Schreck blicke ich in eine schwarze Halbkugel, die direkt über mir an der Decke befestigt ist. »Meinst du, die ist an?«

»Tüüürlisch!« Khalim lacht mich noch immer aus und weist mit dem Kinn auf das rote Blinklicht an der Kamera. »Du bist hier bei Polizei, Digga.«

Langsam nehme ich Haltung an, wische meine Hände an der Hose ab und lächele unsicher in die Überwachungskamera. Dann setze ich mich zu Khalim, und als uns wieder einfällt, dass die beiden ja Kaffee holen wollten und enstprechend nicht vor einem Monitor sitzen, nutze ich die gelöste Stimmung dafür, endlich Klartext mit ihm zu reden. In seinem ganz eigenen Stil erzählt er mir nun seine Version der ganzen Geschichte.

»Kumma, Herr Mülla.« Er schaut zur Tür, rutscht vor an den Tisch und senkt die Stimme. »Eine Kumpel er kommt so zu mir, er sagt so: ›Lass ma Gras holen‹, dann sch'ole so Geld von oben, wir gehen so Café, kaufen wir so Gras, ja? Alles cool, dann einmal U-Bahn er sagt so: ›Gebe mal alles‹, sch'sage so: ›Nein.‹ Er so: ›Doch‹, ich so: ›Pissdisch!‹ Dann er will so zu sein Kuhseng Wotz-äpp machen, isch nehm ihn so Handy weg, dann er's selber schuld: Er gibt mir ein Schelle.«

»Und du?«

»Sch'gebe ihn ein Bombe, was los?«

»Und dann?«

Khalim zuckt mit den Schultern und ertastet vorsichtig seine aufgeplatzte und geflickte Augenbraue. »Einmal sch'bin Bullenauto, einmal sch'bin Zelle, dann einmal isch sitze hier.«

Dass Khalim gern mal einen raucht, wusste ich ja bereits, dass das Kiffen aber eine derart große Rolle in seinem Leben spielt, wird mir erst jetzt so richtig klar. Aus eigener Erfahrung weiß ich, dass es in dieser Hinsicht nur eine einzige Konsequenz geben kann, und diese werde ich Khalim wohl oder übel heute noch verklickern müssen. Aber eins nach dem anderen, denn jetzt müssen wir hier erst mal raus.

»Sag mal«, frage ich ihn, »hast du dir noch was anderes eingeschmissen, außer Gras, meine ich?«

»Ohaaa, nein.« Er schüttelt den Kopf. »Sch'wöre!«

Ich glaube ihm, denn bei Typen wie Khalim reichen körpereigene Substanzen wie Adrenalin und Noradrenalin meist schon vollkommen aus, um durchzudrehen. Ich erinnere mich bestens daran, wie ein Viertklässler einmal im Sportunterricht vollkommen blind vor Wut auf mich losgegangen ist, wie seine Mitschüler »Einzelkampf, Einzelkampf!« gebrüllt haben und wie ich ihn von hinten umklammern musste (einen Zehnjährigen, mit meiner vollen Kraft!), damit er nicht auf mich einschlägt. Erst eine Kollegin konnte die Situation klären und den Jungen beruhigen, der sich am nächsten Tag an nichts mehr erinnern konnte.

»Okay, hör zu!« Ich stütze meine Ellenbogen auf dem Tisch ab und schaue Khalim aus nächster Nähe an. »Die Geschichte kann noch ein Nachspiel haben, aber eines ist klar: Wenn du heute noch hier raus willst, musst du Einsicht zeigen.«

»Sch'weiss, Mann!«, rutscht es ihm wieder etwas lauter heraus, wofür er sich aber sofort entschuldigt. »Aber wie?«

»Ganz einfach.« Ich lächele ihn an. »Indem du einsiehst, dass du Mist gebaut hast. Das werden sie spüren.«

»Aber was soll'sch einsehen? Der Typ er wollte misch ver-arschen, Herr Mülla.« Khalim hebt die Augenbrauen und faltet die Hände, während er mich anschaut. »Sch'wöre, sch'abe wirklich nix gem…«

»Und genau da liegt das Problem«, unterbreche ich ihn und haue mit der flachen Hand auf den Tisch.

Khalim zuckt zusammen.

»Du raffst einfach nicht, dass du«, und dabei zeige ich mit dem Finger in sein Gesicht, »dass Khalim höchstper-sönlich Scheiße gebaut hat!« Ich rücke noch näher an ihn heran. »Also: Ist Gras kaufen erlaubt?«

Er schüttelt den Kopf.

»Aha. Scheiße gebaut! Jemandem auf die Fresse hauen, ist das erlaubt?«

»Aber er hat …«

»Er ist mir egal, wir reden jetzt über dich! Ist es erlaubt, oder nicht?«

Wieder warte ich, bis er den Kopf schüttelt.

»Na also. Scheiße gebaut! Polizisten beleidigen – er-laubt?«

Auf diese für uns beide sehr mühsame Art gehen wir alle Delikte durch, von denen Radwanski mir draußen er-zählt hat, und als wir damit fertig sind, schlage ich meine Beine übereinander und falte die Hände vor meinem Bäuchlein.

»All das hast du bitte im Hinterkopf, wenn die beiden wiederkommen, okay?« Ich blinzele ihn ein paarmal an. »Und glaub mir, dann merken sie auch, dass du's kapiert hast.«

Ein Moment der Stille vergeht, doch gerade als Kha-lim etwas sagen will, öffnet sich die Tür, und das ungleiche Polizistenduo betritt den Raum, bewaffnet mit vier damp-fenden Kaffeebechern.

Meine kleine Robocop-Performance fällt mir plötzlich wieder ein, aber weil die beiden halbwegs entspannt wirken und frischen Kaffee dabeihaben, kann ich ruhigen Gewissens davon ausgehen, dass sie meinen Auftritt verpasst haben.

Radwanski reicht mir einen Becher, Berger geht langsam auf Khalim zu.

»Haben Sie sich beruhigt?«

Tatsächlich schaut Khalim betreten zu Boden und nickt langsam.

»Das ist gut«, sagt sie, setzt sich ihm gegenüber hin und stellt ihm einen Kaffee vor die Nase. »Das ist sehr gut, Herr Farroukh.«

Ein vorsichtiges Lächeln huscht über Khalims Gesicht, also nehmen Radwanski und ich ebenfalls Platz.

Mit geschlossenen Augen nippt Khalim ein paarmal an dem heißen Getränk, dann fasst er sich endlich ein Herz. »Tummir voll leid, ja?« Er schaut zuerst Berger, dann Radwanski an. »Sch'meine wegen alles, und sch'ab auch kapiert, dass' mein eigne Schuld is. Es nur so …« Er kaut auf seiner Unterlippe und schweigt einen Moment. »Meine Vater er's jetz Krüppel, und wenn'sch dran denke, dass er …« Tränen laufen Khalim über die Wange. Er schluckt. »Sch'ab sehr viele Fehler gemacht, immer wenn isch wütend war.«

»Ditt hammwa jemerkt.« Radwanski räuspert sich. »Junge, denn rede doch mit uns, wir sind doch ooch bloß Menschen.«

»Sch'kann nisch!« Khalim schüttelt den Kopf und hält sich beide Hände vors Gesicht und weint. »Sch'weiß nisch, wie'sch sagen soll!«

»Aber zuhören können Sie, oder?« Auch Berger räuspert sich nun. »Bevor Herr Möller Sie gleich nach Hause bringt …« Sie schaut mich bestimmt an. »Bis zur Wohnungstür!«, sagt sie streng und wendet sich dann wieder an Khalim. »Bevor er sie nach Hause bringt, muss ich Ihnen noch ein paar Dinge sagen. Wir haben nämlich keine

Lust, nach der nächsten Messerstecherei oder Schießerei Ihre Leiche zu finden, klar? Das kommt hier in der Gegend nämlich auch mal vor.«

Khalim schluckt.

»Und Sie brauchen auch gar nicht zu glauben, dass wir Sie einfach so laufen lassen. Die Post vom Richter dauert, aber sie kommt.«

»Sie sind keen Kind mehr«, legt Radwanksi nach. »Und Sie sind verantwortlich für Ihr Verhalten. Wenn ick mir Ihre Akte so anschaue …«

Khalim wird immer kleiner und schaut vorsichtig zu mir herüber.

»Wenn ditt so weitergeht, landen Se früher oder später als sojenannter Intensivtäter im Jurentarrest. Wissen Se, watt ditt is?«

»Ja.« Khalim nickt. »Is Kinderknast, mein Kumpels sie haben schon da gegeht.«

»Und?« Der Gigant lehnt sich nach vorn. »Ditt war keen Spaß, wa?«

Khalim schüttelt den Kopf.

»Also, Herr Farroukh, letztlich warn Se ehrlich zu uns jewesen, und da keen aktueller Straftatbestand vorliegen tut, könn Se nach Hause jehn.«

Wir wollen uns gerade freuen, da fällt dem Riesen noch etwas ein. »Aber wie jesacht: Nur unter der eenen Bedingung, dass Herr Möller Sie nach Hause fahren tut.«

Ich nicke, dann stehen wir auf und verabschieden uns voneinander.

Als Khalim schon aus dem Raum ist, drehe ich mich noch einmal zu den Polizisten um. »Was erwartet Khalim denn ungefähr für ein Nachspiel?« Ich kontrolliere kurz, ob er uns auch wirklich nicht hört. »Nur, damit ich mich drauf einstellen kann.«

»Ach, 'ne Klopperei und ditt bisschen Gras?« Radwanski zuckt mit einer Schulter. »Sagen wa ma so: In Bayern landitta damit vorm Richter, aber hier …« Er nimmt das Rührstäbchen aus seinem Kaffee und lässt es mit einem bedeutungsschwangeren Blick auf den Boden fallen. »Verstehnse?«

»Verstehe.«

Ich nicke den beiden zu und winke ihnen zum Abschied, woraufhin der große Polizist ebenfalls die Hand hebt, um sich von mir zu verabschieden. Seinen Arm bewegt er dabei irgendwie mechanisch, eben wie ein Roboter. Berger hingegen schaut mir noch einmal kurz in die Augen, reckt dann aber den Kopf und dreht sich weg. Irritiert schließe ich die Tür hinter mir und laufe schweigend mit Khalim nach unten.

Nach der Aktion knurrt mein Magen schon wieder. »Hast du Lust, noch einen Happen zu essen? Vielleicht einen Döner?«

»Auf jeden, Herr Mülla«, sagt Khalim laut und erleichtert. »Sch'abe Hunger wie ein Bulle.«

Wir verlassen die Wache. Als wir ein paar Meter vom Eingang entfernt sind, lehnt Khalim sich mit einer Hand gegen die Hauswand und zieht mit der anderen einen seiner Schuhe aus. »Voll geil, jetzt wir haben schon zusammen Bullenwache gegangen.« Er grinst mich an, fummelt in seinem Schuh herum und zieht schließlich einen zerknitterten Joint hervor. »Darauf muss'sch erstma ein rauchen, vallah! Hastu Feuer?«

»Bist du denn jetzt vollkommen bekloppt?« Intuitiv ziehe ich ihm das Teil aus dem Mundwinkel und verstecke es schnell in meiner Tasche. »Du kommst gerade aus der Wache, kriegst vielleicht noch Ärger mit dem Gericht, bist auf dem Weg zum Intensivtäter – und willst jetzt erst mal schön einen rauchen?« Ich komme ihm näher und werde unwillkürlich lauter. »Du hast auch wirklich nur Scheiße im Kopf, Alter! Ehrlich, mir reicht's langsam!«

»Was willstu, he?« Er spuckt demonstrativ auf den Boden. »Du glaubst, du bist meine Vater, oda was? Gebe mir sofort diese Joint wieder!«

»Nix da!« Ich schmeiße das Objekt seiner Begierde auf den Boden und zerreibe es mit der Schuhsohle, bis nur noch Krümel davon übrig bleiben. Dann rede ich mit gesenkter Stimme, aber sehr streng weiter. »Ich bin nicht dein Vater, aber ich bin mitverantwortlich für deine schulische Laufbahn, und du hast keine Ahnung, was …«

»Du hast keine Ahnung!« Er schubst mich von sich weg und brüllt mich an. »Du Spießer, du Lehrerkind, du Kartoffel! Du hast kein Plan von meine Leben!« Tränen schießen ihm in die Augen. »Alles ist im Arsch bei mir, und Kiffen is das Einzige, was noch gut is. Was weißt du schon davon, he?«

»Alles«, platzt es aus mir heraus. »Ich war als Jugendlicher fast zwei Jahre lang dauerstoned und ganz, ganz kurz davor, die Schule komplett zu verkacken!«

Mit offenem Mund starrt Khalim mich an. »Azählmanisch!«

»Doch, Mann! Komm mit.« Ich zeige auf einen Dönerladen. »Ich erzähl's dir.«

Kein schönes Kapitel

Wir schreiben das Jahr 1994, vermutlich Mai oder so, auf jeden Fall ist es warm draußen. Gemeinsam mit Emil, dem Schlagzeuger meiner Band, hocke ich im Garten eines Typen aus meiner Nachbarschaft, der heute seinen achtzehnten Geburtstag feiert. Um uns herum sitzen fast nur ältere saucoole Jungs und Mädels, es gibt Bier und Wein und keine so richtig erwachsenen Menschen in der Nähe.

Es dämmert gerade, da reicht uns jemand ein komisches Glasgerät, aus dem süßlich riechender Rauch aufsteigt. Glücklicherweise bekommt Emil es zuerst in die Hand, denn ich hätte nichts damit anzufangen gewusst und mich vor der Geburtstagsgesellschaft sicher volle Pulle blamiert. Emil hingegen führt lässig den Kolben an seine Lippen, hält ein Feuerzeug an das mit irgendeinem Zeug gefüllte Glasrohr und zieht daran. Es blubbert, weißer Rauch steigt in die Hauptkammer des Kolbens, und als er sich dort zu einem gelben Nebel verdichtet hat, nimmt Emil seinen Finger von einem kleinen Loch am Rand des Geräts und atmet den Dunst ein. Fasziniert beobachte ich, wie er ihn wieder ausatmet und mir das Teil dann grinsend reicht.

Ein paar Stunden später rollen wir lachend auf dem Boden herum und rauchen dann noch mehr von dem Zeug in dem Chemiekolben. Lachen und Kiffen: Diese beiden Tätigkeiten wiederholen wir so lange, bis uns irgendwann auffällt, dass außer uns und dem schlafenden Gastgeber niemand mehr im Garten sitzt.

Nur wenige Tage später stehe ich mit Emil und unserem Bassisten Thorsten unweit unserer Schule in einer Hauseinfahrt und nehme den Joint entgegen, den Emil gerade gebaut und angeraucht hat. Ich inhaliere, so tief ich kann, und spüre bereits beim Ausatmen die Wirkung: Schon der kleinste, auch noch so behämmerte Anlass reicht, um mich vor Lachen in die Knie zu zwingen.

Auch auf dem Heimweg mit dem Bus lachen wir uns kaputt, und zwar über so ziemlich jeden Fahrgast, dann geht es ab nach Hause, wo ich mich angesichts meiner Eltern gerade noch so zusammenreißen kann – glaube ich zumindest. Zu diesem Zeitpunkt bin ich kurz davor, die achte Klasse einer Gesamtschule in Berlin-Reinickendorf zu beenden, die Sommerferien und die neunte Klasse stehen also vor der Tür.

Der Campingurlaub mit meinen Eltern in Frankreich gestaltet sich etwas schwierig, weil ich am Abend ständig abhauen muss, um heimlich zu kiffen und später ungesehen wieder in mein Zelt zu krabbeln, damit niemand meine knallroten Augen sehen kann. Als ich wieder in Berlin bin, kann ich meinem neuen Hobby jedoch endlich freien Lauf lassen und nonstop fett sein. Was in anderen Generationen und Milieus stoned, breit, bekifft, dicht oder prall heißt, wird bei uns als fett bezeichnet, alles andere ist uncool.

Schlagartig saucool ist es hingegen, sich zu den Kiffern zählen zu dürfen, denn dieses Gefühl, diese Fettness, ist auch nach den Sommerferien noch so unglaublich neu, so aufregend, so intensiv, lustig und einzigartig, dass wir weitermachen und dauernd rauchen – bald schon täglich. Ständig treffe ich mich mit Emil und Thorsten irgendwo zum Kiffen. Anfangs nur nach der Schule, damit genug Zeit ist, um wieder halbwegs nüchtern zu werden, bis ich abends nach Hause muss. Doch das reicht schon bald nicht mehr, denn schnell haben wir den Punkt erreicht, den Mediziner »Toleranz« nennen. Unsere jungen Hirne haben sich an die Menge gewöhnt, wollen mehr, brauchen höhere Dosen des wundersamen Tetrahydrocannabinols, um die gewünschten Effekte zu erzielen: nie da gewesene Lachkrämpfe, die generell intensivierte Wahrnehmung der Umwelt, die immens verstärkten Reize, die vor allem Musik in Tiefen des Bewusstseins vordringen lassen, von denen ich bisher nichts wusste.

Schon nach kurzer Zeit haben wir den besten Ort für diese vermeintliche Bewusstseinserweiterung gefunden, denn Emil lebt mit seinen Eltern in einer Kleingartenkolonie. Ihr Haus ist eigentlich gar kein Haus, sondern eher eine Ansammlung mehrerer Garagen, und zwei dieser Garagen sind Emils eigenes Reich. Seine Eltern haben hier keinen Zutritt und offenbar auch kein Interesse daran, sich welchen zu verschaffen. Ein bisschen ist dieser Ort, der am Rande des Märkischen Viertels liegt, wie eine moderne Villa Kunterbunt: extrem chaotisch, teilweise mehr Baustelle als Behausung, vollgestopft mit fantastischen Dingen, vor allem aber absolut regelbefreit.

Neben Emil, Thorsten und mir, die den Kern dieses bald etablierten Freundeskreises darstellen, trudeln dort im Laufe des Nachmittags die restlichen Mitglieder unserer Kifferclique ein, darunter Punks, Hip-Hopper, Hardcorer, Skater und solche, die man später Nerds nennen wird. Und dann wird gekifft, als gäbe es kein Morgen: Ob Joint, Pfeife, E-Pfeife oder Wasserpfeife, ob Flutsch, Bong, Teleskopbong, Eimer, Erdloch, Tulpe, Kokosnuss oder Schlauchboot, gefüllt mit Haschisch, schwarzem Afghanen, Purple Haze, White Widow oder Superskunk – alles, was fett macht, wird konsumiert. Jede Form des Kiffens ist uns recht, alle möglichen und unmöglichen Gegenstände aus der kunterbunten Garagenlandschaft werden zu Rauchutensilien umfunktioniert, Hauptsache es knallt.

Aus unserem ehemaligen Proberaum im Keller eines katholischen Kindergartens muss unsere Band (nachdem wir auch dort unser Hobby gepflegt haben) ausziehen, also räumen wir all unsere Instrumente und Verstärker in Emils Schlafgarage und spielen unsere schräge Mucke fortan dort weiter. Auf Gitarre, Keyboard, Bass und Schlagzeug schrammeln wir wie wild herum, grölen ins Mikrofon und proben dazu Ausdruckstanz, zu dem wir uns – natürlich – wunderbar kaputtlachen können.

Wer gerade Lust hat, knutscht mit der etwas hässlichen Dörte von nebenan, wer mehr Glück hat, kann eine der süßen Skaterinnen dafür gewinnen und ihr im Schutze des Kiffnebels, der durch die schummrig beleuchtete Wohngarage zieht, auch mal unter den BH fassen. Gepoppt wird eher selten, das birgt nämlich die Gefahr, dass die anderen in der Zeit die Mische wegrauchen.

Aber wir sind durchaus keine Gammelkiffer, nein. Lässt es das Wetter zu, organisieren wir Exkursionen zu den umliegenden Feldern, Seen und Wäldern unseres grünen Bezirks am Stadtrand. Wohin es genau geht, ist dabei eigentlich egal, wichtig ist nur, dass wir Wasser dabei haben, um unsere Rauchgeräte damit füllen zu können.

Gegen Abend trudeln wir meist wieder in der Garage Kunterbunt ein, spazieren dann alle nacheinander in die Koch- und Wohngarage von Betty, wie Emil seine Mutter immer nennt, bitten sie um ein Telefonat und rufen unsere Eltern mit der Frage an, ob wir bei Familie Langstrumpf übernachten können. Zahnbürsten haben wir inzwischen fast alle hier, und wenn nicht, lutschen wir einfach ein bisschen Zahncreme, spülen den Mund mit Wasser aus und verschlucken uns regelmäßig dabei, weil irgendjemand – meist Emil oder ich – mal wieder einen Lachkrampf erleidet.

Die Hausaufgaben, so berichten wir unseren Eltern, haben wir längst erledigt, und wenn sie uns glauben und wir grünes Licht haben, können wir ruhigen Gewissens unsere Rauchsessions fortsetzen. Die werden gegen Abend und vor allem am Wochenende häufig etwas ausgelassener, eher zu kleinen Partys, weil meist irgendjemand neues Haschisch besorgt oder Bier mitbringt. Außerdem wird es dann oft noch ein bisschen voller, es wird auch mehr geknutscht, die Musik lauter, unter Emils Decke oder in den Schlafsäcken wird gefummelt und auch mal gevögelt, im Garten gegrillt und, klar, gekifft.

Wenn am nächsten Morgen dann die Sonne über den Garagen aufgeht und wir irgendwo und neben irgendwem erwachen, werden schnell die heimlich gebunkerten Reste vom Vorabend geraucht, dann fahren wir gemeinsam in die Schule oder eben nach Hause, zum Duschen und Umziehen, bevor man sich wieder mit der Clique trifft.

So ziehen schätzungsweise anderthalb Jahre ins Land, den genauen Überblick über solch irrelevante Dinge wie Zeit habe ich längst verloren. Besonders merkwürdig sind dabei die wirklich seltenen Momente, in denen ich mal nüchtern bin – ein grausamer Zustand, der sofort beendet werden muss! Normal rauchen wir ja schon morgens, bevor wir die Garage oder unser Elternhaus verlassen, dann auf dem Weg zum Bus, vorm Umsteigen in die U-Bahn und auf dem Weg vom Bahnhof zur Schule. Dann wieder in der ersten großen Pause, in der zweiten auch, direkt nach der Schule sowieso, bevor Nachschub gekauft werden muss und wir wieder zu Emil oder an den See fahren.

Anfangs reicht mein Taschengeld noch aus, bald aber muss das Sparkonto dran glauben, und als auch das leer ist, nehme ich Gitarren- und Nachhilfeschüler an. Und fehlt dann immer noch die ein oder andere Mark, fragen wir einfach Passanten am S-Bahnhof nach ein bisschen

Kleingeld, damit wir aus der Telefonzelle unsere Eltern anrufen können – furchtbar wichtig sei es, klar.

Eines Tages unterbreitet uns der Dealer unseres Vertrauens ein großartiges Angebot: Für null D-Mark fünfzehn Gramm mitnehmen, davon fünf Gramm rauchen, zehn verkaufen und die Kohle dafür beim nächsten Mal abliefern. Soweit die Theorie. In der Praxis geben wir davon natürlich höchstens zwei bis drei Gramm weiter, den Rest rauchen wir selbst. Wenn die Ration alle ist, radeln wir mit dummen Ausreden zum Dealer und versprechen ihm, beim nächsten Mal eben zwanzig Gramm zu bezahlen. Wie wir es seinem ersten Angebot schon entnommen haben, ist der Typ natürlich selbst immer fett und daher doof genug, uns zu glauben und immer wieder neues Haschisch mitzugeben. Erst als die Schulden bei ihm zu hoch werden, kaufen wir woanders ein.

Längst hat sich die Wirkung der einstig bewusstseinserweiternden Droge gewandelt, längst verengt sie meinen Horizont, schränkt mein Interesse auf exakt drei Dinge ein: Mädels, Musik und Marihuana. Zu Beginn meiner Kifferkarriere halten sich meine schulischen Leistungen – die immer in Ordnung, aber nie überragend waren – noch auf einem mittleren Niveau, doch vor allem im Laufe der neunten Klasse hinterlässt die Langzeitwirkung der Droge tiefe Spuren in meinem Wesen: Ich werde antriebslos, desinteressiert, maulfaul und schüchtern, teilweise sogar leicht paranoid. Weil ich das Waschen meiner Haare als unnötig anstrengende Aufgabe empfinde, stutze ich meine Locken auf wenige Millimeter – und sehe in Kombination mit meiner spitzen Nase, den großen Vorderzähnen und meinen ständig roten Schlitzaugen endgültig aus wie eine Albinomaus. Um diese Fratze zu verdecken, trage ich von früh bis spät eine olivgrüne Anglermütze auf dem Kopf, ganz so wie meine kiffenden Vorbilder von Cypress Hill es tun.

So sitze ich in Mathe, Deutsch, Englisch, Kunst, Bio, Erdkunde, Geschichte, ja in jedem Fach irgendwo hinten am Rand herum – und schweige. Male schlechte Graffiti auf den Tisch und auf jeden freien Quadratzentimeter meiner Schulsachen – und schweige. Drehe heimlich Joints für die nächste große Pause – und schweige. Stellen mir Lehrer Fragen, zucke ich mit den Schultern und verstecke mich unter meinem Kifferhut, und wenn sie mich auffordern, das Teil abzunehmen, schüttele ich einfach den Kopf und starre so lange auf den Tisch, bis die Situation ausgesessen ist.

Natürlich dauert es nicht lange, bis ich in so ziemlich jedem Fach den Anschluss verloren habe. Vielleicht, weil es mir zu anstrengend ist, vielleicht, weil ich den Inhalt nicht verstehe. Egal, es interessiert mich einfach nicht. Ich habe ja meine drei großen M: Mädels, Musik und Marihuana.

Dass sich das erste M aber schon lange nicht mehr für mich interessiert und sich das zweite inzwischen auf ein, zwei verkiffte Hiphop-Freaks und ein paar untalentierte Punk-Fritzen beschränkt – auch das interessiert mich nicht mehr. Genauso wenig übrigens wie das bestandene Probehalbjahr meiner Schwester auf dem Gymnasium. Oder die Augenoperation meiner anderen Schwester, der Kleinsten, die im Alter von gerade mal drei Jahren unters Messer muss. Oder die Geburt meines Bruders, der im Januar 1996 – ich bin inzwischen also Zehntklässler – mit einem schweren Herzfehler auf die Welt kommt, an dem er um ein Haar stirbt. All das ist irgendwie da, hat aber anscheinend nichts mit mir zu tun, berührt mich nicht, löst nichts, aber auch wirklich gar nichts in mir aus.

Dann kommt der große Knall. Den Anfang macht mein Klassenlehrer, Dr. Hecht, ein Pfeife rauchender Tucholsky-Fan, ein Frankophiler mit Schiebermütze und überregionaler Tageszeitung unterm Arm, ein linker Besserwisser,

Querdenker und Literat – unser Deutschlehrer halt. Ohne dass ich davon etwas mitbekomme (was auch keine Kunst ist), lädt er meine Eltern zu einem Gespräch in die Schule ein und teilt ihnen dort, wie ich später erfahren soll, die bittere Wahrheit mit: Ihr Sohn ist von der ersten bis zur letzten Stunde stoned, kifft täglich auf dem Schulhof und steht in jedem Fach auf Vier oder schlechter. Außerdem hat er haufenweise unentschuldigte Fehlstunden, und wenn er doch da ist, sagt er kein Wort und setzt eine Klausur nach der anderen in den Sand. Ach ja: Er ist außerdem an seiner und an den Nachbarschulen sowie im nächsten Polizeirevier als Drogendealer bekannt. Das Schlimmste daran ist, dass Dr. Hecht recht hat, und zwar ausnahmslos in allen Punkten.

Mit diesen News zitieren mich meine Eltern eines Samstagabends, als alle anderen Kinder schon schlafen, an den Esstisch. Es ist der ausklingende Winter 1996, vor nur wenigen Wochen hat mein Bruder als Säugling die OP am offenen Herzen überlebt. Im Hintergrund knistert ein Feuer im Kamin, meine Eltern setzen sich mit ernster Miene und einem Glas Wein an unseren runden Esstisch – und verraten mir, dass ich endgültig aufgeflogen bin.

»Wir haben viel zu lange dabei zugeschaut«, sagt mein Vater ernst. »Es reicht.«

Es dauert nicht lange, da heult meine Mutter eigentlich nur noch, mein Vater hingegen sitzt nach vorn gebeugt am Tisch, hat seine Augen zu engen Schlitzen zusammengekniffen und spricht so leise und messerscharf, dass sogar mein benebelter Geist den Ernst der Lage erkennt.

»Wie soll's jetzt weitergehen?«, fragt er. »Laut Dr. Hecht steuerst du geradewegs auf einen Hauptschulabschluss zu. Willst du das?«

Ich bin ehrlich, zucke also mit den Schultern, denn es ist mir egal. Im Gesicht meines Vaters kann ich sehen, wie er gegen die Tränen kämpft. Tränen der Wut und der Verzweiflung – zwei Gefühle, die mir, wie eigentlich alle anderen Gefühle auch, irgendwie abhandengekommen sind.

»Philipp, sprich mit mir, verdammt noch mal!«, sagt er etwas lauter. »Willst du jetzt ernsthaft deine schulische Laufbahn abbrechen?«

»Weiß ich nicht«, antworte ich und blicke in seine zornigen Augen. Dann sage ich, was ich wirklich denke: »Ist mir auch egal.«

In diesem Moment explodiert mein Vater. Zuerst schlägt er so heftig mit der flachen Hand auf den Tisch, dass beide Weingläser auf den Boden hüpfen. Das Klirren geht jedoch im Schluchzen meiner Mutter unter, die in die Küche flüchtet, er selbst springt auf und brüllt mich aus voller Kehle an: »Du Arschloch!« Tränen fließen an seinen Wangen herab. »Du verfluchtes Arschloch!«, schreit er ein zweites Mal.

Mit einem einzigen Handgriff schleudert er den massiven Holztisch beiseite und stampft auf mich zu. »Wir sehen nicht dabei zu, wie unser Sohn sein Leben verkackt!«

Ohne mir auch nur eines meiner kurzen Haare zu krümmen, reißt er mir den Kifferhut vom Kopf und schleudert ihn in den Kamin. Dann stapft er nach oben, wo inzwischen alle meine Geschwister wach geworden sind und heulen, kommt mit meinem vollgeschmierten Rucksack und meiner heiligen Bambuswasserpfeife wieder und wirft beides zu meinem Kifferhut in die lodernden Flammen.

Dann kehrt Stille ein. Nur das Weinen von drei Kindern und zwei Erwachsenen – also allen Möllers außer mir – ist noch zu hören.

»War's das?«, frage ich leise, bekomme aber keine Antwort und verkrieche mich wortlos in meinem Zimmer.

Am nächsten Morgen, also ungefähr um ein Uhr mittags, weckt mich ein Sonnenstrahl im Gesicht. Noch im Halbschlaf suche ich meine Bambusbong, die immer hinterm Bett stand, und erst als meine Hand ins Leere greift, kommt langsam die Erinnerung an die Katastrophe des Vorabends zurück. Erschreckend nüchtern setze ich mich an den Rand meines Bettes, schaue durchs Fenster in den Garten, höre meine Eltern im Haus und meine Geschwister von draußen, die fröhlich im restlichen Schnee spielen – und spüre etwas Sonderbares: Gefühle dringen zu mir durch.

Befreit von der Käseglocke, die ich mir normalerweise mithilfe einer gehörigen Portion Haschisch schon wenige Augenblicke nach dem Aufstehen übergestülpt habe, überfällt mich nun in wenigen Momenten all das, was in den vergangenen Jahren an mir abgeprallt ist.

Zuerst versuche ich noch, es zu unterdrücken, dann beginne jedoch auch ich zu weinen. Vor Scham über mein ekelhaftes Desinteresse an meinem Leben und an meiner Familie, vor Wut über mich selbst, über meine Faulheit, über die verkifften und verschwendeten Tage, Wochen und Monate, die ich in der verlausten Villa Kunterbunt verbracht habe. Aber auch vor Ärger über die verpasste Möglichkeit, einen erheblichen Teil meiner Jugend für schöne Dinge genutzt zu haben – und schließlich vor Angst, meine Situation nie wieder in den Griff zu bekommen.

Beim Weinen lege ich mich wieder hin, verkrampfe, heule immer lauter und lauter, vermutlich in der Hoffnung, gehört und endlich getröstet zu werden. Aber niemand kommt. Niemand hört und tröstet mich, niemand nimmt mich in den Arm, beruhigt mich und versichert mir, alles werde gut.

Also stehe ich irgendwann auf, gehe ins Bad und wasche mir das Gesicht. Der Blick in den Spiegel ist grausam. Er zeigt einen fast glatzköpfigen Teenager, blass, verpickelt, mit roten Augen und ein paar jämmerlichen Härchen am Kinn – das ist also Philipp Möller: ein dauerkiffender Versager.

Scheiße.

Bevor ich mich aber wieder im Selbstmitleid suhle, nehme ich allen Mut zusammen, verlasse das Badezimmer und betrete die Treppe nach unten. Die Stimmen im Wohnzimmer verstummen mit dem ersten Knarren, das die Stufen von sich geben, und nur kurz darauf stehe ich vor meiner gesamten Familie, die sich inzwischen im Raum versammelt hat – und muss natürlich wieder heulen.

Nachdem vor allem meine Mutter, aber auch alle anderen mich getröstet haben, erlebe ich einen wundervoll sonnigen Wintertag, meinen ersten Tag seit Langem, an dem ich lache, ohne vorher Dope geraucht zu haben. Kleinlaut bitte ich meine Eltern beim Abendessen um eine Fortsetzung des Kamingesprächs, und als alle anderen schlafen, geben sie den Rest der Unterhaltung mit Dr. Hecht wieder.

Eine Chance habe er, der Philipp, hat der Mann wohl gesagt, aber nur eine einzige: sofort mit dem Kiffen aufhören, den Kontakt zu meiner Clique abbrechen und sich in puncto schulischer Leistung um hundertachtzig Grad drehen. So, und nur so, könne ich es schaffen, eine Genehmigung für die Wiederholung der zehnten Klasse zu bekommen. Würde ich dann ein weiteres Jahr Vollgas geben, bestünde vielleicht der Hauch einer Chance, die nötigen Punkte für den Übergang in die gymnasiale Oberstufe unserer Gesamtschule zu erzielen. Und um dies zu schaffen, haben meine Eltern schon einen alternativlosen Schlachtplan entwickelt.

»Du bekommst keinen Pfennig Taschengeld mehr. Du kommst nach der Schule *sofort* nach Hause.« Meine Mutter spricht sehr leise. »Am Nachmittag verlässt du das Haus nicht mehr ohne uns.«

»Du erledigst Hausaufgaben und Zusatzhausaufgaben, gibst wieder Nachhilfe und Gitarrenunterricht und hilfst hier im Haushalt«, ergänzt mein Vater ruhig. »Und überleg dir bitte sehr, sehr gut, was du jetzt sagst«, schiebt er mit großen Augen hinterher, als ich Luft hole, um zu antworten.

»Wie lange?«

»So lange wie nötig«, antwortet meine Mutter, wobei ein erster, wenn auch vorsichtiger Unterton der Versöhnung in ihrer Stimme mitschwingt.

Ich überlege nicht lange, sondern nicke und verabschiede mich ins Bett – und habe dort ein weiteres Aha-Erlebnis, denn zum ersten Mal seit gefühlten Jahrzehnten liege ich nüchtern darin. Zum ersten Mal springen meine Gedanken also nicht wild von einem Thema zum anderen, malen dabei unklare Bilder meiner Vergangenheit, Gegenwart und Zukunft, verlieren sich in irgendwelchen neuronalen Sackgassen oder gaukeln mir vor, die Welt verstanden und *die* zündende Idee der Menschheit entwickelt zu haben – die am nächsten Tag natürlich vergessen ist. Ohne meine dämliche Kiffermusik im Kopfhörer falle ich schnell in einen wundervollen Tiefschlaf und erlebe dann etwas, was mir als Kiffer vollkommen versagt war: Ich träume. Von weiten, wilden Reisen durch ferne Welten, von meiner Familie, meinen Freunden aus der Kunterbunt-Villa, von meinen Lehrern und von Yasemin, dem schönsten Mädchen unserer Klasse.

Am nächsten Morgen wache ich schweißgebadet auf, einerseits vollkommen fertig, zugleich aber so fit, wach und optimistisch wie schon ewig nicht mehr.

Am Sonntag setze ich mich an die Deutschhausaufgaben: die Inhaltsangabe und Analyse eines Klassikers der Oberschulliteratur. Die Lektüre des Textes fällt mir schwer, aber immerhin schaffe ich es jetzt, mich am Ende eines Satzes noch an seinen Anfang zu erinnern. Außerdem staune ich Bauklötze über die Kraft dieser Geschichte und über die Fähigkeit des Autors, aus Worten Wirklichkeit werden zu lassen. Überraschenderweise habe ich dann sogar einen

Heidenspaß daran, die Story in meinen eigenen Worten wiederzugeben und meine Schlüsse daraus zu ziehen.

Nach getaner Arbeit folge ich der nächsten Anweisung meiner Eltern: Ich ordne meine kompletten Schulsachen und schmeiße am Abend alle Hefter und Arbeitsblätter, die ich mit meinen schlechten Graffiti bekritzelt habe, in den Kamin.

Als ich das Feuer gerade entzünden will, entdecke ich in der Asche einen Gegenstand: das Metallrohr meiner Wasserpfeife, den einzigen feuerfesten Teil meines zu Staub zerfallenen Rauchgeräts also. Ich greife danach, puste es sauber und betrachte das Ding von allen Seiten. Das Köpfchen, in das ich so lange und so gern die Mische gestopft habe, ist schwarz, ließe sich aber sicher reinigen. Ob ich es aufheben soll? Nur so, als Erinnerung?

»Na, mein Lieber?« Die Stimme meines Vaters erklingt plötzlich hinter mir und lässt mich zusammenzucken, wird dann aber sanft und liebevoll. »Soll ich's für dich wegschmeißen?«

Mit einem traurigen Lächeln überreiche ich ihm das Röhrchen, dann ziehe ich ein Streichholz über die Schachtel und werfe das brennende Stäbchen in den Haufen mit meinem verschmierten Schulkram.

Der kommende Montag ist mein erster nüchterner Schultag seit Langem und beginnt extrem sonderbar. Um meine Kifferkumpels nicht zu treffen, nehme ich vorsichtshalber nicht nur einen, sondern gleich drei Busse früher als sonst, und als ich zwanzig Minuten vor Unterrichtsbeginn in den Klassenraum spaziere, starren mich meine Mitschüler an, als wäre ich gerade einem Raumschiff entstiegen. So früh sind natürlich nur die Streber anwesend, doch nach und nach trudeln auch die anderen ein – so auch Yasemin. Von unserem Klassensprecher habe ich mich in ein Gespräch verwickeln lassen und sehe aus dem Augenwinkel, dass sie langsam auf uns zukommt. Dann stellt sie sich neben uns, stemmt die Hände in die Hüften, hört mir einen Moment zu und unterbricht mich mitten im Satz.

»Ich wusste ja gar nicht, dass du sprechen kannst«, sagt sie und lächelt. »Wie kommt's, dass du schon hier bist?«

»Ich vermute mal«, schaltet sich Dr. Hecht ein, der soeben das Klassenzimmer betreten hat, »dass seine Eltern ihm Feuer unterm Hintern gemacht haben.«

»Das stimmt«, räume ich ein und gebe ihm die Hand. »Und in diesem Feuer ist dann auch gleich mein Hut gelandet.«

Er nickt freundlich und schlägt mir einen Sitzplatzwechsel vor, und wie es der Zufall namens Hecht will, sitzt Yasemin in der zweiten Reihe bisher allein.

Wieder ziehen die Wochen ins Land. Meine Kifferfreunde schauen mich mit dem Arsch nicht mehr an, und mit jedem Tag ohne THC werde ich ein bisschen wacher und aufnahmefähiger. Dazu kommt, dass mein Klassenlehrer offenbar all seine Kollegen über meinen Fall unterrichtet hat, und so werde ich im Laufe dieser Übergangszeit von fast all meinen Lehrerinnen und Lehrern für meinen Sinneswandel gelobt.

Dr. Hecht hingegen macht mir die Sache keineswegs leicht, sondern nimmt mich in jeder Stunde dran, lässt mich die Hausaufgaben vortragen, korrigiert diese formal und inhaltlich, gibt eine entsprechend überarbeitete Fassung bei mir in Auftrag und schafft es ein paarmal, mich vor der versammelten Klasse in eine sachliche, aber durchaus hitzige Diskussion zu verstricken, die ich gegen den rhetorisch ausgesprochen fitten Mann natürlich verliere.

Das nagt an mir, und dabei bemerke ich ein Gefühl, von dem ich zu Kifferzeiten nicht einmal mehr wusste, dass es existiert: Ehrgeiz. Ein ganzes Wochenende lang brüte ich über einem Text, feile an den Formulierungen, diskutiere die Kernaussagen mit meinen Eltern und verfasse schließ-

142

lich ein Fazit, das sich – da bin ich mir sicher – gewaschen hat.

Als am Montag der Unterricht angefangen hat und Dr. Hecht die Hausaufgaben besprechen will, hebe ich sofort den Arm. Stille kehrt in die Klasse ein. Ich spüre deutlich, dass alle Blicke auf mir liegen. Später wird es mir vielleicht lächerlich vorkommen, aber in dieser Zeit jagt ein Aha-Erlebnis das andere.

»Ja, Philipp«, sagt Dr. Hecht und nimmt seine Baskenmütze ab. »Wie lautet denn nun das Fazit des Protagonisten?«

Ich schaue kurz in meine Unterlagen, schlage den Ordner aber zu und fange an zu sprechen. »Eine gute Frage«, beginne ich und will gerade zu einer Antwort ansetzen, doch mein Hirn hat offenbar mehr vor – es will ackern, aber richtig. »Doch sie lässt sich eben nicht beantworten, ohne zuerst den geschichtlichen Kontext zu betrachten, in dem der Text entstanden ist.«

Dr. Hecht setzt sich an das Pult, legt, wie immer, wenn er Unsinn erwartet, die Stirn in Falten, nickt dann aber und nimmt die Hand ans Kinn.

Ich hingegen stütze beide Ellenbogen auf dem Tisch ab, hole einmal tief Luft und beginne zu reden. Am erstaunlichsten dabei finde ich, dass ich mich schon bald nicht mehr aufs Reden konzentrieren muss, sondern das Gefühl erlange, eine Art Autopilot sei aktiviert worden, ein Programm, das es mir erlaubt, während des Sprechens mein Gehirn zu beobachten. Ohne die fiesen THC-Moleküle, die sie bisher in Schach gehalten haben, produzieren die fleißigen Zellen in meinem Hirn jetzt einen Gedanken nach dem anderen, reproduzieren meine Überlegungen vom Wochenende, reflektieren die Diskussionen mit meinen Eltern, zeichnen Bilder meiner Vorstellung vom Protagonisten und seiner Widersacher, des Autors und seiner Lebenslage, führen mir Textzeilen vor Augen und schicken ihre Ergebnisse an die Nervenzellen im Sprachzentrum, die daraus flüssige Sätze produzieren. Diese wiederum basteln sachliche Aussagen über die Hauptfigur des Romans und ihr Schicksal, garnieren diese mit kurzen Kommentaren in Nebensätzen, bauen Spannungsbögen auf, legen Kunstpausen ein und schließen Satzkonstrukte mit Pointen ab – und ich schwöre: Das alles passiert quasi ohne mein Zutun!

»Aber um Ihre Frage zu beantworten: Letztlich wird es wohl sein materieller Überfluss gewesen sein«, setze ich an, »der ihn dazu bewogen hat, seine Abasie zu überwinden und …«

Unterbrochen werde ich von Emil und Thorsten, die in diesem Moment die Klasse betreten, beide natürlich fett bis in die Haarspitzen. Mit dem klassischen dummen Grinsen im Gesicht entschuldigen sie sich für ihre Verspätung und würdigen mich keines Blickes, als sie an mir vorbei zu ihren Plätzen im hinteren Bereich der Klasse schlurfen und dabei eine süßliche Duftwolke hinter sich herziehen.

»Abasie?« Dr. Hecht, der die beiden Neuankömmlinge einfach ignoriert, schüttelt den Kopf. »Dieses Wort kenne ich nicht, und ich wage zu behaupten«, er lehnt sich in seinem Stuhl zurück und verschränkt die Arme vor der Brust, »dass Wörter, die ich nicht kenne, auch nicht existieren.«

»Dieser lateinische Begriff«, sage ich spitz und grinse ihn frech an, »meint die Unfähigkeit zu gehen.«

»Schleimer!«, höre ich Emil von hinten flüstern, doch als ich gerade lauthals widersprechen will, wird mir klar, dass er ja irgendwie recht hat.

Für einen kurzen Moment vermisse ich die Fettness, die – abgesehen von all den geistigen Einschränkungen – durchaus eine gewisse Coolness, eine Leichtigkeit mit sich bringt, eine für den Moment sehr komfortable Scheißegal-Haltung, die in Kombination mit der intensivierten Sinneswahrnehmung durchaus eine angenehme Feierabendstimmung herstellen kann. Derart exzessiv ausgeübt allerdings, so viel hatte ich seit meinem Entzug gelernt, hat der Kiffkonsum offenbar verheerende Auswirkungen auf einen Jugendlichen, in dessen aktuellen Lebensabschnitt Weichen für seinen Werdegang gestellt werden.

Für die schriftliche Ausarbeitung meiner Hausaufgabe erhalte ich jedenfalls schon am nächsten Tag eine Zwei plus, und weil Dr. Hecht meine positive Entwicklung wohl in der Klassenkonferenz angesprochen hat, bekomme ich von allen Seiten immer wieder zu hören, wie schön es doch sei, dass ich mich wieder am Unterricht beteilige. Wochenlang bin ich vollkommen baff darüber, wie viel leichter mir Schule plötzlich fällt und wie viel Spaß ich an der Auseinandersetzung mit einem Großteil der Themen und an lebhaften Debatten mit Lehrern und Schülern habe.

Auch Yasemin, neben der ich inzwischen in fast allen Fächern sitze, scheint es zu gefallen – genau wie meine Locken, die ich nun wieder wachsen lasse. Eine Verabredung mit ihr ist der erste Anlass, zu dem meine Eltern den Hausarrest vorübergehend aufheben, und auch wenn unsere Jugendliebe letztlich nicht lange halten soll, ist sie die Erste, für die ich nach meiner Liebe zu Mary-Joanna, wie wir das Zeug gern nannten, eine Beziehung aufbaue.

Emil und Thorsten sowie die anderen Kiffer unserer Schule können sich auch in den folgenden Wochen ihre dämlichen Kommentare nicht sparen, vor allem weil meine Mutter die anderen Eltern angerufen und sie über unsere Gruppenperformance aufgeklärt hat. Was aus der restlichen Truppe wird, verfolgte ich nicht weiter, von meinen beiden besten Kumpels aber weiß ich, dass sie nach dieser Zäsur sehr unterschiedliche Wege eingeschlagen haben. Während Thorstens Eltern beim Anruf meiner Mutter aus allen Wolken fielen und sich – nicht gerade zu seiner Freude – in allen Maßnahmen an meinen Eltern orientierten, machten Mama und Stiefpapa Langstrumpf so weiter wie bisher: Sie ignorierten die Laufbahn ihres Sohnes Emil, der sich am Ende des Schuljahres mit einem Hauptschulabschluss von uns verabschiedete und erst einmal arbeitslos wurde. Danach verloren wir uns aus den Augen.

Nachdem bei mir aber die kognitive Handbremse gelöst ist, mit der ich knapp zwei Jahre lang unterwegs war, dreht mein Denkmotor so richtig auf, also schalte ich mithilfe meiner Eltern und aller Lehrer noch ein paar Gänge hoch, gebe immer mehr Gas – und bin überrascht, wie viel Leistung ich bringen kann, wenn ich mal in der richtigen Spur bin. Mit der hoffnungsvollen Aussicht darauf, eventuell doch keine Ehrenrunde drehen zu müssen und stattdessen direkt in die Elfte zu kommen, folge ich Dr. Hechts Rat – und trete das Gaspedal durch: Ich bemühe mich um Referate, büffele für Klausuren, lerne Vokabeln und beteilige mich an so ziemlich jeder Diskussion, die im Unterricht geführt wird – auch wenn ich keine Ahnung vom Inhalt habe, wie Dr. Hecht mir gern das ein oder andere Mal mit einem Grinsen im Gesicht attestiert.

Die Früchte dieser Arbeit kann ich im Sommer 1996 ernten: eine per Zeugnis bescheinigte Zulassung für die gymnasiale Oberstufe, die ich ganz ohne Ehrenrunde erreicht habe. Dafür aber mit der gigantischen Hilfe meines Klassenlehrers, der während meiner Irrfahrt mit der Yellow Submarine die Notbremse gezogen hat; mit dem Zuspruch meiner Eltern, die mir geholfen haben, das Ruder herumzureißen; und auch mit der Unterstützung aller anderen Lehrer, die stets darauf geachtet haben, dass ich auf dem richtigen Kurs bleibe und am Ende sogar ein ganz passables Abitur hinlege.

Als ich mein Abiturzeugnis tatsächlich in Händen halte und darüber staune, wie dieses Wunder geschehen konnte, fällt mir ein Kommentar meiner späteren Klassenlehrerin ein.

»Ich will euch mal eines sagen: Typen wie Philipp werden durchs Abitur spazieren, und warum? Weil er quatschen kann – auch wenn er überhaupt keine Ahnung hat, worum es geht!«

»Na geil!«

Nachdem wir während meiner langen Story längst aufgegessen haben, stehen wir nun an meinem Auto.

»Dann wie soll isch schaffen? Isch kann nisch quatschen wie du!«

»Das stimmt nicht, Freundchen«, sage ich und blicke in Khalims wache Augen. »Du hast einen starken Dialekt, aber das ist nicht so schlimm. Dein Wortschatz ist begrenzt, aber den erweitern wir ja schon erfolgreich. Du bist keineswegs dumm, kannst sympathisch und witzig sein, bist aber ständig fett und hast vermutlich die falschen Freunde – wie ich damals. Also?«

Gerade will er die Beifahrertür öffnen, hält jetzt aber inne und starrt mich an. »Was? Was willst du mir sagen?«

»Das weißt du ganz genau.« Über das Autodach hinweg schauen wir uns lange an. »Hör auf zu kiffen, Khalim, sonst können wir die Nachhilfe auch gleich bleiben lassen.«

Er starrt noch immer wortlos zu mir, blickt dann in die Ferne, steigt schließlich ins Auto und redet kein Wort.

Als wir uns dem Kottbusser Tor nähern, schaut sich Khalim plötzlich nach allen Seiten um und zeigt in eine Seitenstraße. »Fahr ma hier rein, bitte!«

»Aber das ist doch ein Umweg. Warum ...«

»Mach ma einfach, ja?«

Ich folge seiner Bitte, und nach einem Moment holt Khalim tief Luft.

»Isch will nicht zu diese Ampel, wo mein Vater ...« Er blickt aus dem Fenster. »Deswegen isch geh immer woanders, weißtu?«

Als ich den Wagen schließlich vor seinem Haus parke, reicht er mir die Hand. »Ganz ehrlisch, Herr Mülla? Sch'weiß voll, was du meinst: Kiffen is übergeil, aber sch'merke auch, es verklebt meine Gehürn.« Er seufzt. »Problem is: sch'kann nisch einfach aufhören, sch'abe schon so oft probiert!«

»Ich hab's damals wahrscheinlich auch nur geschafft, weil ich dazu gezwungen wurde.« Ich grinse ihn an. »Und genau deshalb zwinge ich dich jetzt auch – du hast eigentlich gar keine andere Wahl!«

»Züscho, sei man nisch so krass drauf, ja?« Er seufzt. »Aber wahrscheinlisch du hast rescht – isch probier's, okay?«

Wir schütteln uns die Hände und schauen uns dabei in die Augen.

»Na bitte! Aber du wirst es nur schaffen, wenn du kein Gras mehr hast.« Ich ziehe eine Augenbraue hoch. »Hast du noch Gras, Khalim?«

Er schüttelt den Kopf, doch ich lasse seine Hand nicht los.

»Komm schon, ich hab's dir erzählt, ich war selbst …«

»Ist ja gut, Mann!« Er rollt mit den Augen. »Park dein Auto und komm mit!«

Mit dem Fahrstuhl fahren wir in den zehnten Stock, biegen oben aber nicht nach links zur Wohnung seiner Eltern ab, sondern nach rechts. Eine Neonröhre flackert auf dem Gang, es riecht nach Schuhen und Essen. Hinter zwei weiteren Glastüren schmeißt sich Khalim mit der Schulter gegen eine Stahltür, die mit einem lauten Knall gegen die Wand fliegt und uns den Weg zu einer Treppe freigibt. Als wir die hinaufgestiegen sind, öffnet er eine weitere Tür, dann stehen wir auf dem Dach des Hochhauses.

»Herzlisch willkommen!« Im kalten Novemberwind breitet Khalim beide Arme aus. »Das' mein Lieblingsort, mit Panoramaoptik über Berlin. Geil, oder?«

»Supergeil!«

Meine Haare wehen durcheinander, als ich meinen Kopf über die Brüstung strecke und an der Fassade entlang nach unten schaue. Tatsächlich reicht der Blick von hier oben bis zum Herrmannplatz, und als ich mich umdrehe, ragt in nördlicher Richtung der Fernsehturm weit in den Berliner Nachthimmel hinein. Während ich jedoch die Aussicht genieße, kramt Khalim ein kleines Plastiktütchen unter einem Stein hervor und seufzt, als er es im Licht betrachtet.

»Soll ich dir helfen?«

»Nein, nein!« Er schüttet den Inhalt in seine Hand, lässt das Tütchen vom Wind mitnehmen und zerbröselt dann auch die grünen Pollen in der kühlen Brise. »Sch'ab schon gesagt, du bist nisch meine Vater, obwohl er mir natürlich auch verbieten würde.« Er verzieht den Mund und schaut mich von unten an. »Wenn isch ihm schon nisch helfen kann, kann isch wenigstens Schule gut machen, dass er stolz auf misch is, wenn er wach wird.« Nachdenklich schaut er in die Ferne, dann zu mir. »Muss isch einklisch immer Herr Müller zu dir sagen?«

»Quatsch!« Ich haue ihm auf die Schulter. »Sch'eiße Philipp, ja?«

»Abbooohl!« Khalim grinst mich an und haut zurück, wenn auch etwas doller. »Sch'weiß doch, Flippo!«

Und während Sarah vermutlich versucht hat, auf mich zu warten, dabei aber vor Günther Jauchs Talkshow eingeschlafen ist, während zwischen Herrmann- und Alexanderplatz Abertausende Berliner fett sind und andere noch in ganz anderen Ebenen schweben, während wieder andere damit hadern, es bleiben zu lassen, sitze ich im Auto, lächelnd über diesen schrägen Abend und voller Hoffnung, mit Khalim doch noch auf einen grünen Zweig zu kommen.

Beziehungsweise runter davon.

Was kann isch, und wenn ja, warum nisch?

Züüüschokrass!« In der Büroküche angekommen, lässt sich Khalim auf einen der Stühle fallen und rauft sich die Haare. »Sch'weiß nisch, Flippo, ob isch schaffen kann!«

»Was ist los, Khalim, krass geträumt?«

»Njaman, übakarass! Es war erste Nacht ohne Joint und …« Er schaut mich mit riesigen Augen an. »Und Schröder war da, schwöre! In Traum isch geh so zur Schule, wir haben so Deutsch, wir reden so über Praktikum, dann Schröder so zu mir: ›Khalim, du schaffst nisch, wie willst du ein Bewerbung schreiben? Du bist Eierscheedl, du kannst nix!‹ Dann alle lachen misch so aus, auch Samira so, Tekin sowieso, war alles krass rela… realast… Ach, du weißt, wie'sch meine!«

»Realistisch, ja.« Ich schnappe mir eine Karteikarte und schreibe den Begriff für seine Vokabelbox auf, dann bereite ich uns einen Kaffee zu. »Ich hab dich ja gewarnt. Aber dass es gleich so ein Albtraum wird …«

»War keine Albtraum!« Wie immer wirft Khalim drei Stückchen Zucker in die braune Flüssigkeit und rührt ewig darin herum. »War eschtes Leben. Is doch so. Sch'kann nix! Und Bewerbung schreiben sowieso nisch. Wie'sch jehnfalls wach geworden bin, meine ganze Stürn war voller Schwitze!«

Rein theoretisch könnte er mir ja auch etwas vom Pferd erzählen, aber die Inbrunst, mit der er von seinem

Traum berichtet, seine aufgerissenen, glasklaren Augen und sein Elan müssen erst einmal als Beweis dafür herhalten, dass Khalim seit unserem Gespräch tatsächlich kein Gras mehr geraucht hat. Auf der anderen Seite weiß ich natürlich auch, dass vor allem in der Anwesenheit seiner Kiffkumpels die Gefahr gigantisch groß ist, doch wieder mitzumachen, weshalb ich ihn in der nächsten Zeit nicht nur mit sehr vielen Hausaufgaben versorgen, sondern ihm auch immer wieder ganz tief in die Augen schauen werde.

»Fuck!« Joe betritt den Raum und reißt die Arme in die Luft. »Großer Fuckshit!«

»Was'n los?«, fragen Khalim und ich im Chor.

»In drei Wochen ist die fuckin' Weihnachtsfeier, und der fuckin' Caterer hat gerade seine fuckin' Zusage gecancelt!«

Schimpfend nimmt Joe das Telefon ans Ohr, begrüßt nach einem Moment Tobi und übermittelt ihm die schlechten Neuigkeiten. Wie aus dem Gespräch hervorgeht, haben die Jungs nicht nur unsere Büro-Clique, sondern auch ein paar ihrer wichtigsten Auftraggeber zum Incredible-Office-Weihnachtsessen eingeladen. Sie hatten wohl schon im Vorfeld große Mühe, einen Catering-Service zu finden, der so kurz vor Weihnachten noch Platz in seinen Auftragsbüchern hat – und nun haben sie den auch noch verloren. Mit dem Telefon am Ohr verlässt Joe fluchend die Küche, sodass Khalim und ich uns wieder seinem Wortschatzkästchen widmen können.

Seit Klara diesen Schuhkarton so liebevoll bemalt hat, geht Khalim äußerst behutsam damit um und bringt ihn immer brav mit, um neue Begriffe, Formulierungen und Sätze zu sammeln, die ihm in den vorangegangenen Tagen begegnet sind. So richtig können wir uns heute allerdings nicht auf die Arbeit konzentrieren, denn Joes laute Telefonate sind bis in die Küche deutlich zu hören.

»Er's Züscho!« Khalim schaut nicht von seinen Kartei-karten hoch. »Wie viele Leute hat er eingeladet?«

»Eingeladen. Wir sind insgesamt zehn oder so, keine Ahnung. Wieso?«

»Dings, so halt.« Khalim zuckt mit den Schultern. »Warum macht er nisch selber Essen?«

»Joe und kochen?« Ich muss lachen. »Der Typ kann nicht einmal Nudeln ins Wasser werfen. Außerdem, für zehn Leute? Ist schon ein bisschen krass, oder?«

»Zehn Leute?« Jetzt muss Khalim lachen. »Junge, sch'bin Arabba. Zehn Leute is Standard bei uns, sch'mache imma!«

»Echt? Du kannst kochen?«

»Iebergut!« Er legt den Stift beiseite und zählt auf. »Falafel, Halloumi, Tabouleh, Hummus, Bulgur, alles von mein Mutter gelernt.« Khalim grinst. »Sch'abe Idee. Aber sch'weiß nisch, soll'sch sagen?«

Ich erwidere das Lächeln und nicke begeistert.

Das Telefon zwischen Schulter und Ohr geklemmt, betritt Joe ein weiteres Mal die Küche, entschuldigt sich mit einem Handzeichen bei uns und telefoniert dann lauthals weiter. »Was für'n Desaster, ey!«, sagt er, nachdem er das Gespräch beendet hat. »Da kommen superwichtige Businesspartner, das Essen muss einfach gut werden!«

»Hey Joe«, sage ich. »Hier hat jemand einen Vorschlag für dich.«

»Also, sch'wollte nur sagen … Isch kann kochen.« Khalim erstarrt, als Joe ihn verwundert anschaut. »Wöhklisch, s'kein Problem!«

»Ja, aber …« Joe legt das Telefon weg. »Aber … Echt? Ich meine …«

Khalim nickt.

»Auch für zehn Leute?«

Khalim nickt wieder.

»Aber auch ohne Fleisch? Es kommen fast nur Veggies.«

»Junge, was los?« Khalim breitet beide Arme aus und grinst ihn an. »Sch'abs voll drauf, ja?«

Mit einer Hand im Bart läuft Joe ein paarmal in der Küche auf und ab und denkt dabei laut über Geschirr, Getränke und ein paar andere wichtige Dinge nach, schüttelt dann aber den Kopf. »Ich weiß nicht ...« Wieder starrt er in sein Telefon. »Lasst mich noch 'n paar Calls machen, ja? Bis zum Ende eurer Stunde entscheide ich mich.«

Mit diesen Worten lässt er uns endlich in Ruhe, und weil für heute mehr als genug auf dem Programm steht, machen wir uns schnell wieder an die Arbeit.

»Deinen Wortschatz knöpfen wir uns am Ende noch einmal vor, jetzt wird gelesen. Hast du deine Lektüre mit?«

Khalim zieht eine Zeitung aus der Tasche und wedelt damit in der Luft herum.

»Gut, dann machen wir's wie immer. Erst die Headlines, dann die Analysen.«

»Okay. Also, Bayern Münschen is Tabellenführer – Standard«, sagt Khalim und schaut konzentriert in das Blatt. »Dortmund hat gegen Schalke verloren, und Ribery wechselt nächste Saison vielleischt zu Mennju.«

Hätte mir noch vor wenigen Monaten jemand prophezeit, ich würde schon bald mit einem meiner ehemaligen Schüler in der Büroküche sitzen und mir von ihm die News aus der Welt des Profifußballs vorlesen lassen – ich hätte laut gelacht. Weil ich aber Khalims Interesse am Mannschaftssport vom Wettbüro ablenken wollte, habe ich ihm in der letzten Woche den Kicker mitgebracht und mir von ihm daraus vorlesen lassen. Schnell zeigte er eine derartige Begeisterung dafür, dass ich ein kostenloses Probeabo des Fußballmagazins für ihn abschloss, und so ist Khalim seither täglich mit einer Zeitung im Rucksack unterwegs – oder zumindest so etwas Ähnlichem. Außerdem zeigte sich bald, dass sein Interesse an Fußball nicht nur ein sehr guter Ansatzpunkt für das Einüben der guten alten Kunst des Lesens ist, sondern auch eine wunderbare Ablenkung vom Kiffen.

»Hast du auch den Artikel über Sportwetten gelesen, den ich dir per Mail geschickt habe?«

Khalim nickt.

»Also dann: Zusammenfassung und Fazit, bitte.«

»Sportwetten sind krasses Geschäft«, liest er von einem losen Zettel vor, »aber einklisch nur die Wettbüros verdienen daran. Aber, Flippo, sch'kenn auch Leute die krass gewonnen haben! Zum Beispiel ...« Mitten im Satz bricht er ab.

»Zum Beispiel?«

»S'egal. Kumpel, kennst du nisch.«

»Aber dazu stand auch etwas in dem Artikel, oder?«

»Stimmt, is nur ganz einzelne Falle.«

»Einzelfälle.«

»Ja, genau. Außerm es ist auch ein Sucht, wie Beispiel Rauchen oder Trinken. Man sagt ...«

»*Zum* Beispiel, Khalim. Und man nennt das Spielsucht, wenn man genau sein will.« Wieder landen zwei Kärtchen in der Box. »Dein Fazit?«

»Das' das, was'sch davon lernen kann, oder?« Ich nicke, Khalim kaut kurz auf seiner Unterlippe herum. »Njaman, so halt, dass'sch wahrscheinlisch nisch mehr gehe. Ja, guck nisch so böse, sch'gehe nisch mehr. Aber mein Kumpels ...«

»Die können doch auch weiter deine Kumpels bleiben, oder?«

»Aber wir hamm imma zusamm gegeht.«

»*Wir sind*«, sage ich langsam und schreibe auch diese Formulierung auf. »*immer zusammen dorthin gegangen.* Wortschatz her, bitte!«

»Hier, Flippo.« Behutsam schiebt er mir den Schuhkarton rüber. »Kommt ganz vorne rein. Warte, isch mach.«

Inzwischen haben wir verschiedene Trennwände in die

154

Box geklebt, und so müssen die Kärtchen nun von vorn nach hinten wandern. In fast jeder Stunde frage ich Khalim Vokabeln ab, und immer, wenn er einen Begriff auf Anhieb fehlerfrei beschreiben oder in einem Satz verwenden kann oder eine Formulierung oder ein Satzfragment anwendet, rutscht das Kärtchen eine Abteilung weiter, bis es schließlich hinten rausfällt. Und das ist auch gut so, denn mit jedem Tag tauchen neue Elemente der deutschen Sprache auf, die Khalim bisher fremd sind. Um Vokabelnachschub müssen wir uns also keine Gedanken machen.

Nur eines der Kärtchen verharrt widerspenstig im vordersten Abteil. Auf seiner Vorderseite steht *ich* und auf seiner Rückseite *isch*, wobei ich den überflüssigen Buchstaben durchgestrichen habe. Aber es hilft alles nichts: Ich kann es ihm tausend Mal vorsprechen und es ihn zweitausend Mal nachsprechen lassen, kann ihm Sprachbeispiele nennen oder ihn bis zur Schmerzgrenze korrigieren – *isch* bleibt *isch* und wird vermutlich auch immer *isch* bleiben.

Als Lehrer hatte ich mich längst daran gewöhnt, nach meinem Ausstieg aus dem Job jedoch war dieses Phänomen von meinem Radar verschwunden. Seit ich durch Khalim dafür aber neu sensibilisiert wurde, höre ich es nun wieder an jeder Ecke: im Bus, im Supermarkt, am Schalter bei der Bank und neulich sogar in der Universität.

Als ich mich vor Kurzem mit einer alten Freundin zum Kaffee vor der Bibliothek traf, in der sie regelmäßig lernt, lauschten wir unfreiwillig zwei sehr lauten Studentinnen am Nachbartisch der Mensa.

»Mann ey, sch'ab die Büscha für Züschologie nisch mit«, sagte die eine.

»Welsche?«, fragte die andere.

»Ach, Üba-Isch von diesen Freund, oder wie er heißt, und dieser andere Labakopf ... Dings: Brescht.«

»Der Theaterfreak mit der Hipstabrille?«

»Nein, Mann, der andre Brescht, der immer so fragt: Wer bin isch, und wenn ja, warum nisch?«

Als Khalim und ich mit den Deutschvokabeln durch sind, betritt Joe die Küche und schaut erst mich und dann Khalim streng an. »Und du hast das wirklich drauf?« Er verschränkt die Arme vor der Brust. »Wie gesagt, ich muss mich auf dich verlassen können.«

»Sch'wöre!« Khalim leckt an seinem Zeige- und Mittelfinger und streckt ihm beide entgegen. »Ehrenwort.«

»Okay, let's do it!« Sie schlagen ein, dann jedoch wird Joe wieder ernst. »Aber nur unter einer Bedingung: Ich bezahl dich dafür.«

»Neinneinneinneinnein!« Wild wedelt Khalim mit den Händen. »Kommt in keine Tüte! Du leihst mir immer dein Küsche, jetz isch kann so danke sagen.« Er legt seine rechte Hand aufs Herz und verneigt den Kopf. »Sch'will keine Geld von dir.«

»Aight!« Joe gibt seufzend nach. »Aber ich bezahl die Zutaten. Und du isst mit! Deal?«

Wieder schlagen sie ein, dann einigen sie sich auf die Speisen, klären die genaue Zahl der Gäste ab und verabreden sich am Tag der Feier gegen Mittag im Büro. Ich erkläre mich bereit, vorher mit Khalim zum Supermarkt zu fahren. Tobi gibt uns per SMS Bescheid, dass er sich um die Deko und die Getränke kümmern wird.

Als wir gerade alles fest verabreden wollen, fällt Khalim noch etwas ein. »Einklisch sch'brauche ein Helfe ...« Er muss sich ein Grinsen verkneifen. »Vielleischt kann Samira ja mitkomm?«

»Ou là là. Dein Girlfriend?«

Joe schaut von seinem Handy hoch zu Khalim, der stolz nickt.

»Ich dachte immer, ihr müsst erst heiraten, damit ihr ...«

156

Er zwinkert ihm zu, Khalim hingegen wird knallrot.

»War nur 'n Joke. Bring dein Sweetheart mit.«

Die Sache wird per Handschlag besiegelt, und als Khalim das Büro am Ende der Stunde verlässt, kann er sich ein breites Grinsen nicht verkneifen. »Meine erste Job«, sagt er und schüttelt mir die Hand. »Tohbo-geil!«

Kein Geld für Khalim

Am Tag der Weihnachtsfeier steigt Khalim am Kotti in mein Auto, doch als ich vorschlage, zum großen Supermarkt in der Nähe des Büros zu fahren, zeigt er mir einen Vogel.

»Bist du verrückt? Lass'ma nisch tebartzen!«

»Tebartzen?«

Ich dachte eigentlich immer, durch meinen Job als Lehrer recht sattelfest in der Jugendsprache zu sein, aber inzwischen ist offenbar zu viel Zeit vergangen, um in dieser schnelllebigen Kunst noch auf dem aktuellen Stand zu sein – umso schöner also, durch Khalim langsam wieder Anschluss zu bekommen.

»Mann, Flippo, du bist so krass old school, ja?« Er zeigt im Vorbeifahren auf eine Kirche. »Kumma, Tebartz er's eine …« Er bricht ab und erinnert sich offenbar daran, das Subjekt in einem Satz nicht doppeln zu müssen. »Tebartz is eine Pfarrer und …«

»*Ein* Pfarrer, Khalim. Der Pfarrer, männlich, also lautet der Artikel: ein.« Dass der Mann kein Pfarrer ist, sondern als Bischof in der feudalen Hierarchie der katholischen Kirche deutlich weiter oben steht, ist absolut nebensächlich und würde Khalim sicher nur verwirren. »Die Artikel müssen sitzen.«

»Auf jeden.« Er holt noch einmal tief Luft. »Also, Tebartz ist ein Pfarrer, und er …«

»Tebartz ist ein Pfarrer«, unterbreche ich ihn erneut, lasse dann eine Pause und male ein Komma in die Luft, »der ...«

»Tebartz ist ein Pfarrer, der überviel Geld ausgegeben hat für seinen Palast.«

Ich nicke – fürs Erste hat Khalim genug richtig gemacht –, dann redet er weiter.

»Deswegen sagt man tebartzen, wenn jemand Geld verschwendet. Gut?«

»Super, ja!«

Ich schlage mit Khalim ein und freue mich noch mehr über seinen korrekten Satz als darüber, dass es ein leitender Mitarbeiter des weltweit erfolgreichsten kommerziellen Anbieters für spirituelle Dienstleistungen geschafft hat, zum Gespött der Jugend zu werden – zu Recht.

Durch die Nebenstraßen Kreuzbergs leitet mich Khalim bis zu einem kleinen Geschäft, vor dem wir den Wagen – wie hier üblich – in zweiter Reihe parken. Über dem Eingang hängt eine beleuchtete Tafel mit arabischen Schriftzeichen darauf.

»Kumma da!« Khalim zeigt auf die Schriftzeichen. »Weißt du, was es heißt?«

Ich schüttele den Kopf, aber im Sinne der Völkerverständigung wäre es vielleicht gar nicht schlecht, auch mal etwas von Khalim zu lernen.

Er wandert mit dem Finger von rechts nach links über die Schrift und liest mir Silbe für Silbe vor. »Bin-la-den.«

»Ach echt, ja?« Ich schaue nach oben und versuche, eine Systematik in den Zeichen zu erkennen. »Und was bedeutet ...?« Endlich raffe ich, dass Khalim mich verarscht. »Haha, sehr witzig!«

»Krassa Facepalm, Alta!« Khalim schlägt sich die Hand vor die Stirn, schüttelt langsam den Kopf und lacht mich aus.

Und damit nicht genug der Schmach: In dem winzigen

Lädchen angekommen, begrüßt er lachend den Verkäufer und erzählt ihm brühwarm, wie er mich gerade aufs Glatteis geführt hat. Obwohl ich kein Arabisch spreche, verstehe ich diesmal jede Silbe der demütigenden Anekdote. Zusammen lachen sie mich lauthals aus, und auch als wir schon längst durch die Regale schlendern, muss Khalim immer wieder kichern.

Als er sich endlich beruhigt hat und mit dem Einkauf anfängt, überrascht er mich jedoch wieder einmal: Ohne Einkaufszettel läuft er zielstrebig die prall und chaotisch gefüllten Regale entlang, zieht hier ein Paket raus, nimmt sich dort vier Dosen, wirft lässig büschelweise Kräuter in den Wagen und diskutiert mit dem Verkäufer über die Qualität des Gemüses. Wie beruhigend, denn sein souveräner Einkauf gibt immerhin den ersten Hinweis darauf, dass er weiß, was er tut – und dass er meine Hand, die ich für ihn ins Feuer gelegt habe, nicht anbrennen lassen wird.

Und noch einen schönen Effekt hat unser Besuch in diesem für mich so fremden Mikrokosmos: Während die arabische Sprache in meinen Ohren bisher sehr kraftvoll klang und durch das häufige und stark betonte harte *ch* sowie bestimmte Gestiken und Mimiken oft offensiv bis aggressiv auf mich wirkte, kommt der Dialog, den Khalim und der Verkäufer nun über eine Aubergine führen, unheimlich weich daher, fast liebevoll und poetisch, geradezu verspielt. Kein Wunder eigentlich, denn immerhin ist Arabisch ja auch die Sprache der Märchen, der Fabeln und der Fantasie.

Weil ich Khalims Mathe-Gesicht inzwischen ganz gut kenne, kann ich ihn beim Rechnen beobachten, und so stehen wir schon bald mit einem randvoll gefüllten Einkaufswagen an der Kasse, bezahlen mit Joes Bargeld und laden danach unzählige der orangefarbenen Einwegtüten in den Kofferraum meiner Familienkutsche.

»So, jetzt mal im Ernst«, ich zeige auf das Schild über der Tür, »was steht da drauf?«

»Puh, kein Plan, Mann.« Kopfschüttelnd steigt Khalim ins Auto. »Arabische Schrift is iiieeeberschwer.«

Auf der kurzen Fahrt ins Büro erklärt er mir, die Sprache seiner Eltern als Kind zwar gelernt zu haben, in der hohen Kunst arabischer Schriftzeichen jedoch – abgesehen von ein paar Hinweisen im Koranunterricht in der Moschee – nie unterwiesen worden zu sein. »Sch'kann nur Arabisch reden, aber auch nisch so gut.«

Liegt vielleicht genau darin die Krux vieler Menschen, deren Eltern oder Großeltern eine andere Muttersprache sprechen als sie selbst? Beherrschen einige von ihnen weder die eine noch die andere Sprache richtig? Gibt es also entsprechend für sie kein mentales Werkzeug, kein Vokabularium, in dem sie hundertprozentig zu Hause sind – emotional, sozial und intellektuell?

Sicher mag in der Zwei- oder Mehrsprachigkeit ein gigantisches Potenzial liegen, und glücklicherweise ist die Welt voller lebendiger Beispiele für erfolgreiche Multilingualität. Auf der anderen Seite gibt es aber ganz offensichtlich auch zahlreiche sprachliche Verlierer unter all jenen, deren Muttersprache nicht die Sprache ihrer Mutter ist – und zu dieser Gruppe gehört eindeutig mein Schüler.

Als wir auf den Hof des alten Industriegebäudes fahren, in dem unser Büro liegt, steht Samira bereits vor der Tür und bibbert. Dicke Atemwolken kommen aus ihrem Mund, als sie Khalim im Auto entdeckt und vor Freude in die Luft springt. So schnell wie möglich steigt er aus, begrüßt sie mit einem vorsichtigen Kuss auf den Mund und legt ihr dann seine Jacke um die Schultern.

Oben angekommen, bleiben wir staunend in der Tür stehen, denn hier haben Joe und Tobi schon ganze Arbeit geleistet. Die zwei Tische aus der Küche, an denen Kha-

161

lim und ich sonst arbeiten, stehen in der Mitte des riesigen Raumes. Die meisten Schreibtische haben die Jungs zur Seite gerückt und – zumindest für ihre Verhältnisse – aufgeräumt. Die lange Tafel ist bereits eingedeckt, auf den Fensterbänken brennen Kerzen und auf der Leinwand knistert ein virtuelles Kaminfeuer.

Nachdem wir die Einkaufstüten in die Küche geschleppt haben, stellt Khalim Joe und Tobi seine Freundin vor, wobei ihm der Stolz auf sie fast aus dem Gesicht springt. Und auch wenn ich mit diesem Gefühl kulturell bedingt nicht sonderlich viel anfangen kann, ist es gewissermaßen gerechtfertigt, denn Samira ist tatsächlich ein ausgesprochen schönes Mädchen. Und dazu tragen nicht nur ihre großen Augen bei, ihre langen dunklen Locken und ihre schneeweißen Zähne, die hinter den dezent geschminkten Lippen hervorblitzen; es ist ihre gesamte Ausstrahlung, die einfach toll ist.

Als Sechstklässlerin zählte Samira zu den eher frechen Mädels, war nie um eine Ausrede oder einen gerissenen Kommentar verlegen und gehörte zu den wenigen, die im Unterricht eher unterfordert waren – was bei ihr leider zu Unruhe und gelegentlich auch zu Aggression führte. Im Gegensatz zu anderen Mädchen ihres Alters hat sie es jedoch offenbar geschafft, ihr Potenzial zu nutzen, denn nach allem, was Khalim und Geierchen mir von ihr erzählt haben, kommt sie mittlerweile ziemlich gut in der Schule zurecht. Die daraus resultierende Selbstsicherheit merkt man ihr an, und auch ihre Sprache ist nicht so abgehackt, nicht so eindimensional oder gar vulgär wie die einiger Altersgenossinnen, sondern – trotz des Ischismus, der natürlich auch bei ihr vorhanden ist – sehr abwechslungsreich, gewitzt und irgendwie ganz normal.

Entsprechend schnell kommt sie mit meinen beiden Bürokollegen ins Gespräch, wird aber von Khalim bald in die Küche gerufen – die Arbeit wartet. Mit einem kalten

Bier stelle ich mich neben Samira an die Arbeitsplatte und helfe ihr beim Schnippeln.

»Wie läuft's denn mit Khalim?«, fragt sie leise. »Kommt ihr voran?«

»Ist noch viel zu tun«, ich nicke nachdenklich, »aber eigentlich läuft's ganz gut.«

»Sch'ab immer gesagt, er soll diese Nachhilfe machen.«

»Du?« Ich lege mein Messer weg und schaue sie an. »Dann warst du also der Geisterblitz?«

»Auch!«, schaltet Khalim sich ein. »Sie hat immer auf misch eingeredet, sch'soll machen, aber auch Nadia.« Er zögert einen Moment. »Sie hat misch nochma erinnert an unsern Vater.«

»Was war denn nun mit dem?« Ich schüttele den Kopf. »Das willst du mir ja partout nicht erzählen ...«

»Sagen wir mal so: Er hat uns verlassen, damit uns besser geht. Vleischt erzähl isch dir später mal.« Khalim widmet sich wieder seiner Arbeit. »Jedenfalls hätte er auch alles getan für Schule – also hab isch dir SMS geschrieben. Aber ohne Samira und Nadia?« Er lacht. »Glaubst du etwa, isch hätte freiwillisch gemacht?!«

»Hab ich gedacht, ja.« Ich schnipple weiter. »Und wie sieht's mit dem Praktikum aus, ihr beiden?«

»Isch hab schon längst ein Platz«, sagt Samira beiläufig. »Zusammen mit Tekin, bei der Bank. Und die Bewerbung für eine Ausbildung haben wir auch schon abge...«

»Tekin geht auch diese Bank?« Khalim dreht sich hastig um. »Sch'wöre, Tekin er's so krasser Schleimer, ja? Und er labert immer so, wie wenn er ein Buch gelesen hätte. Sch'asse ihm!«

»Komm schon, nur weil er manschmal in der Schule ein Hemd trägt.« Samira knüllt eine Brottüte zusammen und wirft sie ihrem Freund an den Hinterkopf. »Such du ma lieber auch ein Praktikum, ja? Sogar Melek hat schon ihren Platz in ein Kindergarten.«

Wortlos nimmt ihr Khalim die geschnittenen Zwiebeln ab, schiebt sie in die Pfanne und gießt einen Schluck Weißwein darauf. Es zischt und duftet innerhalb weniger Sekunden himmlisch. Dann dreht er sich wieder zu uns. »S'ja gut, aber wo soll'sch gehen?«

»Das musst *du* doch wissen«, antworten Samira und ich mehr oder weniger im Chor, was Khalim aber nicht so witzig findet.

»Danke, Mama und Papa!«

Schnell drückt sie ihm einen dicken Kuss auf die Wange. Weil aber klar geworden ist, dass ihm dieses Thema ziemlich unangenehm ist und heute ein schöner Abend werden soll, umschiffen wir die Praktikums- und Ausbildungsdebatte während der restlichen Kochsession.

Stattdessen erzählt Samira von ihrem bisher schwersten Schuljahr: der siebten Klasse. »Sch'abe nisch geschafft, und Sitzenbleiben war überabtörn«, sagt sie und stößt Khalim mit der Schulter an. »Aber für misch war es wenigstens Wakeup-Call.«

»Für misch einklisch es hatte nur einen gute Sache.« Khalim drückt Samira einen Kuss auf die Wange. »Sch'bin wieder deine Klasse gekommen.«

»Na bitte, Win-win-Situation!« Ich hebe meine Flasche zum Anstoßen. »Khalim, wann ist eigentlich das Essen fertig?«

Ich versuche an ihm vorbei nach den bereits fertigen Falafeln zu greifen, bekomme jedoch eins auf die Finger. Erst als auch Samira erklärt, schon jetzt einen Bärenhunger zu haben, packt er uns je zwei auf eine Untertasse und reicht ein bisschen Brot dazu.

»Wow!« Mit großen Augen nehme ich die zweite Hälfte des Bällchens in den Mund und zerkaue sie schmatzend – und bin immer beruhigter über seine tatsächlich vorhandenen Kochkünste. »Das ist ja echt superlecker. Sag mal, Khalim, willst du nicht dein Prakti…«

Samira rammt mir ihren Ellenbogen in die Seite und schaut mich böse an. »Nisch«, flüstert sie. »Er soll's doch selber merken.«

Pädagogisch gesehen gar nicht mal so dumm. Hätte ich eigentlich auch selbst drauf kommen können.

»Was?« Khalim dreht sich zu uns um und schirmt seine Ohren gegen den Lärm der Dunsthaube ab. »Will isch nisch mein – was?«

»Willst du nicht dein …« Ich kratze mich am Kopf. »Äh … dein Hemd reinstecken?«

Verwundert schaut er an sich herunter.

»Ja, das sieht doch bestimmt …«

»Hör nisch auf ihn, Schatz!« Samira gibt ihm einen Klaps auf den Hintern und zwinkert mir dabei zu. »Du siehst Bombe aus, der alte Mann hat keine Ahnung.«

Alter Mann? Spätestens jetzt wird es Zeit für mich zu gehen. Ich flüchte zu Joe und Tobi ins Büro. Dort haben sich bereits die ersten Gäste versammelt, doch anders als ich es mir unter dem Begriff Businesspartner vorgestellt habe, sind darunter keine Anzugträger, sondern quasi ganz normale Menschen. Na ja, so normal wie Joe.

Auch Janina und die Kolleginnen des Startup-Unternehmens trudeln langsam ein, und so kommt bei ruhigem Jazz, dem Leinwand-Kaminfeuer und einer Flasche Sekt die erste Weihnachtsstimmung auf. Ein paar Minuten später gesellen sich auch Khalim und Samira dazu, was Joe zum Anlass nimmt, mit einer Gabel ans Sektglas zu schlagen und ein paar Worte zu sprechen.

»Liebe Incredibles, liebe Gäste«, fängt er an. »Ich freue mich sehr, dass ihr alle hier seid. Nachdem uns der Caterer kurzfristig abgesagt hat, ist es umso schöner«, er zeigt auf Khalim und Samira, »dass wir heute von einem Newcomer bekocht werden, von einem neuen Star am Kochhimmel. Meine Damen und Herren, Khalim und seine bezaubernde Partnerin Samira!«

Applaus ertönt von allen Seiten. Khalim schießt das Blut in den Kopf, und im Taumel der Emotionen merkt er offenbar nicht, dass ihm jemand ein Glas Sekt in die Hand drückt.

»Zum Wohl allerseits«, ruft Joe und hebt sein Glas, »und auf einen wunderschönen Abend!«

Alle stoßen an, auch Khalim und Samira. Da die beiden schon alt genug dafür sind, sind sie praktischerweise auch selbst verantwortlich für ihren Alkoholkonsum. Zumindest in Maßen. Zufrieden beobachte ich, dass sie vor allem von Joe und Janina schnell in die Gespräche integriert werden, daher nutze ich die Gelegenheit, um einen Blick in die Küche zu werfen – und bin nicht nur hellauf begeistert von dem, was ich da auf Platten und Tellern vorfinde, sondern einen Augenblick lang kurz davor, heimlich zu naschen. Bevor das jedoch passiert, schlage ich Joe lieber vor, zu Tisch zu bitten. Das lässt der sich natürlich nicht zweimal sagen, und so sitzen schon bald alle Gäste an der langen und mit Liebe zum Detail gedeckten Weihnachtstafel. Nur in der Mitte sind noch zwei Plätze frei.

Feierlich betritt Khalim den Raum, in den Händen zwei riesige Schalen voller Falafelbällchen. Die inzwischen leicht angetrunkene Gesellschaft applaudiert wieder, doch Khalim winkt ab.

»Meine Herren und Damen!« Er stellt die Schalen grinsend auf dem Tisch ab, wobei mir auffällt, dass sein eben noch gut gefülltes Sektglas fast leer ist. »Sch'präsentiere Ihnen Falafel, aber mit eine sehr ungewöhnlische Gewürz, Raz-el-Hanout. Dazu bringt Samira Grillgemüse, eingelegt in Knoblauch.« Er räuspert sich kurz. »Also, heute keine Küssen mehr.« Kichernd geht er wieder in die Küche und holt das restliche Essen: Couscous, Bulgur, Hummus, Tabbuleh und Halloumi. »Isst, so viel ihr könnt, sonst werd'sch böse.«

Die Männer und Frauen am Tisch lachen und stoßen

miteinander an. Nachdem sich der Koch neben Samira gesetzt hat und sich alle bedient haben, kehrt schnell gefräßige Stille ein. Aber es dauert nicht lange, bis die ersten Begeisterungsrufe laut werden. »Superlecker!«, tönt es aus der einen Ecke. »Fantastisch!«, aus der anderen, und »Amazing!« aus der Richtung von Joe, der Khalim und Samira gleich noch ein Gläschen Sekt einschenkt. Kurz überlege ich, ob ich dazu etwas sagen soll, lasse es aber und halte ihm stattdessen ebenfalls mein Glas hin.

Ein wirklich ausgelassener Abend nimmt seinen Lauf. Das Essen schmeckt großartig, die Stimmung unter den Gästen ist bestens, die Gespräche sind sehr angeregt und das Gelächter teilweise so laut, dass Khalim und Samira mich bisweilen etwas hilflos anschauen. Sekt und Wein fließen in Strömen, der Nachtisch ist ein Gedicht, und als das Essen bis auf den letzten Happen verputzt ist, setzt sich einer von Joes Geschäftspartnern neben Khalim.

»Du, sag mal.« Er streicht sich mehrfach die langen Haare nach hinten und wirft sich ein Ende seines schmalen Schals über die Schulter. »Machst du das eigentlich beruflich? Weil …« Seine leicht nasale Aussprache passt bestens zu dem hochgeschlagenen Polokragen. »Weil ich hab hier so 'n freshes Business am Laufen. Und so 'n gutes Catering, das 's echt selten.« Ohne Khalims Antwort abzuwarten, zückt er eine Visitenkarte und hält sie ihm zwischen Zeige- und Mittelfinger entgegen. »Meld dich mal!«

Damit verschwindet der Kerl und lässt einen extrem verdatterten Khalim zurück. Verliebt schaut Samira ihn an, wuschelt durch seine Haare und flüstert ihm dann etwas ins Ohr.

Schon bald verabschieden sich die meisten Gäste, und so sitze ich bei einem letzten Glas Wein noch mit Khalim, Samira, Joe und Tobi an dem über und über vollgestellten Tisch. Die Fenster sind weit geöffnet, die Aschenbecher voll und die meisten Flaschen leer.

Als Khalim aufsteht und die Teller wegräumen will, hält Joe ihn lauthals davon ab. »No way, du machst hier gar nix mehr!«

Leicht torkelnd geht er zu seinem Schreibtisch und zaubert ein Geschenk hervor, mit dem er auch mich überrascht. Es ist rechteckig, erinnert an einen flachen Schuhkarton und ist in silberfarbenes Geschenkpapier verpackt, oben drauf klebt eine weiße Schleife. »Du hast gesagt, du willst kein Geld von mir, oder?«

Mit offenem Mund nickt Khalim.

»Na dann, bitte schön.« Joe drückt ihm das Paket in die Hand. »Kein Geld.«

»Abboooh!« Khalim kriegt den Mund kaum noch zu, wiegt das Geschenk in den Händen und schüttelt den Kopf. »Is für misch?«

»Nein, Mann, für deine Mutta, weißtu?« Samira haut ihm auf die Schulter. »Los jetzt, mach auf, sch'will auch wissen!«

Ehrfürchtig löst Khalim das Papier am Rand und legt die erste Ecke frei. Ein weißes Paket erscheint darunter, und als Khalim das Papier vollkommen entfernt hat, hält er sprachlos die Verpackung von Joes ausrangiertem Laptop in der Hand.

»Hab die Kiste noch 'n bisschen gepimpt.« Joe legt ihm den Arm um die Schulter. »Dein Essen war deluxe, Bruder. Danke.«

Einen Moment lang bringt Khalim kein Wort heraus, dann steht er auf und umarmt Joe. »Erster Job«, ruft er begeistert, »erster Laptop! Übergeil!«

Einen Engel erkennt man erst,
wenn er anruft

Na, samma!« Noch immer rutscht mir diese blöde Floskel raus, die ich mir als Lehrer in Situationen angewöhnt habe, in denen ich meine Empörung schnell klarmachen musste – und die betrifft heute Khalims Outfit. »Wie siehst du denn aus?«

Zu knallengen Jeans trägt er bombastisch fette Turnschuhe, auf deren riesigen Laschen die drei Buchstaben A, I und R prangen. Auch aus hundert Metern Entfernung könnte man wohl noch das Logo seiner Jacke erkennen, das von derselben Firma kommt wie seine Sneaker, einzig seine Frisur ist ausgenommen von diesem unpassenden Auftritt.

Ich mustere ihn von oben bis unten. »Wir wollen doch heute Bewerbungsfotos machen. Was ist denn mit dem Outfit, das du mit Sarah besorgt hast?«

»Bleib ma locka!« Er hält eine Sporttasche hoch. »Glaubst du, isch laufe in Anzug dursch Kreuzberg? Junge, isch hab ein Ruf zu verlieren, ja? Außerm sch'denke, wir schreiben erstma Bewerbung?«

Beruhigt gehe ich mit ihm in die Küche, wo er sofort seinen neuen Laptop auspackt und ehrfürchtig mit der Hand über das silberne Aluminiumgehäuse streicht. Dann klappt er den Computer auf und pustet mit gerunzelter Stirn ein paar Krümel von der Tastatur. Nur wenige Tage nach der Weihnachtsfeier hat Khalim offenbar zwei wichtige Dinge kapiert: wie sein neuer Laptop funktioniert und wo er seine berufliche Laufbahn beginnen könnte – und zwar als Koch in der Küche eines Hotels oder Restaurants. Weil der Jahreswechsel inzwischen aber kurz bevorsteht und Khalims Praktikum schon im Februar stattfinden soll, haben wir als Ziel vereinbart, noch vor Weihnachten einen Praktikumsplatz für ihn zu finden.

Mit ein paar flinken Bewegungen auf dem Trackpad ruft er die Hausaufgabe auf, die ich ihm aufgegeben hatte, und präsentiert mir dann stolz das Bewerbungsschreiben, das er, wie vereinbart, vervollständigt hat. Was dabei herausgekommen ist, werde ich gleich sehen, aber eines kann man ihm jedenfalls nicht vorwerfen: mangelnde Kompetenz im Umgang mit allen Geräten, die über einen Internetzugang und ein Display verfügen.

»Soll'sch ausdrucken?« Im Bruchteil einer Sekunde ruft er das entsprechende Dialogfeld auf und verharrt mit dem Zeigefinger über der Eingabetaste. »Joe hat mir Bürodrucker eingerichtet. S'kein Problem, wöhklisch.«

Ich winke ab und widme mich dem Text, den wir in den Tagen seit der Weihnachtsfeier gemeinsam formuliert haben. Khalims Hausaufgabe bestand darin, im Mittelteil des Anschreibens noch zwei Fragen zu beantworten: warum er sein Praktikum in einer Küche absolvieren will und warum er sich dabei gerade für dieses Haus entschieden hat. Noch heute sollen die Bewerbungen im Briefkasten landen, und weil wir darauf setzen, dass die dazugehörigen Vorstellungsgespräche auch bald ins Haus stehen, steht heute ein weiteres Highlight auf der Agenda: ein simuliertes Bewerbungsgespräch.

Es wird also ernst für uns, und nach allem, was ich über Khalim und andere Teenager in seiner Lebenslage weiß, wird es auch verdammt schwer: die sprachlichen Differenzen betreffen immerhin nicht nur ihn, sondern auch Abertausende andere. Doch auch beim Benehmen – den emotional-sozialen Kompetenzen, wie es im Schulsprech heißen würde – tun sich viele seiner Altersgenossen schwer, dazu kommen große Diskrepanzen in Sachen Allgemeinbildung und fehlende schulische Basiskompetenzen. Ja, viele große und kleine Steine liegen auf dem Weg ins Berufsleben dieser Jugendlichen und wollen überwunden werden, und trotz der Nachhilfe ist mein Schüler noch immer nicht sattelfest – was aus seinem Anschreiben sehr deutlich hervorgeht.

Sehr geehrte/r Herr/Frau Mustermann,
    in der Absicht, mein berufsvorbereitendes Praktikum in Ihrem Hause zu absolvieren, übersende ich Ihnen hiermit meine Bewerbungsunterlagen.
    ich kann Falafel, homus, und fiele Arabische essen, des wegn ich will ein koch sein. Ich hab schon gemacht für eine Weihnachten Feier ungefähr zehn Leute sie haben gesagt voll lekka. Gefunden ich hab sie in Internet und weil freunde haben gesakt ist foll gut. Auserm später ich will aus bildung machen für kochen.
    Mein Praktikum soll im direkten Anschluss an die Berliner Winterferien, also vom 10. bis 21. Februar stattfinden. Über die Möglichkeit, Sie in einem persönlichen Gespräch kennenzulernen, würde ich mich sehr freuen und verbleibe daher
    mit freundlichen Grüßen,

Khalim Farroukh

»Undundund?« Er trommelt mit den Fingern auf den Tisch. »Wie findest du? Sch'abe überlange gebraucht dafür!«
    »Eigentlich schon ganz gut, ja.«
    Weil Khalims schriftliche Fähigkeiten noch immer deutlich schlechter ausfallen als seine mündlichen, glaube ich ihm aufs Wort, dass ihn diese Sätze verdammt viel Ener-

gie gekostet haben. Wie also wertschätze ich seine Arbeit trotz des vorliegenden Ergebnisses?

»Du hast deine Stärken auf jeden Fall gut betont und alle wichtigen Punkte genannt. Allerdings ...« Lange reibe ich an meinem nicht vorhandenen Schnurrbart. »Man merkt noch etwas, dass zwei verschiedene Personen an dem Text gearbeitet haben.«

»Escht?« Murmelnd überfliegt er die Zeilen. »Welsche Stelle meinst du?«

»Die hier.« Ich lasse die Rechtschreibfehler anzeigen, wobei sein Absatz fast komplett rot wird. Mit dem Finger tippe ich auf das Display. »Da müssen wir noch einmal ran. Lies mir den gesamten Text doch einfach mal vor!«

Während Khalims Vortrag fällt auch ihm auf, dass sein Abschnitt stilistisch aus dem Rahmen fällt, also begeben wir uns gemeinsam auf die Suche nach besseren Formulierungen. Wie zu erwarten war, fällt sein Beitrag dazu eher gering aus, und so landen wir am Ende doch wieder bei der alten Aufgabenverteilung: Ich diktiere, er schreibt auf, ich korrigiere, er staunt. Von der pädagogisch sehr plausiblen Idee, Menschen würden am besten lernen, wenn sie etwas selbst tun, ist unser Vorgehen zwar leider meilenweit entfernt, der Zeitdruck lässt mir aber keine andere Wahl. Und meine Zweifel daran, ob er überhaupt jemals in der Lage sein wird, fehlerfreie deutsche Sätze zu schreiben, stelle ich erst einmal hinten an, denn das ist momentan zweitrangig.

Nachdem wir alle drei Anschreiben mit den Namen der Ansprechpartner versehen und an den richtigen Stellen auf das jeweilige Haus zugeschnitten haben, legen wir seinen Lebenslauf an. Dank der Vorlagen im Textverarbeitungsprogramm ist schnell ein schlichtes Layout gefunden, und aufgrund Khalims geringen Alters sind auch die bisherigen Stationen seiner Laufbahn in Kürze aufgelistet.

Schwieriger wird es allerdings bei den persönlichen

Daten, denn schon als er seinen kompletten Namen eintragen will, muss ich ihn unterbrechen.

»Äääh … Deinen zweiten Vornamen lässt du lieber weg.«

»Djihad?« Er überlegt einen Moment, nickt dann aber und löscht ihn. »Und Nationalität?«

»Was würdest du denn sagen?«

Als er mit den Schultern zuckt, fällt mir meine Zeit an der Ludwig-Feuerbach-Schule wieder ein. Damals wurde schnell deutlich, dass sich unheimlich viele Kinder in Deutschland nicht als Deutsche verstehen, sich aber auch mit dem Heimatland ihrer Eltern oder Großeltern nicht identifizieren können – klar, ist es ihnen doch meist fremd, da sie es maximal aus den Ferien und aus Erzählungen kennen. Derart zwischen den Stühlen sitzend, finden viele von ihnen eine ganz unerwartete Lösung des Dilemmas: Sie besorgen sich einen eigenen Stuhl, machen es sich darauf bequem und bilden so eigene Identifikationsmerkmale heraus. Der Clash of Cultures ist also der Urknall, aus dem das Universum der Generation Isch hervorgegangen ist.

»Was steht denn in deinem Personalausweis?«

»Boah, ey. Is ja gut.« Widerwillig trägt er seine deutsche Staatsangehörigkeit ein. »Dann binnisch halt Kartoffel. Und Muttersprache?« Wieder zögert er. »Meine Mutter sprischt Arabisch …«

»Und du?«

»Kanacksprack, vallah!« Er zieht eine halbe Oberlippe hoch. »Abba kommt nisch so gut, wa?«

Ich schüttele den Kopf, also tragen wir einfach Deutsch und Arabisch ein, drucken seinen Lebenslauf zur Kontrolle einmal aus und geben Joe Bescheid, dass er sein Fotoequipment vorbereiten kann. Khalim nutzt die Küche als Umkleidekabine und betritt wenig später das Büro – als anderer Mensch, zumindest optisch.

»Unbelievable!« Joe nimmt seine Brille ab, als er Khalim erblickt, reibt sich die Augen und setzt sie wieder auf. »Du siehst ja fabulous aus!«

In der Tat hat Sarah ganze Arbeit geleistet. Nach einer gemeinsamen Shoppingtour, bei der ein einfacher, aber gut sitzender dunkelblauer Anzug und ein schlichtes weißes Hemd erbeutet wurden, hat sie sich Khalims Frisur vorgeknöpft und die bis dahin penibel geformten Haare sehr genau geplant durcheinandergebracht. Außerdem hat sie ihm befohlen, sich die kurz geschorenen Seiten länger wachsen zu lassen, was ihn deutlich weicher wirken lässt.

Auch Janina und zwei Mitarbeiterinnen des Start-up-Unternehmens werden aufmerksam, als Khalim in seinem neuen Outfit durch die Fabriketage läuft und, wie von Joe verlangt, für das Bewerbungsfoto vor einer nackten Betonwand posiert. Weil diese direkt gegenüber der Mädels liegt, läuft er rot an, nachdem vor allem Janina ihn aber mehrmals angelächelt hat, taut er langsam auf. Mit jedem Blitz, der aus Joes Kamera durch die Fabriketage flackert, wird die Fotosession lockerer, und so entstehen gegen Ende ein paar sehr natürliche Bilder von ihm. Im Anschluss daran schließt Joe das Gerät an seinen Rechner an, kaschiert hier und dort etwas und spielt ein bisschen mit Licht- und Farbeffekten herum.

»Iebakrass!« Khalim starrt auf sein Bild, das nun aus dem Drucker kommt. »Sarah hatte rescht, mit Kleider kriegt man Bräute.«

»Das hat sie gesagt?«

Khalim nickt, wobei mir ein wichtiger Hinweis einfällt, den ich ihm bei der Gelegenheit gleich mal mit auf den Weg geben kann.

»Eines kannst du dir jedenfalls merken, Frauen haben fast immer recht.«

Noch immer begeistert von seinem neuen Rechner und dem neuen Look, bastelt Khalim hochkonzentriert das

Foto in den Lebenslauf und erstellt drei PDF-Dokumente, die er daraufhin ausdruckt und in Umschläge steckt.

In Vorbereitung auf unsere abschließende Gesprächs-simulation betritt Joe die Küche und überfällt Khalim mit News. »By the way, Dude, ich war gestern deluxe Essen! Wie hieß das gleich …« Er krault sich im Bart, dann fällt ihm der Name des Restaurants am altehrwürdigen Ku'damm ein. »Webers. Bissl konservativ, aber brandnew und top of the line. Wenn du irgendwo kochen lernen kannst, dann da!«

»Nehm sie Praktikanten?« Khalims Augen leuchten. »Dann wir könn einklisch gleisch noch eine schicken.«

»Ruf doch einfach an!«

»Isch?« Khalim schaut zu mir. »Du hast doch mal Call-Tzenta gearbeitet. Kannst du bittebittebitte machen?«

Ich zögere einen Moment, willige dann aber ein und suche mir von der Homepage des Nobelschuppens die Telefonnummer heraus. »Aber nur unter einer Bedingung. Ihr beiden haltet die Klappe und lacht mich nicht aus, okay?«

Die Jungs nicken brav, also schalte ich den Lautsprecher ein und rufe mir alle Regeln des Telefontrainings in Erinnerung, das ich damals im Callcenter erlernt habe – das kann für eine solche Bewerbung nur von Nutzen sein.

Es tutet ein paarmal, dann meldet sich eine Dame mit professionell-sympathischem Tonfall, also stimme ich meine, wie ich hoffe, verbindlichste Tonart an und beginne einen furchtbar höflichen Dialog.

»Ihnen auch einen wunderschönen guten Tag, Frau Engel«, säusele ich in den Hörer, »Philipp Möller ist mein Name.«

»Guten Tag, Herr Möller.« Sie klingt, als würde sie mich mit ihrem gewinnendsten Lächeln verzaubern wollen, macht also alles richtig. »Wie kann ich Ihnen behilflich sein?«

»Am liebsten mit einer positiven Antwort auf meine

Frage«, sage ich ebenfalls lächelnd und sehe, wie sich Khalim und Joe schon das Lachen verkneifen müssen. »Ich bin Lehrer und betreue einen Schüler, der schon jetzt ein begnadeter Koch ist. Im kommenden Februar würde er sein Schulpraktikum gern in Ihrem Haus absolvieren. Ist das prinzipiell möglich?«

»Das weiß ich nicht, Herr Möller, bringe es für Sie aber gern in Erfahrung. Sind Sie so nett und bleiben einen Moment in der Leitung?«

»Aber selbstverständlich gern doch!«

Während die Wartemusik erklingt, kichern meine beiden Mithörer im Hintergrund vor sich hin, werden aber schlagartig ruhig, als die Musik abrupt endet.

»Hören Sie, Herr Möller?« Die liebreizende Stimme ist wieder da. »Gute Nachrichten. Ihr Schüler kann seine Bewerbung gern an uns richten. Unser Personalchef merkt an, dass es etwas spät ist, aber Sie haben Glück. Wir suchen noch einen Praktikanten.«

»Das ist ja ganz fantastisch!« Ich grinse über beide Ohren. »An wen dürfen wir die Bewerbung denn schicken?«

»Ganz einfach direkt an mich, ich leite sie dann weiter.« Sie diktiert mir die Adresse des Hauses, ich schreibe mit und fasse dann – lehrbuchhaft – das Gespräch zusammen.

»Sie bekommen also in den nächsten Tagen eine Bewerbung von Herrn Farroukh, und damit danke ich Ihnen ganz herzlich für die freundliche Auskunft und wünsche Ihnen einen wunderschönen Tag.«

»Besten Dank, Herr Möller.« Es klingt, als würde sie mit dem Hörer in der Hand einen kleinen Knicks machen. »Das Gleiche für Sie. Auf Wiederhören!«

Als das Gespräch beendet ist, starren Joe und Khalim mich an. »Du Schleimer!«, platzt es aus Joe heraus, dann lachen sie mich laut aus.

»Jaja, lacht ihr nur. Aber ich sag euch, wer Freunde will, muss freundlich sein.«

»Der Spruch kennisch anders.« Khalim grinst. »Aber warum läschelst du die ganze Zeit? Ist doch kein Skype.«

»Weil man das Lächeln hört. Pass auf!« Ich starte die Sprachaufzeichnung am Handy und fordere Khalim auf, einen der Sätze unseres Bewerbungstrainings zweimal ins Mikro zu sprechen – einmal mit und einmal ohne Lächeln im Gesicht. Danach spiele ich ihm die Aufnahme vor und erhalte dafür ein staunendes Gesicht von ihm.

»Is escht krass, Mann! Klingt ja voll nett, so mit Läscheln.«

Na also. Wie lautete doch gleich die wichtigste Erkenntnis der Psychologen und Kommunikationsforscher, die mir im Studium immer wieder um die Ohren gehauen wurde? Ach ja: Ein Großteil der Kommunikation findet außerhalb des gesprochenen Wortes statt – und vielfach unbewusst. Khalims Gestik, seine Mimik und sein Tonfall können also vielleicht noch stärker als sein Wortschatz und seine Grammatik dazu beitragen, dass er von seinem Umfeld akzeptiert wird.

Ich springe auf und laufe zum Whiteboard. Dort male ich einen spitzen Berg, zeichne an die Oberkante eine wellige Linie und erkläre ihm das uralte Modell, mit dem weltweit Millionen Studenten immer wieder behelligt werden: Der sichtbare Teil des Eisbergs stellt den verbalen Teil unserer Kommunikation dar, der unsichtbare den nonverbalen – und damit den deutlich größeren.

»Willstu misch verarschen?« Khalim steht auf und zappelt wild herum. »Dann isch muss den alten Schröder also nur Honig ins Maul schmieren?«

»Nein, du musst deinem Lehrer keinen Honig *ums* Maul schmieren, aber *was* du sagst, ist einfach manchmal weniger wichtig, als *wie* du es sagst. Der Ton macht die Musik – nie gehört?«

Khalim schüttelt den Kopf, also krame ich weiter in der Schatzkiste deutscher Redewendungen.

»Im richtigen Ton kann man alles sagen, im falschen Ton nichts? Wie man in den Wald hineinruft, so schallt es auch heraus?«

»Kein Plan, Mann.« Er verschränkt die Arme vor der Brust. »Sch'war doch nie in eine Wald gewesen.«

Richtig: Mit solchen Parabeln komme ich bei Khalim nicht weiter, also nenne ich ein paar weitere Satzbeispiele, die ich in verschiedenen Tonfällen ausspreche: freundlich, unfreundlich, sarkastisch, liebevoll, verträumt, streng, gelangweilt, ängstlich, verstört, selbstbewusst und schüchtern.

Joe fällt dazu nur eines ein: »Du bist nicht nur 'n Schleimer, wie er im Buche steht, sondern auch der Oberfreak!« Er schaut auf seine goldene Digitaluhr. »Let's go, guys, ich hab noch Appointments heute.«

»Stimmt ja. Also, Khalim, bereit?«

Ich zeige an die Wand, auf der wir in den letzten Tagen Zettel mit typischen Bewerbungsfragen und Antworten darauf gesammelt haben – und Zettel mit Begriffen und Reaktionen seinerseits, die in einer solchen Situation nichts verloren haben: abboooh, ohaaa, vallah, züscho, alle Worte, die mit *über-* anfangen, turbo, Hayvan, das Schnalzen der Zunge, geil, haram, halal, fail, fake, hamma, karass, kumma, dings, Opfer, Spasst sowie alle anderen Beleidigungen und sämtliche Bezeichnungen für primäre und sekundäre Geschlechtsteile. Und weil Khalim sich schon jetzt die Handflächen an seiner Hose abwischt, erkläre ich ihm in aller Ruhe noch einmal das Rollenspiel.

»Ich spiele den Personalchef, Joe den Küchenchef, und das hier ist mein Büro. Alles klar?«

Khalim nickt.

»Okay, dann gehst du jetzt kurz raus, atmest einmal tief durch, klopfst dann an und kommst herein, wenn ich dich darum bitte.«

Khalim verlässt die Küche und kommt einen Moment später wieder rein.

»Und gleich wieder raus!« Ich blicke in Joes und Khalims verwunderte Gesichter. »Nicht angeklopft.«

Mein Nachhilfeschüler verdreht die Augen, verlässt die Küche wieder, klopft dreimal laut an die Tür und betritt den Raum erneut. Als er mein Gesicht sieht, wird er ungeduldig. »Was denn jetzt schon wieder?«

»Ich hab nicht ›herein‹ gesagt.«

Nun ist auch Joe genervt, doch ich schüttele den Kopf.

»Junge, das ist nun wirklich nicht zu viel verlangt.«

Als Khalim beim dritten Anlauf alles richtig macht, stehe ich auf, reiche ihm die Hand und lege meine höchstoffizielle Personalerstimme auf.

»Guten Tag, Herr Farroukh«, sage ich. »Schön, dass Sie hier sind. Bitte«, ich zeige auf den Stuhl gegenüber von Joe und mir, »nehmen Sie doch Platz.«

Khalim gibt auch Joe die Hand, dann setzt er sich hin.

»Haben Sie denn gut zu uns gefunden?«

»Isch?« Khalim zeigt mit dem Finger auf seine Brust. »Logisch! Sch'war doch schon überoft hier.«

»Ach, Khalim.« Ich lehne mich nach vorn und spreche leiser. »Noch einmal: Das hier ist ein Hotel, ich bin nicht Philipp, und das ist nicht Joe. Es ist ein Rollenspiel. Denk bitte außerdem daran«, mit dem Daumen weise ich auf die Wand hinter mir und Joe, »nur ein Über-Wort, und du bist raus!«

Khalim nickt.

Ich fahre in meiner Personalerstimme fort: »Herr Farroukh, haben Sie denn gut zu uns gefunden?«

»Ja.« Er lächelt, dann herrscht Stille.

Wieder mit leiser Stimme erinnere ich ihn daran, dass Bewerbungsgespräche häufig mit einem lockeren Smalltalk beginnen, und stelle meine Frage dann erneut.

»Ach so, ja, danke«, antwortet Khalim schließlich und

wischt sich wieder die Hände an der Hose ab. »Aber sch'wöre, sch'bin züschonawöhs! Obwohl nur Spiel is.«

»Du kannst hier nichts falsch machen, wir üben doch nur.« Ich schaue ihm in die Augen. »Noch mal von vorn?«

Khalim nickt, verlässt die Küche und betritt danach zum vierten Mal den Raum. Noch immer leicht zittrig, nimmt er wieder seinen Platz ein und schafft es diesmal, sich von mir in ein unaufgeregtes und eher belangloses Gespräch über seinen Weg zum Hotel verwickeln zu lassen.

»Na, das ist doch schön«, sage ich schließlich und schaue in ein fiktives Bewerbungsschreiben, das vor mir auf dem Tisch liegt. »Und Sie wollen also später einmal Koch werden, ja?«

»Auf jeden!« Khalim grinst mich an, beim Anblick meiner Miene jedoch wandern seine Mundwinkel schnell nach unten.

»*Auf jeden?*« Ich zucke mit den Schultern. »Würden Sie sich bitte so ausdrücken, dass auch Menschen unseres Alters Sie verstehen können, Herr Farroukh?«

»Logisch … äh, sorry!« Er schaut an die Wand hinter mir. »Welsche Frage war gerade noch mal?«

»Ob Sie später mal Koch werden wollen«, antworte ich etwas lauter.

»Stümmpt, Koch.« Khalim nickt. »Sch'glaub schon.«

»Sie *glauben*? Na dann«, ich lächele Joe an, dann wieder ihn, »melden Sie sich doch bitte wieder bei uns, wenn Sie sich Ihrer Sache etwas sicherer sind.« Mit einem fiesen Businesslächeln strecke ich ihm die Hand entgegen. »Alles Gute, Herr Farroukh.«

»Jetzt sei doch ma nich so taff, ey! Er will ja nicht gleich Boss werden, also take it easy, ja?« Joe schiebt meine Hand zurück und räuspert sich. »Also, Herr Farroukh, warum wollen Sie denn Ihr Praktikum gerade in unserem Hause absolvieren?«

Erstaunt von diesem Satz, der vollkommen ohne Anglizismen ausgekommen ist, schauen Khalim und ich uns kurz an, dann erinnert sich mein Schüler offenbar an die Antwort, die wir für diese Frage vorher besprochen haben.

»Weil Ihr Hotel nischt nur berühmt ist für guten Zörwiss, sondern auch für gutes Essen?«

Ich nicke, also spricht er weiter.

»Und mit mein Praktikum will isch misch vorbereiten auf eine Ausbildung als Koch.«

So löchern Joe und ich ihn mit weiteren Fragen und erhalten darauf weitere auswendig gelernte Antworten, bis Joe sich aus Zeitgründen verabschieden muss.

Als er die Küche verlassen hat, fasse ich für Khalim noch einmal zusammen, was mir in Bewerbungstrainings und Kommunikationsseminaren an der Uni bis zum Erbrechen eingetrichtert wurde: »Am allerwichtigsten ist Authentizität.«

»Auti… Auzitenteht, okay.« Khalim nickt. »Und was is das?«

»Sei du selbst!« Ich schreibe den Begriff auf ein Kärtchen und stecke es in seine Vokabelbox. »Sei einfach Khalim Farroukh, der ein Praktikum in einer Küche absolvieren möchte, um herauszufinden, ob sein Berufswunsch zu ihm passt.«

»Isch soll einfach Khalim sein?« Er grinst mich mit irrem Blick an. »Dann isch geh so zu ihn, sch'sage so: ›Sch'bin Super-Khalim, sch'kann iebagut kochen, also gebe mal Job, vallah!‹«

»Genau so sollst du's nicht …«

»Mann, Philipp, bleib ma geschmeidisch!« Er beugt sich über den Tisch und haut mir auf die Schulter. »War nur Spaß, ja?«

Ich grinse und zeige wieder auf unsere Zettelwand. »Dein Gegenüber muss merken, dass du dich vorbereitet hast. Außerdem muss in der Gastronomie alles schnell und reibungslos laufen, da ist keine Zeit für Vallah-Abbo-Züsch-Lan! Und noch etwas.« Ich rutsche mit dem Hintern nach vorn auf die Stuhlkante, lehne mich zurück, verschränke meine Arme hinterm Kopf und tue so, als würde ich Kaugummi kauen. »Kennst du den Begriff Körpersprache?«

Er nickt, also erkläre ich ihm lang und breit, dass alles, was wir vorhin über Lächeln beim Reden besprochen haben, auch für seine Körperhaltung gilt, und zeige ihm anhand einiger Posen, wie er sich in einem solchen Gespräch auf keinen Fall auf den Stuhl fläzen darf.

»Du musst ja keinen Stock im Hintern haben, aber sitz einfach ganz normal da, aufrecht, die Hände nicht in den Hosentaschen und den Blick auf deinen Gesprächspartner gerichtet. Und noch ein Punkt ...«

»Mann, Flippo!« Mit Schmerz verzerrtem Gesicht schaut er auf die Uhr. »Isch kann nisch mehr!«

Ein letztes Thema werde ich mit Khalim noch besprechen müssen, denn immerhin hat er sich mit einer Großküche nicht gerade ein lauschiges Plätzchen für seine ersten Berufserfahrungen ausgesucht – selbst wenn es sich dabei vorerst nur um ein zweiwöchiges Praktikum handelt. Ich selbst kenne solche Orte tatsächlich nur aus dem Fernsehen, von einem guten Freund aber weiß ich, dass es dort keineswegs zimperlich zugeht, insbesondere ganz unten in der Hierarchie.

»Okay, dann machen wir's praktisch.« Ich schaue mich in der Küche um und zeige dann auf die Besteckschublade. »Gib mir mal ein Messer!«

»Wieso?«

»Ist doch egal. Gib mir ein Messer, los!«

Noch immer schaut mich Khalim irritiert an, also werde ich lauter.

»Messer her«, rufe ich durch den Raum, »aber dalli-dalli, Freundchen!«

»Nein, Mann!« Er verschränkt die Arme vor der Brust. »Sch'mache nisch, s'miregal, ja?«

»Das muss in einer Restaurantküche aber anders laufen«, sage ich wieder in normalem Tonfall. »Du wirst dich daran gewöhnen müssen, Befehle auszuführen. Wie gesagt, es muss schnell gehen, der Koch ist dein Chef, und du bist der Praktikant.«

»Ach so, du hast nur Spaß ge…«

»Nix Spaß!«, unterbreche ich ihn wieder streng. »Gib mir jetzt sofort ein Messer!«

Erschrocken steht Khalim auf und bewegt sich zur Schublade.

»Schneller, schneller, die Gäste warten auf ihr Essen, so lahme Enten wie dich kann ich hier nicht ge…« Erst als ich das Messer in den Händen halte, gebe ich Ruhe. »Na also, geht doch, mein Lieber. Merk dir einfach, dass Lehrjahre keine Herrenjahre sind. Du musst dir zwar nicht auf der Nase herumtanzen lassen, aber du solltest eben wissen, dass du als Praktikant ganz unten anfängst.«

Nach diesem langen Nachmittag verabschieden wir uns aus dem Büro und laufen am Briefkasten vorbei.

Etwas ratlos bleibt Khalim vor der gelben Box stehen. »Soll'sch einfach reischmeißen hier?«

Ich nicke und tippe auf den Schlitz für Briefsendungen im selben Postleitzahlengebiet.

Langsam lässt Khalim die vier Umschläge in den Briefkasten fallen und schaut sich dann auf der Straße um. »Und jetzt kommt einer und holt sie ab, oda was? Krass old school, ey! Also, hauma rein, Bruda!«

Mit jedem Tag, der nun ohne Rückmeldung auf die Bewerbungen vergeht, werde ich nervöser, denn es sind nur noch wenige Tage bis zum großen Fest. Zwischen den Jahren wird sicher kein Restaurant oder Hotel die Ruhe für eine Bewerbung finden, und im neuen Jahr bleibt nicht mehr viel Zeit. Auch bei der letzten Nachhilfestunde vor der Weihnachtspause, die wir vereinbart haben, kann Khalim keine guten Neuigkeiten verkünden, also wünschen wir uns einen guten Rutsch und gehen nachdenklich unserer Wege.

Als ich jedoch gerade zu Hause ankomme, ruft er mich an.

»Flippoooooo!« Seine Stimme überschlägt sich fast. »Ein Engel ist zu mir gekommen.«

»Ein Engel?« Mir schwant Übles. »Hast du doch wieder gekifft?«

»Nein, Mann, Frau Engel hat ebent angerufen.« Er jubelt. »Sie hat gesagt, sie hat Weihnachtsgeschenk für misch. Sch'ab Vorstellungsgespräsch, gleich morgen, zehn Uhr.«

»Yeah, übergeil! Ich meine natürlich: stark.«

Erlöst gratuliere ich ihm, schwöre ihn noch einmal auf alle Einzelheiten unseres Trainings ein und darauf, mich sofort danach anzurufen.

Nachdem ich am nächsten Morgen Klara in den Kinderladen gebracht habe, stehe ich bei uns zu Hause in der Küche, trinke Kaffee und starre auf die Uhr. Um fünf vor zehn bin ich grausam nervös, um zehn laufe ich in der Wohnung auf und ab, und mit jeder Minute, die vergeht, steigt meine Nervosität. Wie lange dauert so ein Gespräch wohl? Ob Khalim mich vielleicht vergessen hat? Sollte ich ihn besser anrufen? Oder einfach gleich hinfahren?

Endlich klingelt mein Telefon und Khalims Nummer erscheint auf dem Display. »Und?« Mein Herz schlägt bis zum Hals, denn vermutlich werde ich schon am ersten Tonfall erkennen, wie das Gespräch gelaufen ist. »Erzähl schon, wie war's?«

»Einklisch ganz okay«, sagt er langsam.

Mein Atem stockt, denn er spricht mit wenig Begeisterung weiter.

»Sch'ab geschafft ...«

»Echt?« Erleichtert lache ich laut auf. »Ist doch geil, oder nicht?«

»Hab isch auch erst gedacht, aber dann ...« Er schnalzt mit Zunge. »Wo wir fast fertisch waren, alles war voll klar schon, der Küschenschef er's übercool, er fragt misch so wegen Ausbildung, weil sie suchen noch ein Azubi in Sommer.«

»Perfekt, Khalim!«

»Nein, Flippo, nix is pafekt«, schimpft er ins Telefon. »Sie nehm nur MSA! Diese erweiterte Dingsbummskacke, wo isch machen will, nehm sie nisch, keine Schonks.« Er atmet schwer und spricht dann mit zitternder Stimme weiter. »Sch'frage misch, wozu mach isch diese Scheiße einklisch, he?«

»Hey Khalim, jetzt beruhig dich erst einmal wieder.« Ich überlege einen Moment, denn seine Frage ist nicht ganz unberechtigt. »Dann machst du jetzt erst einmal dein Praktikum dort, und nach einer Lehrstelle suchen wir eben woanders. Das ist ja nicht die einzige Möglich...«

»Aber er sagt, alle wollen diesen mittleren Schulabschluss!«, unterbricht er mich. »Wenn du Ausbildung für Koch bei Hotel oder Restorong machen willst, MSA is Standard, wenn nisch sogar Abitur!«

»Scheiße.«

»Ja, Mann, Oberscheiße!« Khalim seufzt schwer. »Schöne Weihnachten, Flippo.« Dann legt er auf.

Perplex lege ich mein Handy beiseite, fluche ein paarmal und zermartere mir dann das Hirn. Mit Erfolg, denn schon wenige Augenblicke später habe ich den entscheidenden Geisterblitz. Jetzt gibt es nur noch einen Mann, der helfen kann!

Dr. Ötka

Mann, der Typ is einfach der Geilste!« Khalim sprudelt fast über vor Freude und fuchtelt wild mit den Armen herum, als wir hinter seiner Mutter und seiner Schwester in den Fahrstuhl steigen. »Sch'hätte so gern Schröders Gesicht gesehen, wo Herr Geier gesagt hat, dass er misch in Phüsik E-Kurs macht!«

»Ich sag's doch, auf deinen Klassenlehrer ist Verlass.«

Es ist Mitte Februar. Nach dem Telefonat mit Khalim vor Weihnachten rief ich sofort Geierchen an und redete so lange mit Engelszungen auf ihn ein, bis er mir versprach, für Khalim alle Weichen für den Mittleren Schulabschluss zu stellen. Einen Monat später, in der Notenkonferenz für das Halbjahreszeugnis, musste Rolf Geier dann dafür sorgen, dass Khalim außer in Mathe noch in einem zweiten Fach auf dem sogenannten Erweiterungsniveau unterrichtet werden soll – und boxte meine Bitte trotz Schröders heftiger Gegenrede mit Erfolg durch.

»Aber denk dran, Khalim.« Mahnend hebe ich meinen Zeigefinger. »Beim MSA werden die Abschlussklausuren deutlich strenger bewertet. Wenn du das schaffen willst, müssen wir nach dem Praktikum echt Vollgas geben. Wie war denn die erste Woche überhaupt?«

»Üüübergut, sch'wöööre!« Bei jedem seiner langen Vokale schließt Khalim die Augen. »Diese Arbeit macht so kraaass Spaß, und isch würde sooo gern meine Ausbildung da machen!« Als wir den Fahrstuhl verlassen, wird Khalim noch lauter. »Und kumma, Sie sagen auch immer so zu mir: ›Khalim, du hast rischtisch gut gemacht! Vielleischt du kannst bald ...‹«

»Junger Mann!« Eine Krankenschwester baut sich vor uns auf. »Ditt is hier'n Krankenhaus, nehm'Se bitte Rücksicht, ja?«

Kaum aus dem Lift gekommen, steigt mir schon der scharfe Geruch von Desinfektionsmittel in die Nase. Das eiskalte Licht der Neonröhren an der Decke wird von den mit Latexfarbe gestrichenen Wänden reflektiert und taucht den langen fensterlosen Flur in eine surreale Atmosphäre. Gesäumt wird der Gang von fahrbaren Betten und Rollstühlen, in denen Menschen schlafen oder Löcher in die abgestandene Luft starren. Schnellen Schrittes schiebt ein Mann in weißer Kleidung ein Bett an uns vorbei, auf dem ein weißes Laken bis ganz nach oben gezogen wurde – darunter zeichnet sich die Kontur eines Körpers ab. Tod und Krankheit, Siechtum und Schmerz sowie der strenge Geruch gefüllter Bettpfannen umgeben uns hier wie ein finsterer Nebel, den auch das grelle Licht nicht zu durchdringen vermag.

Khalim ist trotzdem bester Laune, was angesichts seines offensichtlich gut laufenden Praktikums auch kein Wunder ist. Und auch der Termin, der uns nun bevorsteht, gibt Anlass zur Hoffnung, denn die Oberärztin der anästhesistischen Intensivstation hat die Familie für heute einbestellt, um sie über den Zustand ihres Vaters aufzuklären. Über ein halbes Jahr ist seit dem Unfall nun vergangen, und nachdem der Mann unzählige Male operiert wurde, liegt er zwar nach wie vor im künstlichen Koma, aber vielleicht kann die Ärztin im heutigen Gespräch für etwas Klarheit sorgen.

»Wie lange hab isch nisch mehr mit meine Vater geredet, ja? Isch hoffe, isch kann ihn bald von mein Praktikum

187

erzählen.« Khalim wippt beim Gehen durch den langen Flur auf und ab, seine Stimme hallt in der Stille. »Und dass isch endlisch besser klarkomme mit alles, er wird krass stolz sein.«

Etwas leiser, aber kein bisschen weniger euphorisch, berichtet er dann weiter von seinem Praktikum: von kaum älteren Azubis, die mit ihm fast den ganzen Tag Gemüse schälen und schnippeln, von Küchenhilfen, die kein einziges Wort Deutsch sprechen, dafür aber im Akkord Spülmaschinen ein- und wieder ausräumen, und von den unfassbaren Mengen an Nahrungsmitteln, die dort in Schwerstarbeit zu feinsten Speisen verwandelt werden.

»Und mein Chef er's übercool, ja?« Haarscharf weicht Khalim einem Rollstuhl aus, der um die Ecke geschoben wird. »Einer baut Scheiße, er rastet züscho aus. Einer macht gut, er lobt ihm kurz, dann: zack, zack!« Zweimal klatscht Khalim in die Hände. »Weiter geht's.«

»Und du?« Ich schaue ihn von der Seite an. »Lob oder Tadel?«

»Ach, beides.« Wieder rennt er fast jemanden um und entschuldigt sich schnell dafür. »Abbooh, is übervoll hier! Also einklisch sch'mache alles ganz gut, aber eima«, er hält sich die Hand vor den Mund, weil er lachen muss, »eima sch'abe verwechselt Koriander mit Blattpetersilie. Sieht voll gleisch aus, ja?«

»Stimmt. Hast du Ärger bekommen?«

»Looogisch! Aber dann mein Boss er hat so probiert, es hat ihn geschmeckt, dann er hat einfach Karte umgeschreibt.«

»Khalim!« Seine Schwester schaut ihn streng an und zeigt auf den Eingang zur Intensivstation, vor dem wir nun stehen. »Leiser bitte.«

Wir klingeln und werden wenige Momente später von einer grün gekleideten Krankenschwester abgeholt. Sie nickt uns kaum merklich zu und begleitet uns wortlos durch die Station. Die Zimmer sind hier lediglich durch Glasscheiben vom Flur getrennt, überall jedoch verhindern Jalousien einen Durchblick, und so lassen nur die unzähligen Pieptöne, die aus den Räumen dringen, vermuten, dass dahinter der schmale Grat zwischen Leben und Tod liegt.

Steht eine der Türen offen, verlangsamt Khalim seinen Gang und wirft einen scheuen Blick hinein, und mit jedem Blick wird er etwas ruhiger. Als wir schließlich hinter der stummen Schwester vor einem der Räume stehen bleiben, greift er nach der Hand seiner Mutter und bewegt sich keinen Millimeter mehr.

»Soll ich da wirklich mit reinkommen?«, flüstere ich Nadia zu. »Das ist doch total …«

»Privat? Stimmt.« Sie weist mit dem Kinn auf ihren Bruder und schaut mich aus ihren großen tiefschwarzen Augen an. »Aber er hat es sich so gewünscht. Außerdem kannst du vielleicht ein bisschen übersetzen.«

»Aber du sprichst doch gut Deutsch.«

»Ich ja.« Nadia verzieht den Mund. »Aber die Ärzte nicht. Immer, wenn wir hier sind, reden sie voll kompliziert. Wer soll das kapieren?«

Leise weist uns die Krankenpflegerin darauf hin, dass bald eine Ärztin hier sein wird, dann öffnet sie die Glastür und geht einen Schritt zur Seite. Khalims Mutter will in den Raum eintreten, bleibt dann aber stehen und wendet sich mit feuchten Augen ab. Schnell nimmt Khalim sie in den Arm und flüstert ihr ein paar arabische Worte ins Ohr, woraufhin sie einmal tief durchatmet und an der Hand ihres Sohnes langsam das Krankenzimmer betritt. Nadia und ich folgen den beiden, beim Anblick jedoch, der sich uns nun bietet, bleibe auch ich stehen und halte intuitiv die Hand vor den Mund.

Umrahmt von Maschinen steht ein Bett in der Mitte des Zimmers, das Kopfteil ist leicht angewinkelt, die Seiten sind mit stählernen Streben geschützt. Der Mann, der darin liegt, ist bis zum Bauch zugedeckt, seine Brust und die Arme sind durch Schläuche und Kabel mit den Geräten verbunden. Sein Kopf, der oberhalb der Stirn komplett verbunden ist, liegt auf dem Kissen, auch aus seiner Nase und seinem Mund ragen Schläuche.

Regungslos bleiben seine Frau und seine Kinder vor dem Bett stehen und halten sich an den Händen, ich hingegen warte in der Tür. Das Pumpen der Beatmungsmaschine und die verschiedenen Pieptöne der anderen Geräte verursachen in der Stille, die hier drin herrscht, einen grausamen, zugleich aber seltsam beruhigenden Lärm.

»Familie Farroukh?« Eine ältere Dame im weißen Kittel läuft an mir vorbei und reicht den dreien nacheinander die Hand. »Dr. Finke, ich bin die neurochirurgische Oberärztin, guten Tag. Wollen wir vielleicht …« Sie zeigt auf den Flur. »Ich glaube, da können wir uns besser unterhalten. Und Sie sind?«

»Philipp Möller, hallo.« Ich schüttele ihre Hand und zeige auf Khalim. »Ich bin sein Nachhilfelehrer und heute dabei um zu …«

»Der Nachhilfelehrer?« Die grauhaarige Frau schaut mich etwas irritiert an. »Eigentlich ist das hier ein Angehörigengespräch, wissen Sie?«

»Er soll dabei sein«, schaltet Khalim sich ein. »Er's Freund der Familie.«

Kurz zuckt die Dame mit den Schultern, dann folgen wir ihr über den Flur der Intensivstation in ein karg eingerichtetes fensterloses Besprechungszimmer und nehmen an einem runden Tisch Platz. Ein langer Leuchtkasten an der Wand ist die stärkste Lichtquelle in diesem Raum, in die Frau Dr. Finke nun mehrere schwarze Folien klemmt. Die meisten von ihnen zeigen Teile des Skelett und einen Schädel, auf anderen ist der Querschnitt eines Gehirns zu erkennen.

»Zum MRT komme ich später«, sagt sie und zeigt auf die Röntgenaufnahmen. »Fangen wir am besten mal mit den Schädelfrakturen an. Sie sprechen Deutsch?«

Khalim und Nadia nicken.

»Gut. Ihr Vater liegt nach einem Hochrasanztrauma im künstlichen Koma, wird also mit dem Ziel der vollständigen Regeneration seiner multiplen Frakturen von uns dauerhaft sediert.«

»Frakturen sind Brüche«, erkläre ich leise, »und sediert bedeutet so viel wie betäubt.«

Frau Dr. Finke bekommt dies nur am Rande mit und spricht weiter. Sie zeigt auf einen Riss im Knochen, der sich unterhalb des Auges befindet. »Die Jochbeinfraktur war das geringere chirurgische Problem, aber hier und hier«, mit dem Stift weist sie auf eine breite Spalte in der Schädeldecke und am Kiefer, »können Sie die Orbitaboden- und vor allem die Kalottenfraktur erkennen. Folge dieser sind multiple interzerebrale Blutungen. Sie können sich wahrscheinlich vorstellen, was das bedeutet.«

Khalim und Nadia schauen zu mir, ich jedoch zucke mit den Schultern und schüttele den Kopf.

»Abgesehen von den schweren Frakturen und Läsionen im Schädelbereich, die wir in zahlreichen chirurgischen Eingriffen weitgehend rekonstruieren konnten, hat Ihr Vater einen sogenannten Hämatopneumothorax und einen Dickdarmriss erlitten, weshalb wir unmittelbar nach dem Unfall einen abdominalchirurgischen Eingriff vornehmen mussten, bei dem wir einen Stoma legen und per Bülau-Drainage die Lunge entlasten konnten.«

»Äh, Entschuldigung?« Vorsichtig hebe ich meinen Zeigefinger. »Ich glaube, das versteht hier niemand.«

»Moment noch«, unterbricht sie mich und wendet sich wieder den gespenstischen Aufnahmen zu, »ich bin gleich fertig. Auf der Aufprallseite können Sie hier außerdem die Rippenserien- und die Schlüsselbeinfraktur erkennen. Im

Schädelbereich konnten wir per Kalottenentfernung und Frakturreposition eine Hämatomentlastung erzielen, das war extrem wichtig.« Langsam steckt sie den Stift in ihre Brusttasche und schaut Khalim und Nadia an. »Ich muss Sie über diese Dinge detailliert aufklären, auch wenn es für Sie vielleicht etwas kompliziert klingt.«

»Etwas kompliziert?« Khalim zieht seine Oberlippe hoch und schüttelt den Kopf. »Sch'ab nur Blut verstanden und dass sein Darm geplatzt is oder so. Glaum Sie, isch bin Doktor Ötka, oda was?!«

»Was mein Bruder damit sagen will, ist«, schaltet sich Nadia behutsam ein, »dass wir etwas Schwierigkeiten hatten, Ihnen zu folgen.«

»Aber deshalb fragte ich doch eingangs«, sagt die Dame ruhig und setzt sich zu uns an den Tisch, »ob Sie des Deutschen mächtig wären.«

»Jetzt machen Sie mal einen Punkt, ja?« Ich beuge mich vor und spüre, wie mein Puls steigt. »Ich bin des Deutschen sehr wohl mächtig, aber Sie sitzen doch hier nicht im Kolloquium!« Ich atme einmal tief durch und bemühe mich darum, wieder freundlicher zu werden. »Sagen Sie uns doch einfach, wie es mit Herrn Farroukh weitergeht.«

»Das kommt ganz darauf an.«

»Worauf?« Mit hochgezogenen Augenbrauen schaue ich zu ihr. »Und vielleicht diesmal mit weniger Fachchinesisch, wenn es geht.«

Sie steht wieder auf und stellt sich zu den Gehirnbildern. »Es kommt darauf an, ob wir in weiteren chirurgischen Eingriffen, also Operationen, die Blutungen in seinem Gehirn stoppen können.« Sie deutet auf große schwarze Flecken in der sonst weiß dargestellten Hirnmasse. »Bei dem Unfall wurde eine wichtige Ader zerstört, die wir Arteria cerebri media nennen, also die«, sie schaut zu Nadia, »mittlere Gehirnschlagader. Sie versorgt die äußeren Bereiche des Gehirns, die bei Ihrem Vater infolge des Unfalls nicht mehr durchblutet wurden und daher zu großen Teilen abgestorben sind.«

»Also ungefähr«, Khalims Schwester zieht die Augenbrauen nachdenklich zusammen, »wie bei einem Schlaganfall, oder?«

»Exakt.« Die Ärztin nickt ihr zu.

Khalim hingegen schaut Nadia mit großen Augen von der Seite an.

Die Ärztin fährt fort. »Welche Folgen dies genau haben wird, werden wir allerdings erst dann feststellen können, wenn die Langzeit-Narkose – also das, was im Volksmund als künstliches Koma bezeichnet wird – beenden.«

»Dann machen Sie doch!«, ruft Khalim aufgebracht in den Raum. »Sch'kapier nisch, warum er die ganze Zeit in Koma sein muss.«

»Weil er allein nicht überleben würde«, sagt Nadia ruhig. »Sieh mal, Khalim, sie ernähren ihn durch einen Schlauch, sie beatmen ihn mit einer Maschine, und wenn sie es nicht mehr machen ...«

»Dann stirbt er, sch'ab schon kapiert.« Er schüttelt langsam den Kopf.

»Es gibt momentan noch einige andere Gründe für dieses künstliche Koma«, schaltet sich die Ärztin wieder ein und setzt sich, »aber grundsätzlich haben Sie vollkommen recht, um ihn aufzuwecken, dafür ist es noch immer zu früh.«

»Und wann isses endlisch nisch mehr zu früh?« Khalim greift nach der Hand seiner Mutter, die während des gesamten Gesprächs kaum eine Regung zeigt. »Sch'meine ... Wir warten schon so lange auf unser Vater!«

»Sagen wir es mal so ...« Die Frau mit dem freundlichen Gesicht atmet tief durch und faltet ihre Hände auf dem Tisch. »Bei den Verletzungen im Gehirn sehe ich im Moment eine eher geringe Wahrscheinlichkeit der Rekonva… der vollständigen Heilung, auf der anderen Seite gibt es in der Medizin aber immer wieder Fälle, die kein Arzt vermutet hätte.«

»Sag isch doch.« Khalim lächelt. »Es gipps also Hoffnung, oder?«

»Zumindest kann man sagen, dass die allermeisten Patienten, die derartige Verletzungen erleiden, meist sofort oder aber in den ersten Wochen nach dem Unfall versterben.«

»Ich befürchte, mit diesen Antworten können wir nur wenig anfangen«, schalte ich mich wieder ein. »Wie hoch stehen die Chancen, dass Herr Farroukh wieder gesund wird?«

»Wollen Sie die ehrlichste Antwort, die ich Ihnen geben kann?«

Wir nicken.

»Ich weiß es nicht.« Kurz presst sie die Lippen aufeinander. »Aber eines kann ich Ihnen versichern, wir tun wirklich alles, was wir können.«

Nach diesen Worten verabschieden wir uns von der Ärztin, als Khalim und seine Mutter jedoch noch einmal in das Krankenzimmer gehen, wartet Nadia mit mir auf dem Flur.

»Ich will ihn anders in Erinnerung behalten«, sagt sie leise, »aber Khalim hat noch Hoffnung. Das ist gut.«

Dann warten wir schweigend auf die anderen und verlassen schließlich das Krankenhaus. Draußen angekommen, verabschiede ich mich von Nadia und ihrer Mutter und wünsche Khalim eine erfolgreiche zweite Praktikumswoche.

»Danke, dass du dabei warst!«, sagt er leise, als ich ihn umarme. »Sch'weiß genau, mein Vater er's starker Mann, er schafft es hundert pro. Und wenn er wieder wach wird, hab isch v'leisht schon MSA.«

#ischliebemeinehandy<3<3<3

Möllerinchen, Geier am Apparat. Hör zu, ick hab nich viel Zeit.«

Im Hintergrund höre ich Stimmengewirr und einen Schlüsselbund klimpern.

»Samma, weißte noch, wie'de an dein' ersten Ausflug mitte Schüler jekommen bist?«

»Klar, du musstest zum Arzt und hast mich einfach losgeschickt.«

Ich muss grinsen, denn ich erinnere mich immer wieder gern daran, wie ich damals mit Khalims Klasse zum Bowling fuhr, aber viel zu früh dort ankam und die Kids daher zu einem ausgedehnten Spaziergang durch Berlins bewegtesten Schwulenkiez nötigte. Wir alle lernten dabei etwas: die Kids, dass es Homosexualität nicht nur im Fernsehen gibt, ich, wie tief schon bei manchen Kindern die Intoleranz sitzt, und die Passanten, wie ein verzweifelter Aushilfslehrer aussieht, der seinen Schülern auf offener Straße erklärt, was sexuelle Selbstbestimmung bedeutet.

»Das war eigentlich ganz witzig«, sage ich schnell. »Sag bloß, du hast wieder einen Arzttermin?«

»Jut kombiniert, du Schlaumeier.« Er lacht, doch schon bald geht das Lachen in einen Hustenanfall über. »Diesma isset 'ne Jugendmesse«, bringt er hervor, als er sich wieder beruhigt hat, »und zwar zusammen mit Schröder. Haste Bock?«

Lust auf Schröder? Die hält sich eher in Grenzen. Weil ich Khalim aber nach seiner zweiten Praktikumswoche noch nicht gesehen habe, sage ich spontan zu und lasse mir von Geierchen die Details durchgeben. Schon morgen soll ich Khalims gesamte Klasse und ihren Deutschlehrer auf Berlins Messegelände treffen, um dort mit ihnen an einem Workshop zur Berufswahl teilzunehmen.

»Hat Schröder ausjesucht, den Quark, ick weeß och nüscht drüber, aber würste ja seh'n. Danach hamm die Verrückten jehnfalls Zeit, sich da auszutoben. Solange kannste dem Schröder doch ma uff'n Zahn fühlen.« Als die Schulglocke im Hintergrund ertönt, wird Rolf hektisch. »Nu hau ma rinn, ick muss rein. Nachbesprechung vonne Praktika. Sachste mir morgen, wie't jelaufen is, ja? Ach wadde, eens noch. Der Schröder, der finntet janich witzich, dass wa mit Khalim jetze uff MSA machen. Mach dich uff watt jefasst!«

Ohne sich von mir zu verabschieden, beendet er das Gespräch, also informiere ich Khalim per SMS über meine morgige Anwesenheit und erhalte postwendend Antwort: *LOL wird endgeil freu mich, ja?!*

Als ich in die S-Bahn Richtung Messegelände steige, erinnere ich mich an die wenigen, dafür aber umso eindrucksvolleren Situationen, in denen ich mit den Kids die öffentlichen Verkehrsmittel genutzt habe. Immer wieder verließen andere Fahrgäste den Waggon oder wechselten meckernd ihren Sitzplatz, denn trotz der klaren Ansagen, die ich vorher und auch während der Fahrt machte, veranstalteten die Kinder unterwegs das gleiche Chaos wie im Klassenraum. Egal ob sie sich schubsten oder mit wüsten Beleidigungen um sich warfen, ob sie sich oder andere Fahrgäste anpöbelten, stets waren sie dabei lauter als eine Gruppe volltrunkener Erasmus-Studenten auf dem Weg von der Szene-Bar in den Szene-Club.

Beim Betreten der Eingangshalle, in der ich mit Schröder und dem Haufen Teenies verabredet bin, höre ich mich also ganz einfach nach brachialer Lautstärke oder wütendem Lehrergebrüll um und halte nach Rangeleien Ausschau – werde aber enttäuscht. Bis auf ein paar kleinere Grüppchen ist hier wenig los, und abgesehen von dem entfernten Lärm, der aus der Messehalle zu hören ist, geht es unerwartet zivil zu. Schließlich erblicke ich ein schütteres Haupt hinter einer riesigen Zeitung mit altdeutschen Lettern im Titel: Schröder! An den Rand eines geschlossenen Tickethäuschens gelehnt, ist er vertieft in die Lektüre. Von den Kids fehlt jedoch jede Spur.

»Guten Tag, Herr Schröder.« Ich schüttele seine nasskalte Hand und schaue mich um. »Wo sind denn die …«

»Hier.« Er zeigt hinter den Ticketschalter, und als ich um die Ecke schaue, trifft mich fast der Schlag.

»Wow, das ist ja …« Ohne den Blick von den Jungs und Mädels abzuwenden, flüstere ich Schröder zu: »Das ist ja fast unheimlich.«

Auf ein paar Bänken, die hinter dem Schalter stehen, hat sich die gesamte Klasse niedergelassen. Bis auf sehr wenige Ausnahmen haben alle ihre Ellenbogen auf die Oberschenkel gestützt und starren in dieser Toilettenhaltung aus wenigen Zentimetern Entfernung auf ihre Handys. Ein blasser Schimmer liegt auf ihren bewegungslosen Gesichtern, nur wenige kichern, einige schauen auf die Displays ihrer Sitznachbarn, ansonsten bewegen sich nur die Pupillen und die Finger der Kids.

»Die Fahrt hierher war der reinste Horror«, sagt Schröder neben mir, faltet seine Zeitung zusammen und verstaut sie in seinem Aktenkoffer. »Deswegen hab ich die Mistdinger für eine Viertelstunde erlaubt, aber das war's dann auch.« Er klatscht in die Hände und tritt vor die Klasse. »Telefone weg, aber flottigalotti!« Er zeigt auf mich. »Ihr kennt ja noch den Herrn Müller, der …«

»Möller.« Ich nicke den Kids zu und winke Khalim. »Mit Ö wie Özil.«

Die Klasse freut sich, Schröder jedoch erblickt einen Schüler, der sein Handy noch in der Hand hat. »So, her mit dem Ding!« Mit einem großen Schritt geht er auf den Jungen zu und streckt seine Hand nach dem Telefon aus, kommt aber zu spät. »Das war das letzte Mal, Freundchen!« Er schlägt die Hacken zusammen und zeigt mit dem Arm auf den Eingang. »Und jetzt rein mit euch. Ich laufe vorn, Müller hinten, und ihr in Zweierreihen dazwischen – kapiert?«

Mit zackigen Schritten geht er ein paar Meter vor, wartet dort und dreht sich nach einem Moment wieder um. Langsam formt sich ein Pulk aus maulenden Teenagern, in Reih und Glied ist hier aber niemand.

»Also manchmal frag ich mich ernsthaft«, sagt er kopfschüttelnd und schaut mich an, »wie diese Generation mal meine Rente bezahlen soll.«

Dann dreht er sich um und läuft los, also setze auch ich mich in Bewegung und scheuche die Truppe vor mir her. Schnell lassen sich Samira und Khalim zu mir zurückfallen und berichten aufgeregt und durcheinander von ihrer zweiten Woche im Praktikum.

»Sch'muss auf jeden Fall MSA schaffen«, sagt Khalim laut. »Sie haben gesagt, sch'soll Bewerbung schreiben und dann Zeugnis einfach später schicken. Und wenn du dann bei Bank arbeitest«, sagt er zu Samira, »dann wir können gut leben, oder, Baby?«

»Wenn du das so sagst.« Sie zwinkert ihm zu und kneift ihn zärtlich in den Hintern. »Du bist der Boss.«

»Wenn ich euch zwei Turteltäubchen mal unterbrechen darf«, schalte ich mich ein. »Schreib die Bewerbung, Khalim, ich lese sie Korrektur, und dann schickst du sie diese Woche noch ab, ja?«

»Jawohl, Sir!« Khalim salutiert und schlägt die Hacken zusammen. »Hab isch von Schröder gelernt, wie in Armee.« Khalim spricht leiser weiter. »Auf der Hinfahrt er's wieder ausgeflippt. Kumma, wir fragen ihn so, wie wir zu Messe fahren, und er sagt so: mit Orient-Express!«

»Und mansche aus unserer Klasse«, fügt Samira hinzu, »haben sogar gelacht. Die haben nisch kapiert, dass er uns krass beleidischt hat.«

»Sie müssen Herr Möller sein!« Ein eher kleiner und schmächtiger Junge läuft auf einmal neben mir. Seine dunklen Haare sind ordentlich gekämmt, und unter seiner Jacke schaut ein Hemdkragen hervor. »Samira hat mir schon von Ihnen berichtet, ich bin Tekin – hallo!« Er streicht seine Haare glatt und hat etwas Mühe, mit uns Schritt zu halten. »Und was hat Schröder gesagt, Samira? Ich hab das irgendwie nicht mitge…«

»Is doch scheißegal.« Khalim legt seinen Arm um Samira. »Du musst ja auch nisch immer alles mitkriegen, ja?«

Wie immer, wenn es irgendwo Streit geben könnte, ist Melek plötzlich am Start und will auch wissen, was los ist.

Samira erinnert sie an Schröders Spruch, woraufhin Melek laut lacht. »Fandisch voll lustisch!« Sie haut sich auf die kräftigen Oberschenkel. »Weil wir sind ja auch alle voll so Orient, oder Tekin?«

Als wir die Messehalle betreten, steigt der Geräuschpegel schlagartig. Aus allen Richtungen rauschen Jugendliche an uns vorbei, andere Klassen drängeln sich an den Ständen, Lehrerinnen und Lehrer erteilen Anweisungen und manövrieren ihre Gruppen durch das Gemenge. Mit gehobenem Arm wartet Schröder, bis sich unser Pulk zwischen ihm und mir gesammelt hat, dann geht er weiter.

Ein Stand der Berliner Feuerwehr ist die erste Attraktion, die nun die Aufmerksamkeit unserer Klasse erregt. Weil hier ein echtes Feuer gelöscht werden kann – und zwar mit einem echten Feuerwehrschlauch, aus dem echtes Wasser kommt! –, bleiben die Jungs und Mädels fasziniert stehen und schauen zu, wie sich andere Jugendliche hinter einer großen Plexiglasscheibe daran ausprobieren dürfen.

»Ohaa, sch'will auch!«, brüllt Melek und rennt mit gefalteten Händen zu ihrem Lehrer. »Bittebitte, Schröder, darf'sch eima Feuerwehrmann spielen?«

»HERR Schröder, verdammt!« Er richtet seinen beigefarbenen Trenchcoat. »Außerdem haben wir jetzt keine ... Melek?!«

Sie steht inzwischen in der Schlange, doch als sie ihren Namen hört, dreht sie sich mit einem Zeigefinger am Mund um.

Schröder wird lauter. »Was habe ich denn bitte schön gerade gesagt?«

»Sch'weiß nisch ...«

»Nein!«, brüllt er so laut, dass sich auch andere Schüler und Lehrer nach ihm umdrehen, also fährt er etwas versöhnlicher fort. »Ihr kennt doch sicher den Spruch: Erst die Arbeit, dann ...?«

Stille.

»Na, kommt schon. Erst die Arbeit, dann ...?« Schröder zieht die Augenbrauen hoch, seine Schüler aber schütteln bloß die Köpfe. »Was denn: wirklich niemand?«

Gelangweilt geht die Klasse weiter, nur Melek überlegt noch. Auf dem Weg zum Workshop, der in einem Raum am Rande der Halle stattfinden soll, kündigt sich jedoch schon die nächste Attraktion an – und diesmal bin auch ich sofort begeistert: Motocross-Jumping. Mit knatterndem Motor donnern die Motorradfahrer auf eine Rampe zu, fliegen dann bis unter die Hallendecke und wirbeln die Maschine dort wild in der Luft herum, bevor sie auf einer zweiten Rampe landen und das Hinterrad herumreißen, um vor der johlenden Menge zum Stehen zu kommen.

Die Kids aus Khalims Klasse überschlagen sich nun mit Kommentaren.

»Abboooh! Er's haram-hoch gefliegt!«, brüllt ein kleiner mit Schirmmütze.

»Is halal, is halal«, widerspricht ein anderer und haut dem ersten den Schirm ins Gesicht.

»Er's nisch gefliegt«, mischt sich ein dritter ein, »er's gefahrt.«

»Er hat Tohbo, ja? Iebatohbo!«

Dabei werden die Handys gezückt, Selfies geschossen und die fliegenden Biker gefilmt.

»Sch'mache Slo-Mo«, brüllt einer.

»Sch'mache Zeitraffa«, ein anderer, und während sie sich danach gespannt die Videos anschauen, fliegen im Hintergrund die nächsten Biker durch die Luft.

Schröder setzt kurz dazu an, die Begeisterung zu unterbinden, kapituliert angesichts der Menge gezückter Telefone und des Lärms aber schnell. Stattdessen schaut er wieder auf seine Armbanduhr, und als die Biker schließlich eine Pause einlegen, scheuchen wir die Klasse weiter.

Kurz vor unserem Ziel wartet allerdings eine weitere Hürde: der gigantische Stand eines Kosmetikherstellers, bei dessen Anblick die Mädels laut kreischen und dann um die Wette zu den Proben und Spiegeln rennen.

»Keine Chance«, flüstert Schröder vor sich hin, als die Mädels weg sind und die Jungs wieder hinter ihren Handys kleben. »Die sind hoffnungslos verloren …«

»Wieso denn verloren?«, frage ich ihn in einem Moment der geistigen Umnachtung. »Meinen Sie denn nicht, dass jede Generation ihre ganz eigenen Interessen hat?«

»Interessen?« Schröder reißt Oberlippe und Augenbrauen hoch. »Die hängen doch nur noch vor ihren Zmartfohns! Schauen Sie sich doch mal hier um!«

Ich folge seinem Rat und muss nicken, denn in der Tat

bewegt sich schätzungsweise die Hälfte der Teenies um uns herum mit einem Handy vor der Nase oder in der Hand durch die Messehallen.

»Aber deswegen muss man die Technik ja nicht gleich verteufeln«, versuche ich abzuwägen, »die Kids müssen den Umgang damit doch auch erst lernen.«

»Nein.« Mit geschlossenen Augen schüttelt Schröder den Kopf. »Diese ›Kids‹«, sagt er abschätzig und malt dazu Gänsefüßchen in die Luft, »müssen so einiges lernen – aber diesen Unsinn ganz sicher nicht. Ein Handy ist zum Telefonieren da, Punkt. Tut mir wirklich leid, Herr Müller, aber merkt man einfach, dass Sie kein Lehrer sind.« Wieder schaut er auf seine Armbanduhr. »So, Kinder, wir haben gleich unseren Termin. Rein mit euch!«

Einen Moment lang bleibe ich mit offenem Mund stehen und überlege, welchen Teil seiner Tirade ich am schlimmsten finden soll: die Anglizismus-Aversion, die Medieninkompetenz oder den Standesdünkel des examinierten Pädagogen? Nachdenklich treibe ich die Kids zusammen und lasse mir dabei einen Punkt nach dem anderen auf der gedanklichen Zunge zergehen.

Immerhin ist Schröder nicht der Einzige, der sich an der Verwendung englischer Begriffe stört, und auch mir geht der Sprachcocktail beizeiten auf den Keks, den beispielsweise mein Kollege Joe regelmäßig panscht. Und doch befremdet mich diese strikte Ablehnung gegenüber Fremdworten immer wieder, und zwar nicht nur, weil der Schutz der deutschen Sprache leider häufig von denen gefordert wird, die auch sonst gern bei Kartoffeln, Schweinshaxe und Sauerkraut unter ihresgleichen bleiben, sondern auch, weil Sprache damit ihrer Lebendigkeit beraubt wird – ihres Flairs, ihrer Verve und ihrer Eleganz eben. Das erscheint mir angesichts einer weltweiten digitalen Vernetzung wie ein Rudiment der analogen Welt, wie der Atavismus einer Ära, in der die Grenzen einer Nation noch viel stärker durch die Köpfe ihrer Bürger verliefen, als es heute der Fall ist.

Vor dem Hintergrund fundamentaler Umbrüche aber, wie der Entwicklung des Internets und der zunehmenden Bedeutung von Staatenbündnissen, ist es kein Wunder, dass jemand, der den Unterschied zwischen Kids und Kindern, zwischen kühl und cool oder hot shit und heißen Exkrementen nicht kennt, auch mit dem Fortschritt der Technik überfordert ist – oder ihn gar als Bedrohung empfindet. Wer heute tatsächlich meint, ein Mobiltelefon sei nur zum Telefonieren da, der denkt vermutlich auch, ein Automobil müsse nicht mehr können, als sich selbst und seine Insassen von A nach B zu transportieren.

Auf der anderen Seite muss ich Schröder leider auch recht geben, denn ganz offenbar mangelt es vielen Jugendlichen tatsächlich an einem zwischenmenschlichen Fingerspitzengefühl, das unseren Umgang miteinander bisher zweifellos sehr angenehm gestaltet hat: *Bitte sehr* und *Danke schön, herzlich gern, auf Wiedersehen, guten Tag* und *gern gescheh'n, dürft' ich mal* und *kein Problem* – diese Vokabeln fehlen offenbar in verdammt vielen Wortschatzkisten.

Aber liegt das tatsächlich am technischen Fortschritt? Ist der zuweilen schroffere Umgang miteinander dem Umstand geschuldet, dass wir einfach zu wenig reden? Vernachlässigen Eltern – wie von manchen behauptet – die Erziehung ihrer Kinder, weil sie stattdessen lieber ihre letzte Currywurst instagrammen, um sie dann als #foodporn bei Facebook zu posten und anschließend zu twittern, wer sie geliket hat?

Vielleicht ist an Schröder und auch an mir einfach vorbeigegangen, dass :) die neue Höflichkeit, ;) die aktuelle Form der Ironie und <3 die moderne Form der Liebe sind? Ist unsere Wirklichkeit also einfach ergänzt worden um einen virtuellen Bereich, eine Parallelwelt, in der, wie in allen anderen Parallelwelten auch, eine ganz eigene Sprache gesprochen wird? Oder verdrängt diese digitale Parallelwelt zunehmend die analoge, weil sie uns die Zeit raubt, die wir bis vor Kurzem noch ungeteilt unseren Kindern widmen konnten, unseren Verwandten, Freunden und unseren ganz analogen Hobbys?

Noch immer hadere ich in diesen medienpädagogischen Fragen mit mir, aber in einer anderen Hinsicht bin ich mir inzwischen recht sicher: Schröder hat mich gefressen, und das ganz bestimmt nicht nur, weil er weiß, dass ich einst ohne Lehramtstudium auf Klassen losgelassen wurde. Aber ist die langjährige Lehrerfahrung, die er mir nun einmal voraus hat, wirklich nötig, um ein Gefühl dafür zu entwickeln, wie diese Generation tickt? Immerhin bin ich – im Gegensatz zu ihm – kein vollständiger digitaler Immigrant, sondern habe nur analogen Migrationshintergrund.

Am Ende wird die Wahrheit wohl irgendwo dazwischen liegen, und dennoch muss ich mir von Schröder nicht derart an den Karren fahren lassen – oder vielleicht doch? Immerhin wäre Ärger mit ihm sicher sehr schlecht für Khalim.

Also mache ich gute Miene zu bösem Spiel und betrete gemeinsam mit dem Lehrer und seiner Klasse den Seminarraum, den wir inzwischen erreicht haben. An der Stirnseite des großen Zimmers stehen mehrere Flipcharts, an den Wänden hängen Whiteboards, und auf jeder der fünf Tischgruppen liegen Papier und Stifte bereit, dazu gibt es Moderationskarten und Magnete.

»Herzlich willkommen!« Ein junger Mann im gut sitzenden Hemd kommt auf uns zu und schüttelt Schröder und mir die Hand. »Sie müssen dann wohl die Herren Lehrer sein, mein Name ist …«

»Ich schon, aber er …« Schröder zeigt auf mich. »Der ist nur als Begleiter dabei.«

»Auch gut.« Der dunkelhaarige Mann mit der ordentlichen Frisur lächelt uns freundlich an. »Ich leite jedenfalls das Seminar heute, und das sind gute Nachrichten für Sie.« Er zeigt auf zwei Stühle, die etwas abseits der Tischgruppen stehen. »Sie haben jetzt nämlich frei.«

»Aber die Kinder.« Schröder stellt seinen Koffer ab. »Wer soll die denn zur Ruhe bringen?«

»Welche Kinder?« Der Mann schaut sich im Raum um. »Ach so, Ihre Klasse! Das lassen Sie mal meine Sorge sein. Bitte …« Mit einem unbestechlichen Lächeln weist er wieder auf die zwei Stühle und wendet sich dann an die Schüler, die inzwischen schon ein reges Interesse an den Arbeitsmaterialien auf den Tischen entwickelt haben. »So, Leute! Die Stifte dürft ihr gleich benutzen, aber zuerst«, er zieht ein iPad aus der Tasche und zählt die Klasse einmal durch, »teile ich euch in fünf Teams ein. Jeder von euch darf gleich einmal auf das iPad tippen, dann wird euch ein Logo angezeigt. Jedes Logo gehört zu einem Team. Das schafft ihr, oder?«

Lauthals stimmt die Klasse zu, dann verfolgen alle gespannt, wer welchem Symbol und damit Team zugeordnet wird. Tekin freut sich, mit Samira in einer Gruppe zu sein, und Melek darüber, mit Khalim an einem Tisch zu sitzen. Während der Seminarleiter seine Moderation fortsetzt, kramt Schröder demonstrativ in seinem Koffer herum, beugt sich dann nach unten und beißt in ein Schwarzbrot.

»Das habt ihr super gemacht«, ruft der junge Mann in den Raum. »Ich bin übrigens Tolga, und bevor wir anfangen, erzähle ich euch etwas über meinen Arbeitgeber. Die schlechte Nachricht ist: Es ist leider nicht Facebook.« Er grinst. »Die gute: Wir stellen jährlich fast fünfhundert Azubis ein und bieten über zwanzig verschiedene Ausbildungen an.«

Schröder weist mit dem Kinn auf Tolga und sagt in

meine Richtung: »An Holger könnten Sie sich noch ein Beispiel nehmen. Der ist als Lehrer nicht schlecht.«

»Sie haben recht«, sage ich und verzichte auf die Korrektur des Namens. »Mach ich.«

Nach ein paar weiteren lockeren Sprüchen gibt Tolga den Jungs und Mädels die erste Aufgabe: in der Gruppe diskutieren, was sie von einer Berufsausbildung erwarten, die Ergebnisse auf den Postern festhalten und eine Person bestimmen, die am Ende alles präsentiert. Erwachsenenbildung at it's best, und das scheint mir bei fast Volljährigen auch angemessen.

Schnell entstehen an den Tischen rege Diskussionen, und arten diese einmal aus, ist Tolga sofort zur Stelle und greift mit Fragen ein. Hört er eine gute Antwort, drückt er dem Jugendlichen, der sie gegeben hat, einen Stift in die Hand und bittet ihn sie aufzuschreiben. Zwischendurch verteilt er Lob, macht ein paar Witze, bittet hin und wieder freundlich, aber bestimmt um Ruhe und hält schließlich wieder das iPad hoch, auf dem ein Countdown läuft.

Unruhig rutscht Schröder auf seinem Stuhl hin und her, ich hingegen schicke Sarah ein paar elektronische Grüße und ernte von Schröder dafür ein weiteres Kopfschütteln.

Als sich der Countdown dem Ende nähert, fragt Tolga herum, ob schon jemand bestimmt wurde, der die Ergebnisse präsentieren wird. Die ersten zwei Gruppen haben Mädchen dafür auserkoren, und an Samiras Tisch ist es Tekin, woraufhin Schröder ihn von Weitem mit einem erhobenem Daumen belohnt.

Dann ertönt Meleks Stimme. »Bei uns macht Khalim, ja?« Sie schaut Tolga an und zeigt auf mich. »Dann er kann gleisch zeigen, was er gelernt hat bei Herr Mülla!«

»Khalim soll etwas präsentieren?« Schröder lacht. »Entschuldigung, aber eher geht ein Kamel durch ein Nadelöhr, als dass der …«

»Wie meinen Sie das denn bitte?« Tolga stemmt die Hände in die Hüften und schaut zu Schröder herüber. »Das war doch jetzt hoffentlich keine Anspielung auf seinen Migrationshintergrund, oder?«

Es herrscht Stille, alle Augen sind auf Schröder gerichtet.

»Quatsch, das ist ein Bibelzitat.« Er schaut sich im Raum um. »Das weiß doch jedes Kind!«

»Na dann«, sagt Tolga, dreht sich zu Khalim um und streckt ihm die Faust entgegen, »übernimmst du die Präsentation.«

Die Ergebnisse der Kleingruppenarbeit sind ebenfalls vergleichbar mit denen an der Uni: Wegen der offenen Fragestellung sind die Antworten nur mittelmäßig kreativ und wiederholen sich bald, die Präsentationen wirken ungeübt, dadurch etwas steif und teilweise verschüchtert.

Als Letzter ist Khalim dran. »Hallo Leute, isch bin Khalim«, sagt er, stellt sich breitbeinig hin, legt den Kopf schief und verschränkt die Arme vor der Brust – und bekommt schon dafür Applaus. Dann zeigt er lächelnd zu seinem Tisch und wartet, bis wieder Ruhe eingekehrt ist. »Das hier ist unser Poster, und wie ihr sehen könnt, wir sind der erste Team, der auch an Geld gedacht hat.« Er zeigt auf einen Stapel Münzen, den sein Team auf das Poster gemalt hat. »Natürlisch is das auch in Ausbildung wischtisch.«

»Wischtisch«, wiederholt Schröder leise, »lern du erst mal richtig sprechen, Junge.«

»Also bitte!«, rutscht es mir lauter heraus, als ich es vorhatte. »Wir arbeiten daran«, flüstere ich aufgebracht, »und zwar mit Hochdruck.«

Mit einem freundlichen Blick bittet Tolga uns um Ruhe, also widme ich mich wieder Khalims Präsentation. Sie ist sicherlich nicht so gut formuliert wie die von Tekin, und vielleicht auch nicht so gut strukturiert wie die ersten beiden, aber sie ist kurzweilig, prägnant und stellenweise sogar witzig.

»Also, Leute denkt immer dran!« Khalim zeigt zum Ende seiner Vorstellung noch einmal auf den Smiley, der auf dem Poster prangt. »Lehrjahre sind kein Herrenjahre, aber ihr müsst eusch bei Arbeit trotzdem gut fühlen. Danke für euer Aufmerksamkeit.«

Unter Applaus geht er wieder zu seinem Platz und lächelt erst Samira und dann mir zu.

An seinem Tisch angekommen stürzt sich Melek sofort auf ihn. »Voll gut, Khalim. High Five!«

Die beiden schlagen ein.

»Lass ma auch diese Präsentation bei Geierschen zusammen machen. Sie is schon bald«, ruft Melek verzückt.

Der restliche Workshop vergeht ohne besondere Vorkommnisse und leider auch ohne didaktische Neuigkeiten: Tolga lässt verschiedene Fragestellungen in Kleingruppen diskutieren und die Ergebnisse anschließend präsentieren, und weil gegen methodische Einfalt auch kein iPad hilft, zieht sich der restliche Workshop – abgesehen von Tolgas cooler Art – wie ein Kaugummi, das seinen frischen Geschmack schon bald verloren hat.

Spannend wird es erst wieder gegen Ende, als Schröder sich von Tolga verabschiedet. »Das war wirklich gut«, sagt er und zeigt auf die Flipcharts. »Hier, mit diesen Postern und so. Mal ganz was Neues.« Er streckt Tolga die Hand entgegen. »Danke, Holger.«

»Tolga.«

»Tolga?«

»Ja, Tolga, mit T wie Türkei. Das Land, aus dem mein Vater stammt.«

Selten habe ich so ein fettes Grinsen gesehen.

»Überrascht?«

»Nein, um Himmels willen!« Schröder reißt die Arme in die Luft. »Wieso sollten nur Deutsche … Also, ich meine, warum auch nicht? So Kinder!« Er wendet sich wieder seinen Schülern zu. »Raus mit euch, ihr wollt doch sicher noch zum Stand der Bundeszentrale für politische Bildung.«

»Echt krass«, flüstert Tolga und schaut Schröder hinterher. Dann lächelt er mich an. »Der peilt's einfach nicht, oder?«

Ich schüttele den Kopf.

»Hast du viele solcher Kollegen?«

»Nein. Schröder ist schon sehr …« Gemeinsam beobachten wir, wie er die Klasse mit zackigen Bewegungen aus dem Raum scheucht. »… speziell.«

In den wenigen Worten, die wir noch wechseln können, berichtet mir Tolga davon, dass er mit seinem Seminar oft in Deutschland unterwegs ist und dabei – vor allem außerhalb der Großstädte – noch immer in verwunderte Gesichter blickt, wenn sein Name fällt. Besonders in Verbindung mit seinem Familiennamen.

»Wieso? Wie heißt du denn ganz?«

»Jankowski.« Er grinst. »Meine Mutter ist Polin, aber Jankowski halten die meisten für einen deutschen Nachnamen.«

»Sprichst du denn auch Polnisch?«

»Fließend, so wie Deutsch, Türkisch, Englisch, Französisch und ein bisschen Spanisch.« Er drückt mir zum Abschied noch einmal die Hand. »Aber verrat's nicht dem Lehrer. Sonst gerät sein Weltbild noch ins Wanken.«

Ich verabschiede mich von Tolga und folge den anderen in die Messehalle, wo Schröder die Klasse bereits neben dem Kosmetikstand um sich versammelt hat und seine Anweisungen für die freie Zeit abgibt.

»Treffpunkt ist in exakt sechzig Minuten hier.« Er streckt einen Zeigefinger in die Luft und visiert eine Gruppe Jungs an. »Wer zu spät kommt oder Mist baut, macht zur Strafe drei Stunden Hofreinigungsdienst.«

»Abboooh!« Empört reißt Melek ihren Mund auf. »Wie viele?«

»Vier! Willst du gleich die Erste sein?«

Erschrocken schüttelt sie den Kopf, worauf Schröder zufrieden nickt.

»Na also, dann ab mit euch … Und Sie?« Er wendet sich mir zu. »Mit Ihnen würde ich gern noch ein Wörtchen reden. Gehen wir einen Kaffee trinken?«

»Einen Kaffee?« Drei Dinge fallen mir spontan ein, die ich jetzt lieber tun würde: mit Khalim und Samira über die Messe spazieren, mit Sarah telefonieren oder mit dem nackten Arsch in einen Ameisenhaufen springen. »Gern doch.«

Wortlos laufen wir durch die Messehalle, doch als ich an einem Stand stehen bleiben will, an dem italienischer Espresso ausgeschenkt wird, zeigt Schröder auf den Ausgang, wo wir einen Imbiss finden.

»Hier ist es doch bedeutend leiser«, sagt er und wendet sich dann an die Verkäuferin. »Zwei Kaffee, bitte!«

»Kaffè Krehm?«, fragt die Dame und wischt sich die Hände an der ehemals weißen Schürze ab. »Oder 'n janz normalen?«

»Ganz normalen Filterkaffee.« Er lacht mich an. »Ist doch wohl klar, oder?«

Ich nicke.

»Müllsch un Ssucka sinn da.« Sie zeigt auf einen Stand mit Kaffeesahne und Zuckerstreuern. »Noch watt?«

»Eventuell, ja.« In aller Seelenruhe schaut sich Schröder in dem Imbiss um und zeigt dann auf die Bockwürste, die in einem Glaskübel warm gehalten werden. »Für mich noch eine Wurst.« Erwartungsvoll schaut er mich an. »Für Sie auch?«

»Danke, nein!« Ich winke ab. »Ich bin Ve… nicht hungrig.«

Mit einer Tasse lauwarmen Filterkaffee finde ich mich

wenig später am Stehtisch des Imbiss wieder und kann beim Anblick Schröders, der genüsslich sein Würstchen verschlingt, kaum wegschauen.

»Also, ich muss schon sagen«, sagt er irgendwann und schiebt sich ein großes Stück Wurst in den Mund, »Khalim zeigt im Unterricht tatsächlich erste Veränderungen.«

»Das höre ich gern.« Schnell stelle ich meinen Kaffee ab und lächele Schröder an. »Ich finde ja auch, dass er inzw…«

»Contenance, junger Freund, Contenance!« Er kaut lange auf dem letzten Bissen herum und befreit seinen Bart dann von einigen Senfresten. »Zweifellos ist Khalim besser geworden, aber ich frage mich schon, was Sie die ganze Zeit miteinander veranstalten.«

»In erster Linie lernen wir Deutsch.« Ich merke, wie mein Puls steigt, also spreche ich bewusst wieder etwas ruhiger. »Und Sie wissen doch, welche Defizite Khalim …«

»Das weiß ich sehr wohl, Herr Müller.«

»Möller.« Ich suche nach seinem Blick. »Mein Name ist …«

»Möller, klar.« Er nimmt einen Schluck Kaffee. »Aber ich weiß auch, dass Sie kein Lehrer sind, Herr Möller, und darin sehe ich, wie schon gesagt, ein echtes Problem.«

»Und welches genau?«

»Sie verfügen doch überhaupt nicht über die didaktischen Kompetenzen, die ein Lehrer im Laufe seines Studiums erwirbt. Und jetzt wollen Sie den Jungen auch noch zum MSA peitschen? Dass ich nicht lache.« Er lacht. »Aber ich will mal nicht so sein, ein paar Wochen haben Sie ja noch Zeit, um aus Khalim einen Karl zu machen. Also, sie wissen schon wie ich das meine.«

»Natürlich. Und jetzt entschuldigen Sie mich bitte, ich habe noch ein paar Dinge mit Khalim zu besprechen.«

Ich lasse den fast vollen Kaffee und einen etwas überraschten Schröder am Tisch stehen. Das ist zwar nicht besonders höflich, aber wahrscheinlich besser als alles andere, was mir früher oder später herausgerutscht wäre.

»Aber seien Sie pünktlich mit den Kindern wieder hier«, ruft er mir hinterher. »Das schaffen Sie doch, oder?«

Auf meinem Fußweg durch die erste Halle frage ich mich, warum er an mich als Nachhilfelehrer eigentlich den Anspruch stellt, voll examinierter Lehrer zu sein, und ärgere mich darüber, dass mir die besten Argumente immer erst im Nachhinein einfallen. Ob ich noch einmal zurückgehen soll? Nein, lieber berichte ich Khalim vom positiven Teil des Gesprächs, auch wenn der eher überschaubar war.

Dabei ergibt sich aber bald ein Problem: Khalim ist nicht zu finden. Nicht bei den Motocrossern, nicht bei der Feuerwehr und auch nicht am Kosmetikstand. Ebenso sind Samira, Melek und Tekin sowie alle anderen aus der Klasse verschwunden. Schöne Schande! Soll ich jetzt etwa alle Messehallen nach dem pubertierenden Haufen durchkämmen?

Als ich mich gerade wieder aufregen will, entdecke ich einen seiner Klassenkameraden. »Hey, äh … du!«

Er schaut mich unwirsch an, ich finde aber wirklich nicht, dass ich nach zwei Stunden alle Namen können muss. »Wo sind denn Khalim und Samira und so?«

»Bissubehindat?« Ohne mich aus den Augen zu lassen, kaut er auf seinem Kaugummi und spricht dann noch schneller weiter. »Wer bisstu, du Schwuchtel? S'laberst du misch an, he?«

»Bist du etwa nicht in Khalims Klasse?«

»Nein, Mann, binnischnisch!« Schnell haben sich ein paar seiner Freunde hinter ihm versammelt.

»Junge, du bist mutisch, ja?!« Er reißt seine Augen auf und geht einen kleinen Schritt auf mich zu. »Gehma, gehma, gehma jetzt eimpfach weiter, loslososlos!«

Ohne lang zu überlegen, suche ich das Weite, kann mir

aber schon in der nächsten Halle ein Grinsen nicht verkneifen. Was bin ich doch für ein jämmerlicher Hasenfuß, der sich von einer Truppe Halbstarker derart in die Flucht schlagen lässt? Schöner finde ich hingegen, dass Khalim noch vor wenigen Monaten vermutlich ähnlich reagiert hätte wie mein adoleszenter Widersacher von eben. Das würde er heute sicherlich nicht mehr tun. Aber wo ist der Kerl bloß? Es bleibt nicht mehr viel Zeit, bis wir wieder bei Schröder sein müssen.

Keine Ahnung, jedenfalls treibt er sich mit Samira und seiner Klasse hier irgendwo auf der Messe herum – hoffentlich! Weil er nicht an sein Telefon geht, bleibt mir wohl nichts anderes übrig, als mich auf die klassische Suche zu begeben: zu Fuß und mit den Augen. Das ist zwar totally yesterday, aber lieber laufe ich mir hier die Füße wund und noch dreizehn anderen Prolls in die Arme, als dass ich Schröder gegenüber zugebe, die Klasse nicht mehr zu finden.

Ärgerlich ist es natürlich trotzdem: Da hängen diese Teenager den lieben langen Tag am Handy rum, aber wenn man sie mal erreichen will, gehen sie einfach nicht ran. Könnte ich Khalim doch nur orten, das würde das Leben viel einfacher machen – zumindest meines.

»Kummaaaaaaaa!«, brüllt plötzlich ein blonder Junge im Vorbeigehen in mein Ohr und zeigt auf sein Handy. »Georg, der Spast, er postet wieder like a boss!«

»Wo isser?« Sein Kumpel reißt das Telefon an sich, ich sehe die blaue Oberfläche der digitalen Parallelwelt. »Er und Tim sie sind hier einfach abgehaun.«

»Was machen sie?«

»Sch'weiß nisch, abba lass ma auch gehn.«

»Ohaaa, wir kriegen Killaärger!«

»S'egal.«

Es ist schon erstaunlich: Jahrzehntelang hat der östliche Teil unseres Landes unter der Totalüberwachung einer antidemokratischen Diktatur gelitten. Und heute? Entblößt sich eine ganze Generation vor dem digitalen Auge einer monströsen Datenkrake, und zwar mehr oder weniger bewusst und gern inklusive exaktem Standort. Jeder Despot würde sich die Finger danach lecken, sein Volk so spielend leicht kontrollieren zu können, und ausnutzen kann es heute theoretisch jeder, der skrupellos genug ist, derart tief in die Privatsphäre anderer vorzudringen.

Aber … Moment mal!

Hektisch ziehe ich mein Telefon aus der Tasche, öffne Facebook und weiß auf einen Schlag, wo Khalim ist. Vor exakt zwölf Minuten hat er ein Duckface-Selfie mit Samira vor einer Bühne gepostet, und daneben hängt ein Schild, auf dem die Hallennummer angegeben ist. Noch besser sind allerdings die Kommentare unter dem Foto.

Khalim KrasserBoss übergeil Rapmuzik wir haben sChröder gebumst er findet uns neva

Ecko Checka du bisst hesslisch

Sammy Maus ers über geil du bist hässlich wer bist du?

Sammy Maus Khalim <3<3<3

Ecko Checka ich fike eusch haltma euarn frese

Khalim KrasserBoss was was was

Ümit ü kom doch rüba Eko kuma wie du aussiehst ja deine mutta is hesslisch

Tekin Bü Sammy, lass dich nicht ärgern. Das hast du doch gar nicht nötig!

Khalim KrasserBoss Verpis dich von mein Teimlein Tekin halt deine maul ecko

Ecko Checka was sagst du mein mutter du hast nichma nike aslo rede ma nihct deine mutter is so haesslich nichmal ein verkrackter gamelpenna aus der gasse würde sie für 10 euro auf bauch scheissen und deine bauch auch nich weil du einfach scheiss behinderter pedophieler nuttensohn bist hayvansohn

Melli Jelly Wo vonn sprescht ihr konzerrd is übaschön
<3<3<3 dabei ich will doch feuawer gehn
Tekin Bü Finde ich auch! Außer dem solltet ihr allemal recht
Schreibung lernen :(
Tekin Bü Außer Sammy natürlich :)
Melli Jelly und ich Tekin ich kann doch auch foll gut <3
Khalim KrasserBoss ich mach dich defriend Tekin schwöre
eckmek was willst du halt dein frese
Ecko Checka ihr seit ale hesslisch ich fike euren muuta

Dieser letzte Kommentar ist zwei Minuten her, entsprechend haben die Teenies offenbar mehr in ihre Handys
gestarrt als auf die Bühne.

Mit großen Schritten eile ich zwischen Sidecuts, Akne
und knallbunten Turnschuhen über die Messe bis zur
Halle, in dem das Konzert stattfindet, und höre wenig später schon lauten Hip-Hop aus der Ferne. Weil das Foto von
Khalim und Samira mitten in der Masse entstanden ist,
stelle ich mich auf die Zehenspitzen und entdecke irgendwann Samiras Locken und neben ihr Khalims Hinterkopf
im Gewirr. Ein Blick aufs Handy: In einer knappen Viertelstunde müssen wir bei Schröder sein, also bleibt mir nichts
anderes übrig, als mich durch die Menge zu schieben.

»Pissdischma, du alter Sack!«, lautet der erste Kommentar.

»Iih, was will er?«, der zweite.

»Gammelfleischparty is da hinten«, der dritte.

Ich atme tief durch und überlege. Soll ich jetzt ernsthaft
wie ein alter Storch durch diesen Pubertätssalat staken?
Das muss doch nun wirklich nicht sein! Meine Rufe werden sie wohl auch nicht hören, bei dem Lärm, der da von
der Bühne kommt – aber vielleicht lesen? Ich rufe Khalims
Foto auf, laufe auf den Ausgang der Halle zu und verfasse
dabei einen Kommentar.

Philipp Möller Hey, ihr Ausreißer! Wir müssen in 11 Minuten wieder bei Schröder sein. Treffpunkt zwischen Halle 3 und 4 – SOFORT!

Tekin Bü Oh nein, wir sind schon unter Wegs!!

Khalim KrasserBoss wie hast du uns gefindet

Philipp Möller GEFUNDEN! Über deinen Post, du Pfeife :)

Melli Jelly Kann ich un Tekin noch bleibm bitte <3<3<3

Sammy Maus Nein Melek! Wir kommen Herr Möller

Ecko Checka oha du bisst heslisch herr müllre kumma dein nasse

Philipp Möller Du meinst meine NASE? Vorsicht, Ecko, ich weiß wo du wohnst ;)

Ecko Checka ich fike dich katoffil warum weist du

Philipp Möller Weil du es in deinem Profil eingetragen hast?! :P

Philipp Möller An alle anderen: 8 minuten!

Tekin Bü LOL Herr Möller

Khalim KrasserBoss Tekin du Schleima

Philipp Möller Nicht schreiben – herkommen! Nur noch 6 Minuten … Wo seid ihr?

Sammy Maus wir stehen vor deiner Nase

Philipp Möller Oh. :D

»Und Khalim?« Ich schaue hinter Samira, Melek und Tekin. »Wo ist Khalim?«

»Er sammelt die anderen ein.« Samira zeigt in die Richtung, in der sie Schröder vermutet. »Wir sollen schomma los!«

Gemeinsam eilen wir durch die Hallen, wobei Melek immer wieder hechelnd stehen bleibt und von Tekin motiviert werden muss weiterzuhetzen. Kurz vorm Ziel holt uns Khalim mit dem Rest im Schlepptau ein, und als ich sehe, dass die meisten noch ihre Smartphones in der Hand haben, stelle ich mich vor die Klasse und erhebe meine Stimme.

»So, Leute, packt die Handys weg – sofort!« Ohne es geplant zu haben, schaltet meine Stimme in den Lehrermodus von damals. »Schröder nimmt euch die Dinger weg.« Ich grinse in die Runde. »Und mal ganz im Ernst, was würdet ihr bloß ohne eure Handys machen?«

»Endkrass!«, brüllt der Erste.

»Von ein Haus springen!«, die Zweite.

»Heulen«, kreischt ein Mädchen.

»Is kein Witz, Herr Mülla«, ruft Melek dazwischen, »du brauchst ganisch lachen. Wo meine Vater einmal von mir weggenomm hat, sch'abe rischtisch Schmerzen bekommen, wöööhklisch!«

»Ach komm.« Ich tue so, als würde ich nach ihrem Handy greifen. »Ich glaub dir kein Wort.«

»Herr Mülla, neinneinnein, bittebittebitte!« Mit verzerrtem Gesicht stopft sie das Telefon panisch in ihre Jackentasche. »Ihr Erwachsenen glaubt v'leischt nisch, aber isso!«

»Was macht ihr denn so Wichtiges damit?«

»Kumma: Fehsbuck«, fängt Melek an, »und auch so Dings …« Wieder hält sie ihren Zeigefinger an den Mund. »Wotz-äpp uuund … Fehsbuck-Mässindscha, also?«

Vehement stimmt ihr die ganze Klasse zu, also beruhige ich sie und kontrolliere, ob alle Hände handyfrei sind. Dann nähern wir uns dem Kosmetikstand, vor dem Schröder bereits steht und auf die Uhr schaut. Kurz meckert er über unsere zweiminütige Verspätung, dann gehen wir los.

Ich lasse mich mit Khalim zurückfallen, und so kann ich ihm endlich von meinem Gespräch mit seinem Deutschlehrer berichten.

»Aber wenn er hat zugegeben, dass isch besser geworden bin«, fragt er mich danach, »warum du bist dann so züscho?«

»Ich? Züscho?« Ich spüre, wie meine Backenzähne

aufeinander mahlen und mein linkes Augenlied zuckt. »Keine Ahnung. Weiß nicht, wovon du sprichst. Aber eines ist ja wohl klar: Team Khalim muss gewinnen. Dem Schröder zeigen wir's!«

Die Legende von Meister Müller und Kid Khalim

Abboooh, überdunkel!« Khalim tastet sich an der Tür entlang. »Gipps hier kein Laterne?«

»Nein, Mann, wir sind mitten im Wald«, zische ich. »Und jetzt sei leise, sonst weckst du Klara und Anton.«

Behutsam schließe ich die Tür, zurre die Träger meines Rucksacks fest und schalte erst meine und dann Khalims Stirnlampe ein.

Als ich gerade losgehen will, hält er mich am Arm.

»Hey Flippo«, flüstert er, »wartema!«

»Was ist denn noch?«

»Isch muss dir leider sagen«, er kichert leise, »du siehst bisschen bescheuert aus.«

»Ach ja?« Beim Anblick der Grubenlampe, die ihm seine Mütze ins Gesicht schiebt, muss auch ich mir ein Lachen verkneifen. »Du auch. Und jetzt los, die Sonne geht bald auf.«

Die nasse Wiese vor dem Haus schmatzt bei jedem unserer Schritte, und als wir kurz darauf den nahe gelegenen Waldweg betreten, knacken Stöckchen unter unseren Schuhen. Der Duft von Moos und Tannennadeln liegt in der feuchtkalten Luft, die vom fahlen Schein der LEDs nur schwerlich durchdrungen wird. Ich zeige nach rechts, dann folgt mir Khalim schweigend auf dem schmalen Pfad.

Nach ein paar Metern spricht er mich an. »Kumma, mein Atem!« Er pustet nach vorn, sodass kleine Wölkchen durch den diffusen Lichtkegel seiner Lampe wirbeln. »Er sieht aus wie ein Nebel.«

»Kein Wunder«, flüstere ich zuerst, erinnere mich dann aber daran, dass wir inzwischen niemanden mehr stören, und fahre in normaler Lautstärke fort. »Luftfeuchtigkeit ist Nebel. Außerdem können wir jetzt anfangen. Also: laufen!«

»Ach, Mannooo!« Khalim schiebt seine Mütze hoch und schaut mich flehend an. »Sch'bin doch noch voll Halbschlaf.« Er seufzt, folgt mir dann aber. »Na gut. Isch laufe, du laufst, er …«

»Du läufst«, unterbreche ich ihn unwirsch. »Gleich noch mal von vorn. Und bitte«, ich drehe mich zu ihm um und winke ihn zu mir heran, »einen Schritt schneller, ja?«

»Isch laufe, du läufst«, sagt Khalim und zieht sein Tempo an, um zu mir aufzuschließen, »er läuft, sie läuft, es läuft, wir laufen, ihr lauft, sie laufen.«

»Na siehst du, es geht doch.« Ich schlage ihm auf die Schulter. »Jetzt im Perfekt, bitte.«

»Isch bin gelaufen, du bist gelaufen, er ist …« Plötzlich bleibt Khalim wie angewurzelt stehen und starrt mich an. »Was war das?«, flüstert er.

»Keine Ahnung.« Ich leuchte ins Unterholz. »Wo denn? Was denn? Ich hab nichts …«

»Da!« Er hält den Zeigefinger vor seine Lippen und starrt ins Dunkel. »Meinstu eine Löwe?«

»Ein Löwe?!« Ich drehe meinen Kopf in seine Richtung und leuchte ihm dabei mit der Stirnlampe ins Gesicht. »Willst du mich verarschen?«

»Wieso?« Weitere kleine Kondenswölkchen treten in kurzen Abständen aus seinem Mund. »Wir sind doch in ein Wald. Weiß isch, was hier für Tiere …«

»Junge, wir sind in der Sächsischen Schweiz, nicht in Afrika!« Ich muss über ihn lachen. »Und jetzt komm, wir haben nicht mehr viel Zeit.«

Gemeinsam wandern wir weiter durch die Dunkelheit, während Khalim Verben konjugiert und dabei immer wieder ins Dunkel leuchtet. Der Weg wird bald steiler, der Wald lichtet sich langsam, aus dem weichen Waldboden ragen nun vereinzelte bemooste Felsen. Der Himmel wird immer schneller hell. Dann haben wir unser Ziel erreicht, einen Aussichtspunkt mit Blick ins Elbsandsteingebirge.

»Ohaaa!« Mit offenem Mund stellt sich Khalim ans Geländer. »Der Weg war weit, aber er hat sisch gelohnt.«

Pünktlich um 6:19 Uhr blitzen die ersten Sonnenstrahlen über den Bergen hervor und tauchen das weite Tal, das vor uns liegt, in ein zauberhaft goldenes Licht. Dichte Nebelschwaden durchziehen die Wälder, aus denen gigantische Felsbrocken wie riesige Zähne ragen, einige spitz, andere rundlich, und weil wir noch immer staunen und schweigen, ist um uns herum ausschließlich der Gesang der Vögel zu hören.

Als die Sonne komplett zu sehen ist, hole ich eine Thermoskanne heraus und gieße uns heißen Kaffee ein.

»Danke.« Khalim dreht sich zu mir und kneift im Sonnenlicht ein Auge zu. »Auch dass du misch hier gebracht hast.«

»Das hast du nicht nur mir zu verdanken.« Ich blicke weiter in die Ferne. »Dank auch Schröder. Denn Rache ist zwar ein schlechter Ratgeber …«

»… aber ein gute Motivation. Sch'weiß.«

Als wir die Jugendmesse verlassen und ich damit aus meiner Pflicht als Begleitung von Schröder und Khalims Klasse entlassen bin, greife ich sofort nach meinem Handy, rufe Geierchen an und erstatte ihm Bericht. Ich soll aufgrund meiner mangelhaften Kompetenzen und Erfahrungen als Lehrer nicht in der Lage sein, Khalim zur Mittleren Reife zu bringen? Na warte, Freundchen …

»Na, denn weeßte ja, watt zu tun is«, sagt Rolf und

lacht diesmal kein bisschen. »Vollgas geben, Möller, die Zeit verjeht schneller, als de denkst!«

Mit Schröders Provokationen und Rolfs Ansage im Hinterkopf geben Khalim und ich daraufhin tatsächlich Vollgas. Wir streichen die Playstation-Sessions und verlängern dafür die Nachhilfestunden, lesen und schreiben doppelt so viel wie vorher, büffeln Deutschvokabeln und üben gemeinsam das freie Sprechen. Offenbar aber nur mit mäßigem Erfolg, denn zwei Wochen später verläuft mein nächstes Telefonat mit Geierchen nicht besonders befriedigend.

»Ditt wird jetzt echt knapp, Möllerchen«, erklärt er mir in ungewohntem Ernst. »Aber ick hab auch jute Nachrichten. Der Big Spender hat sich bei mir jemeldet.«

»Aha!« Ich werde hellhörig. »Und, was sagt er?«

»Er würde 'n Kreschkurs bezahlen, quasi für 'n Endspurt.« Er nennt mir eine Summe, mit der sich tatsächlich etwas anstellen ließe, dann klingelt die Schulglocke im Hintergrund. »Die Osterferien kommen«, sagt Geierchen, bevor er grußlos auflegt, »überlech dir watt!«

Als Klara und Anton an diesem Abend endlich schlafen, denken Sarah und ich bei einem Glas Wein lange darüber nach, wie ich in diesen zwei Aprilwochen für Khalim da sein könnte, ohne den lang geplanten Urlaub mit ihr und den Kids abzusagen – bis Sarah eine Idee hat.

»Und wenn wir Khalim einfach mitnehmen?«

»In den Urlaub?«

»Ja, ihr beiden seid doch inzwischen sowieso ein Herz und eine Seele.« Sie lächelt mich an. »Außerdem kann ich das Kerlchen echt gut leiden und auch mit Klara kommt er bestens zurecht.«

Ich schüttele den Kopf, lasse den Gedanken dann aber noch einmal in meinem Hirn Gestalt annehmen – und je länger ich das tue, desto sinnvoller erscheint mir ein Trainingslager in den Bergen.

»Aber dann musst du dich ja doch wieder ständig allein um die Kinder kümmern.«

»Stimmt auch …« Sarah verzieht den Mund. »Und was ist mit Samira? Du meintest doch, dass die voll cool ist.«

Über Facebook erreichen wir Khalims Freundin und fragen sie, was sie in den Osterferien vorhat. *Eigentlich mit Khalim chillen <3<3<3*, schreibt sie, *aber er muss überviel für die Schule machen :(*

Ein Anruf beim Vermieter der Hütte, die wir für unseren Urlaub in der Sächsischen Schweiz gebucht haben, ergibt, dass es nur unwesentlich teurer wäre, zwei weitere Personen in der Hütte unterzubringen, und weil in unserem Familienauto ebenfalls noch genug Platz für Khalim und Samira ist, laden wir beide für den nächsten Tag zum Abendessen ein. Wie erwartet amüsieren die beiden sich ganz prächtig mit unseren Kindern, also unterbreitet Sarah ihnen nach dem Essen den Vorschlag, gemeinsam in die Berge zu fahren.

»Dann könnten die Männer Deutsch üben, wir beiden machen Urlaub«, sagt sie zu Samira und lächelt dann Khalim an. »Und du kochst abends lecker für uns. Wie wär das?«

»Übergeil!«, antwortet Khalim und greift nach Samiras Hand. Dann fallen seine Augenbrauen jedoch schnell wieder herunter. »Aber sch'ab kein Geld, wer soll bezahlen?«

»Der unbekannte Spender.« Ich zucke mit den Schultern. »Geierchen will mir nicht verraten, wer das ist, aber das ist ja eigentlich auch egal.«

»Und was ist mit euren Eltern?«, wirft Sarah in die Runde. »Erlauben die das denn?«

»Meine Mutter freut sisch bestimmt, wenn isch mal weg bin«, antwortet Samira schnell. »Sie weiß auch, dass isch ein Freund hab, und außerdem bin isch bald achtzehn. Aber deine?«

»Tühlisch«, antwortet Khalim spontan, »is doch Trai-

223

ningslager.« Dann kratzt er sich am Hinterkopf. »Aber wenn sie hört, ein Mädschen is dabei, sch'weiß nisch … Kannst du sie nisch fragen?«

»Ich?« Erschrocken tippe ich mir mit dem Zeigefinger auf die Brust, doch Sarah nickt. Ich gebe mich geschlagen. »Warum eigentlich nicht? Aber ruf du doch erst mal deine Mama an, Samira.«

Die gibt ihre Erlaubnis in der Tat noch am Telefon, also bringe ich Khalim am nächsten Tag im Anschluss an unseren Unterricht nach Hause und unterbreite seiner Mutter den Vorschlag, den Nadia für sie übersetzt. Weil wir Samiras Anwesenheit dabei nicht verschweigen, schüttelt sie zunächst vehement den Kopf, und so stampft Khalim beleidigt aus der Küche. Nadia redet aber so lange auf sie ein, bis sie irgendwann seufzt und nickt. Der Plan kann also festgeklopft werden: Am letzten Schultag holen wir die beiden nach Unterrichtsschluss ab, um dann direkt in den gemeinsamen Urlaub zu starten.

Es ist ein noch recht frischer, aber sonniger Freitagmittag im April, als wir mit dem vollgepackten Auto vor der Schule halten. Ganze Kinderhorden strömen aus dem Gebäude, vielen steht die Freude auf zwei schulfreie Wochen ins Gesicht geschrieben, anderen schon jetzt die pure Langeweile, die sie in vierzehn endlosen Tagen zwischen Fernseher, Mikrowelle und Computer erwartet. Bald tauchen auch Samira, Geierchen und Khalim auf.

»Lauscher uffjespannt, Jungs!«, sagt Geierchen zu Khalim und mir, als Samira und Sarah mit den Kindern im Auto sitzen. »Die Präsentation mit Melek haste nu jeschafft …«

»Voll mies ey, nur eine Vier gemacht«, unterbricht Khalim ihn. »Sch'ab doch gesagt, wir hätten besser vorbereiten sollen, ja? Melek war voll schlescht.«

»Ditt war okay, komm.« Geierchen haut ihm auf die

Schulter. »Ick hätte euch ja 'ne bessere Note jejeben, aber der feine Herr Zweitkorrektor wollte euch sogar durchrasseln lassen. Bei Schröder krisste eben nüscht jeschenkt, ditt wird bei der MSA-Klausur nich anders. Also Deutschvokabeln üben, lesen und den Aufsatz für Schröder verfassen. Habta eure Rechner mit?«

Wir nicken.

»Een Arbeitsplatz inne Hütte?«

Wieder nicken wir.

»Den Schuhkarton mitte Vokabeln?«

»Ja«, antworten wir im Chor.

»Die Prüfungsordnung für 'n MSA?«

»Natürlich, Rolf«, sage ich lauter und strecke ihm meine Hand entgegen. »Und jetzt fahren wir los, denn ein weiter Weg liegt noch vor uns, auch mental.«

»Also dann, Meister Müller und junger Khalim.« Zum Abschied zerquetscht er uns nacheinander die Hand und neigt seinen Kopf nach vorn. »Denkt immer dran: Ooch der längste Weg beginnt mit 'nem ersten Schritt!«

Schon bald rauschen wir die Autobahn Richtung Dresden entlang, und während die Mädels hinten mit den Kids spielen, stimme ich meinen Schüler auf unser Training ein.

»Wenn ich dich in der hohen Kunst der deutschen Sprache unterrichten soll, musst du dich an drei Regeln halten. Nummer eins?« Ich hebe meinen Zeigefinger. »Keine Widerrede. Du machst, was ich …«

»Aber …«

»Keine. Widerrede.« Ich blicke ihm streng in die Augen, dann wieder auf die Straße. »Regel Nummer zwei: tägliches Training, mehrere Stunden. Und Regel Nummer drei: siehe Regel Nummer eins. Vergiss das nie, junger Khalim!«

»Jawohl.« Mit der linken Hand umfasst er seine rechte Faust und verneigt sich. »Isch will ein guter Schüler sein.«

225

Hoch steht die Sonne über uns, die Landschaft fliegt an uns vorbei, und im Radio läuft *Eye of the Tiger*. Nun lasset das Training beginnen!

Dem gröbsten Osterferienverkehr gerade noch entkommen, verlassen wir gute zwei Stunden später die Autobahn und erreichen über Landstraßen und durch kleinere Ortschaften die nördlichen Ausläufer des Elbsandsteingebirges, das auch als Sächsische Schweiz bezeichnet wird. Bald werden die Zeichen der Zivilisation seltener: Immer weniger Autos kommen uns entgegen, im Rückspiegel ist schon länger nur die kurvige Straße zu sehen, und auch Menschen bekommt man hier, im fernöstlichen Zipfel der Republik, nur selten zu Gesicht.

Ein schmaler Weg führt uns bald bergauf durch einen dichten Wald in ein kleines Dörfchen. Verlassen liegt der Marktplatz vor uns, ein winziger Supermarkt, eine Bäckerei, eine etwas verwitterte Kirche und daneben das Büro unseres Vermieters. Eine alte Frau mit am Kinn zusammengeknotetem Kopftuch läuft in Zeitlupe über den Platz, eine Katze liegt am Wegesrand und beobachtet sie dabei.

Als Khalim und ich die Türen des Wagens hinter uns geschlossen haben, lauschen wir gespannt einem Phänomen, das in Berlin nicht anzutreffen ist: gespenstische Stille. Auf leisen Sohlen betreten wir das Büro.

»Güden Dach«, begrüßt uns ein Mann im örtlichen Dialekt, »Härr Möllör?«

Ich nicke ihm freundlich zu, also lässt er mich den Mietvertrag unterschreiben, überreicht mir zwei Schlüssel und beschreibt uns den Weg.

»Se fohrn immor weidach, immor weidach in Wolt, biss nie möhr weidach gähd, dann sinnze dor!«

»Wie hat er geredet?«, will Khalim wissen, als wir wieder im Auto sitzen. »Sch'ab ihm nisch verstanden.«

»Das war Sächsisch«, flüstere ich, weil auf dem Rück-

226

sitz beide Kinder und auch Sarah schlafen. »Willgömmen im wildn Ösdn.«

»Aber die kriegen hier alle MSA, oda was?« Khalim schüttelt den Kopf. »Voll umfair.«

Der Wagen schaukelt über den unebenen Waldweg, dem wir ein paar Minuten weiter bergauf folgen, bis wir endlich bei unserer Unterkunft landen: einem Blockhaus mitten im Wald, einsam und verlassen, mit einem Fleckchen Wiese davor, einem Autostellplatz daneben und etwas Brennholz, das an der Außenwand gestapelt wurde.

Mit den verschlafenen Kindern im Arm betreten wir schließlich eine kalte, aber sehr geräumige Wohnküche mit Kamin, großem Esstisch und einer Fensterfront, hinter der uns die vielen Bäume die Sicht auf den Wald versperren. Nachdem Khalim und ich das Gepäck und die Verpflegung entladen haben, entzünden wir ein Feuer im Kamin, das die Hütte schnell aufheizt, und so nutzen wir den verbliebenen Nachmittag, um uns in der urigen Bleibe einzurichten.

Als das Abendbrot verspeist ist und die Kinder im Bett sind, mache ich es mir mit dem Reiseführer in einem Sessel vor dem lodernden Feuer gemütlich. Der letzte Abend vor dem großen Training will schließlich genossen werden.

»Hier!« Ich halte das Buch hoch und zeige Khalim einen Punkt auf der dort abgebildeten Karte. »Genau hier starten wir morgen früh deine Lektionen, und zwar bei Sonnenaufgang.«

»Bei Sonn…«

»Regeln Nummer eins und drei?«

Khalim atmet tief durch und nickt, dann packen wir unsere Wanderrucksäcke für den nächsten Morgen und gehen alle früh ins Bett.

»Es sieht escht züschogeil aus hier«, schwärmt Khalim und schlürft an seinem Kaffee. »Ein guter Ort für Training.«

Hoch steht die Sonne nun schon über den Bergen, also verstaue ich unsere Stirnlampen und die Thermoskanne im Rucksack, lasse mir von Khalim die Vokabelbox geben und zeige auf den Wanderweg, der am Rand der Klippe entlang führt und uns somit auch weiterhin diesen fantastischen Ausblick bietet.

Ich ziehe eines der Kärtchen aus der Box. »Ich lasse mir kein X für ein U vormachen?«

»Dis is so, wenn isch misch nisch verarschen lasse.«

»Richtig.« Ich stecke die Karte eine Abteilung weiter hinten wieder ein. »Und ein anderes Wort für verarschen?«

»Veräppeln oder …« Er denkt einen Moment nach. »Jemand in den Arm nehmen?«

»Jemand*en auf* den Arm nehmen. Sehr gut. Ich lasse mir kein X für ein U vormachen?«

»Aber das hatten wir doch … Achso. Sisch nischt auf den Arm nehmen lassen.«

So wandern wir weiter nebeneinander auf dem Pfad der Spracherkenntnis, pausieren zwischendurch nur einmal, um die Mützen und Jacken einzupacken und Wasser zu trinken, und üben dann weiter.

Kurz nachdem wir mit seiner Wortschatzübung fertig sind, erreichen wir ein kleines Plateau, auf dem eine Bank steht. »Hier machen wir eine Pause«, sage ich und ziehe ein Taschenbuch aus meinem Rucksack. »Ein Roman für den Urlaub. Kapitel eins, bitte, sind nur gute fünf Seiten.«

Den kleinen Seufzer kreide ich Khalim nicht als Widerspruch an, sondern lehne mich im warmen Sonnenlicht zurück, schließe die Augen und lausche der Geschichte des Ost-Berliner Teenagers, der aus Gründen, die der Autor erst später verraten wird, auf einer Polizeiwache sitzt.

»›Für einen kurzen Moment sehe isch noch mein Spiegelbild auf dem Lilonum auf misch zukomm‹«, beendet Khalim das Kapitel, »›und dann knallt es, und isch bin weg.‹«

»Und gleich noch einmal. Das waren achtunddreißig Fehler beim Vorlesen von fünf Seiten, also liest du es noch einmal vor.«

Die Ernüchterung ist Khalims Stimme deutlich anzuhören, als er zum zweiten Mal zum Besten gibt, wie der Hauptdarsteller Maik überlegt, ob er wirklich nach seinem Anwalt verlangen soll.

»Schon besser.« Ich blinzele ihn an, als er fertig ist. »Nur noch vierundzwanzig Fehler. Beschreib mir bitte mal, was in dem Kapitel passiert ist!«

»Also gut.« Khalim seufzt, die Vögel zwitschern. »Der Portagonist ...«

»*Protagonist.*« Ich greife nach dem Schuhkarton, suche das Wort von weiter hinten heraus und sortiere die Karte wieder in das erste Fach ein. »Weiter bitte.«

»Der Protagonist ist Maik. Er ist ein Jugendlischer. Man versteht nisch so genau, aber er is auf eine Bullenwache, und ...«

»Warte, das sagt man so nicht«, unterbreche ich ihn. »Auf *einer Bullenwache*, heißt das. Die Bullenwache, weiblich, also auf *einer*, okay?«

»Sch'dachte, Bullen sagt man nisch.«

»Stimmt.« Ich kratze mir am Kopf. »Hast recht, Polizeiwache ist besser.«

»Jehnfalls blutet er und hat sisch in die Hosen gepisst und ...«

»Also, *gepisst* sagt man nun wirklich nicht.«

»Aber steht hier gleisch am Anfang, kuck!« Er blättert kurz und liest mir dann vor. »... ›hab isch mir in die Hose gepisst‹.«

»Na gut.« Ich lege meine Hand auf seine Schulter.

»Aber sag mir doch bitte noch etwas über das Buch an sich. Wer hat es geschrieben? Wann ist es erschienen, in welchem Verlag und so weiter.«

»Du meinst diese, äh …«, beginnt Khalim und holt dann tief Luft. »Wie hast du gesagt? Bibilo… bibo… bibliografischen Angaben?«

»Exakt, sehr gut.«

Als er mir alles genannt hat, was ich wissen will, lehne ich mich wieder zurück und schlage die Beine übereinander. »Dann Kapitel zwei, drei und vier, danach wandern wir weiter.«

Auf dem restlichen weitläufigen Rundweg um den Felsen, hinter dem unser Haus liegt, gehe ich mit Khalim noch einmal die gesamte Vokabelbox durch. Schließlich landen wir um halb zehn am Marktplatz, besorgen dort frische Brötchen und kehren bald wieder zum Ferienhaus zurück.

Das Frühstück verläuft so, wie es bei uns zu Hause üblich ist: Von allen essbaren Dingen, die sich in Antons Reichweite befinden, stopft er sich die Hälfte in den Mund und schmeißt die andere Hälfte auf den Boden. Klara hingegen redet wie immer ohne Punkt und Komma, und wenn wir sie irgendwann um Ruhe bitten, hält sie sich weniger als zehn Sekunden daran.

Sichtlich angestrengt lässt sich Khalim nach dem Essen in den Sessel fallen. »Zwei Wochen noch.« Er starrt ins Feuer und hat Mühe, seine Augen aufzuhalten. »Sch'raste aus!«

»Gegen Müdigkeit hilft nur eins: Bewegung.«

»Schon wieder spazieren?«

»Nein, Holz hacken.« Ich zeige auf den Kamin. »Das macht sich schließlich nicht von selbst.«

Gespannt und aus sicherer Entfernung schauen Klara und Anton dabei zu, wie Khalim die Axt schwingt. Ich hingegen veranstalte solange Wortspiele mit ihm.

»Holzhaus«, beginne ich.

»Hausmeister«, entgegnet er und lässt die Klinge auf das Holzscheit sausen.

»Meisterklasse«, sage wieder ich, und so setzen wir unser Spiel fort.

»Klassenlehrer.«

»Lehrerzimmer.«

Zack, die Axt geht nieder.

»Zimmertür.«

»Türschloss.«

»Schlossgarten.«

Und so weiter, und so fort. Irgendwann kommen wir bei »Kneipentour« an.

Ich erwidere: »Tourbus.«

Khalim sagt: »Buschpur.«

»Buschpur?«, frage ich, »was soll das denn sein?«

»Na, auf der Straße«, sagt Khalim und zerteilt wieder ein Stück Holz, »wo nur der Bus fahren darf.«

»Achso, die Busspur!« Ich überlege einen Moment. »Spur... äh, Spurhund?«

»Spurhund?« Khalim lässt die Axt fallen und hebt keuchend die Arme. »Du meinst *Spürhund*. Eins zu null für Khalim!«

Ich gönne ihm den Triumph, dann sammeln wir gemeinsam das Feuerholz auf und stapeln es an der Hauswand auf.

Nach dem Mittagessen gehen Samira und Sarah mit den Kids auf eine kleine Wanderung, also können Khalim und ich ungestört am riesigen Esstisch sitzen und den Inhalt des Aufsatzes diskutieren, mit dem er bei Schröder die Chance bekommen hat, seine Zensur zu verbessern.

»Aber woher soll isch denn wissen«, fragt Khalim sofort, »was'sch schreiben soll? Isch kenn doch gar keine Büscha.«

»Noch nicht.« Ich zücke den Roman, aus dem er mir heute Morgen vorgelesen hat. »Aber wie wär's denn damit?«

»Das da?« Er zuckt mit einer Schulter und blättert lustlos in den Seiten herum. »Öhngt so ein Züscho, der keine Freunde hat. Is doch kacke!«

»Blödsinn, du hast keine Ahnung.« Ich nehme ihm das Buch wieder weg und fuchtele damit wild in der Luft herum. »Das hier ist eine der coolsten Geschichten der letzten Jahre. Das Ding wird gelesen, und zwar komplett!«

Als er widersprechen will, halte ich erst einen und dann drei Finger in die Luft.

»Erinnere dich an unsere Regeln! Und jetzt schnapp dir das Ding und leg los, ich räum hier solange auf.«

Ich bin gerade mit der Küche fertig, da trudeln die Mädels wieder ein, und als uns nach ein paar Minuten auffällt, dass Khalim fehlt, finden wir ihn in seinem Bett – schnarchend und mit dem Buch auf dem Gesicht.

»Voll niedlisch«, flüstert Samira und nimmt es vorsichtig weg. »Hast du ihn fertischgemacht, he?«

Ein ausgiebiges Abendessen später steht die Planung des MSA auf dem Programm, denn inzwischen ist es eine ganze Weile her, dass ich mir die Voraussetzungen für das Bestehen genauer angeschaut habe. Aus der Lektüre der Prüfungsordnung geht das Prinzip aber schnell hervor: Drei Hauptfächer stehen im Mittelpunkt der Bewertung, nämlich Deutsch bei Schröder sowie Mathematik und Englisch bei Geierchen – der Mann, der offenbar alles unterrichten kann. Um überhaupt zur Prüfung zugelassen zu werden, darf Khalim in einem der drei Hauptfächer nur dann auf Fünf stehen, wenn er in den anderen beiden mindestens eine Drei hat. Laut Geierchen hat er sein Verhalten in Mathematik so sehr verbessert, dass die Drei dort überhaupt kein Problem sei, und da er Khalim sowieso unterstützen wird, sollte auch in Englisch mehr als eine Vier drin sein. Die Voraussetzungen sind damit schon recht gut, dass mein Zögling besteht, denn selbst wenn Schröder von der Fünf in Deutsch nicht abrückt – und das liegt leider im Bereich des Möglichen –, kann es mit der Zulassung hinhauen.

Die Prüfung selbst allerdings besteht aus jeweils einer Klausur pro Fach und im Hauptteil aus der Präsentation, die Khalim gemeinsam mit Melek glücklicherweise schon bestanden hat – wenn auch nur mit einer Vier. In den Klausuren gilt jedoch das gleiche Prinzip wie für die Jahrgangsnoten: Eine einzige Fünf darf Khalim sich erlauben, aber eben nur, wenn er sie mit einer Drei ausgleichen kann.

»Aber das kommt nicht infrage«, sage ich streng. »Das Risiko, doch durchzufallen, wäre viel zu hoch. Also? Auf gutes Gelingen!«

Gemeinsam heben wir unsere Sektgläser, freuen uns über das schöne Ferienhaus und das sonnige Wetter und überlegen, welche Ausflüge wir machen können, ohne die Arbeitseinheiten durcheinanderzubringen, die ich mit Khalim geplant habe.

Bald schon haben wir uns an das frühe Aufstehen gewöhnt und starten in den folgenden Tagen jeweils ein paar Minuten früher, um bei Sonnenaufgang am Aussichtspunkt zu stehen. Unterwegs konjugiert Khalim regelmäßige und unregelmäßige Verben in allen Zeitformen, erklärt mir die Bedeutung deutscher Sprichworte, schlägt mich zunehmend öfter im Spiel um zusammengesetzte Wörter und sagt mir seinen Vokabelkasten inzwischen fast fehlerfrei auf.

Auf der Panoramabank essen wir meist ein bisschen Obst, dann liest Khalim mir weiter aus dem Roman vor, den er schon bald zur Hälfte durch hat und an dem er – was eigentlich klar war – spätestens in dem Moment Gefallen gefunden hat, als der vierzehnjährige Protagonist mit dem gleichaltrigen Neuen der Klasse in einem geklauten Auto auf Reisen geht. Seine wachsende Begeisterung für diesen berührend-schrägen Roadtrip führt dazu, dass er sich an den Nachmittagen gern allein mit dem Laptop in sein Zimmer verkrümelt, um dort in Ruhe aufzuschreiben, was im letzten Abschnitt passiert ist.

Auf diese Art und Weise kann ich auch wieder mehr Zeit mit meiner Familie verbringen, und an den Abenden, wenn die Kids schlafen und Sarah und Samira am Kamin lesen oder sich unterhalten, Khalims Zusammenfassungen überarbeiten. Dabei markiere ich Rechtschreib- und Ausdrucksfehler, kommentiere die Stellen, mit denen ich inhaltlich noch nicht zufrieden bin, und schicke ihm das Dokument dann zurück. In derselben Zeit liest er wiederum meine Überarbeitungen vom Vorabend und setzt meine Änderungsvorschläge im Text um, und so nähern wir uns sehr langsam, aber doch sicher einem Aufsatz, an dem ich zwar mitgewirkt habe, der jedoch von Khalim höchstpersönlich verfasst wurde.

Am ersten Wochenende, also zur Hälfte des Urlaubs, gönnen wir uns einen Ausflug ins Familienbad, und weil sich Khalim und Samira ganz bezaubernd und verantwortungsvoll um Klara und Anton kümmern, können Sarah und ich seit Langem mal wieder zwei Stunden gemeinsam abschalten und uns in der Sauna und im Whirlpool darüber freuen, den Urlaub mit den beiden angetreten zu haben.

Schon am Sonntag stehen Khalim und ich aber wieder zum Sonnenaufgang am Geländer und blicken gemeinsam in die Ferne. Weil wir gemerkt haben, dass wir beide morgens noch recht unbeweglich sind, haben wir uns ein paar Übungen herausgesucht, mit denen wir unsere Muskulatur lockern können. Unserem kleinen Marsch schieben wir meist einen Wettbewerb in Liegestützen voran – den Khalim täglich deutlicher gewinnt.

»Die Kraft des Geistes ist v'leischt grenzenlos«, sagt er grinsend, nachdem er mich eben vernichtend mit sechzehn Liegestützen Vorsprung geschlagen hat, »die Kraft der Muskeln ist aber begrenzt.«

»Das war ja der Genitiv«, entgegne ich erfreut und hieve mich vom Boden hoch. »Woher kennst du den Satz?«

»Aus'm Fernsehen«, antwortet Khalim ruhig, »öhngt so ein Karatefülm.«

Ich scheuche ihn auf den Weg zu unserer Lesebank. »Dann gehen wir bei der heutigen Wanderung mal die verschiedenen Fälle durch und fangen ganz easy mit dem Nominativ an. Wer oder was?«

»Was?«

»Stimmt, wir brauchen ein Beispiel.« Ich schaue mich einen Moment um und zeige dann auf ihn. »Der gute Schüler. Eine Frage könnte dann lauten: Wer kommt pünktlich zum Unterricht?«

»Der gute Schüler kommt pünktlisch zum Unterrischt?«

»Richtig! Weiblich?«

»Die gute Schülerin?«

»Genau. Jetzt Neutrum. Das Kind?«

»Das gute Kind«, sagt er lächelnd, »kommt pünktlisch zum Unterrischt. Rischtisch?«

»Ja.« Wir schlagen ein. »Plural?«

»Hä?«

»Mehrzahl, Mensch!« Ich klatsche in die Hände. »Und ein bisschen schneller bitte, wir sind hier nicht beim Einkaufsbummel.«

»Die guten Kinder kommen pünktlisch?«

»Super, jetzt deklinieren wir. Das wird schwieriger, also spreche ich vor, und du beendest meine Sätze.« Ich sortiere meine Gedanken, dann fange ich an. »*Ich* habe einen guten Schüler, also ist es ...« Ich zeige auf meine Brust.

»Mein?«

»Ja, weiter.«

»Guter Schüler?«

»Genau. *Du* hast einen guten Schüler«, sage ich und zeige auf seine Brust, »also ist es …«

»*Dein* guter Schüler?«

»Ja. Und ohne Fragezeichen, bitte, du kannst es doch.« Möglichst unauffällig lege ich einen Schritt zu. »*Sie* hat einen guten Schüler, also ist es …«

»Ihr guter Schüler.«

»Das funktioniert doch bestens!« Ich hole meine Trinkflasche raus. »Dann mach doch mal alleine weiter.«

Auf den folgenden Kilometern quäle ich Khalim mit dem vielleicht schwierigsten theoretischen Teil unserer Sprache: den vier Fällen Nominativ, Genitiv, Dativ und Akkusativ, deren Reihenfolge ich mir eigentlich nur merken kann, weil ihre Anfangsbuchstaben alphabetisch rückwärts geordnet sind. Außerdem habe ich aus der heiteren literarischen Betrachtung selbst ernannter Sprachschützer etwas gelernt:

Der Dativ wird für den Tod des Genitivs verantwortlich gemacht, und seitdem dies in einem Buchtitel sehr treffend formuliert wurde, hat sich so etwas wie eine freiwillige Bürgerwehr gegen angebliche Sprachverrohung gegründet.

»Wegen des Autos«, hört man ihre Mitglieder spitzlippig sagen, »konnte ich die Straße nicht überqueren.«

Und diese grammatische Überreaktion hat sich so schnell und erfolgreich verbreitet, dass »wegen dem Auto« sogar falschen Alarm in meiner Klugscheißer-App auslöst.

»Mann, Herr Müller«, stöhnt Khalim, als wir mit der Deklination der Pronomen im Genitiv fertig sind. »Wie viel gipps denn davon noch?«

»Sei froh, dass du nicht Finnisch lernst. Da gibt es fünfzehn Fälle.«

»Lügmanisch!«

»Doch, doch. Im Deutschen sind es nur vier Kasus, die je nachdem, ob männlich, weiblich, neutral, ob Einzahl oder Mehrzahl, ob bestimmter oder unbestimmter Artikel mit verschiedenen Pronomen versehen werden. Personalpronomen, Possessivpronomen, Reflexivpro…«

»Abboooh!«, unterbricht mich Khalim und bleibt stehen. »Hast du dir den ganzen Kack von früher gemerkt?«

»Bist du verrückt? In deutscher Grammatik war ich immer eine Pfeife.« Ich grinse ihn an. »Dazu gibt's aber echt gute Websites, und die hab ich mir vor dem Urlaub einfach angeschaut.«

»Aber warum kannst du dann so gut?« Er wirft seinen Rucksack auf den Boden und setzt sich an den Wegesrand. »Schaffe das alles nie, ey!«

»Hör mal, ich hab das von klein auf gelernt. Du eben nicht. Also komm, mach dir keinen Vorwurf! Außerdem sprichst du schon viel, viel besser als damals, als wir mit der Nachhilfe angefangen haben.«

Ich setze mich neben ihn, reiße einen Grashalm aus und kaue darauf herum. Wieder schauen wir gemeinsam in das atemberaubend schöne Tal.

»Es dauert lange, aber fürchte dich nicht vor dem langsamen Vorwärtsgehen, junger Khalim, sondern nur vor dem Stehenbleiben.«

»Digga, isch glaub, du hast zu viele Kung-Fu-Fülme gesehen, oder?«

»Ja, vielleicht. Und jetzt komm, ich will wissen, wie's bei den zwei Autodieben weitergeht.«

Khalim springt auf und reicht mir die Hand. »Dann lass misch dir helfen, alter Meister!« Er zwinkert mir zu und zieht mich hoch. »Und zu Hause zeigst du mir die Website, okay?«

Eine sehr produktive zweite Woche beginnt, in der Khalim und ich – fast immer mithilfe der Homepage – die verschiedensten Details der deutschen Grammatik durchackern: Verben und Nomen, Pronomen und Artikel, Adjektive, Zeitformen, Deklinationen, Präpositionen und Adverbien und hundert andere fiese Dinge, die ich zwar tagtäglich verwende, von denen ich aber eigentlich nie wissen wollte, mit welchen lateinischen Begriffen sie bezeichnet werden.

Richtig spaßig wird es allerdings erst, als wir uns dem Satzbau widmen, denn gerade hier hat Khalim noch immer einigen Nachholbedarf, und mit Blick auf die Beispielklausuren, die wir ebenfalls im Internet finden, wird das extrem wichtig. Also sortieren und vertauschen wir Subjekte, Verben und Objekte, basteln Fragen und Verneinungen und stoßen irgendwann auf so grausame Begriffe wie Konjunktionaladverbien, Partizipialsatzbildung und Konditionalsätze.

»Isch *hülfe* dir?« Khalim zieht die Oberlippe hoch. »Das doch ein Fehler, oder?«

»Nein, das ist der Konjunktiv-Zwei von helfen, aber so spricht heute kein Mensch mehr. Obwohl …« Mit finsterem Blick klappe ich den Rechner zu und erhebe sowohl mich als auch mein leeres Weinglas. »So bringe das Weib mir noch einen Humpen dieses vortrefflichen Tropfens, aber geschwind!« Ich zwinkere Sarah zu, dann zeige ich auf Khalim. »Und auch meinen Schüler hier dürstet es gewiss! Nicht wahr, junger Khalim?«

»Jawohl.« Er steht ebenfalls auf und setzt ein paarmal zum Sprechen an, bevor er in meinen Tonfall fortfährt: »Es dürstet misch auch voll krass, wobei ein guter Wein mir hülfe!«

Laut lachend stoßen wir an und albern weiter im Sprachduktus vergangener Zeiten herum, bis die Flasche leer ist und Samira und Sarah uns daran erinnern, dass die Sonne schon bald wieder aufgeht.

Am nächsten Abend will ich von Khalim wissen, wie es in dem Roman weitergegangen ist.

»Überkrass!« Seine Augen leuchten. »Die beiden haben eine Braut kennengelernt, und …«

»Stopp! Ich weiß, es fällt dir schwer, aber«, ich setze mich aufrecht hin und tue so, als würde ich meine Brille auf der Nase hochschieben, »stell dir vor, ich wär Schröder.«

Sarah und Samira schauen vom Kamin herüber und kichern, Khalim hingegen verschluckt sich heftig und beruhigt sich erst, nachdem ich ihm lange auf den Rücken gehauen habe.

»So schlimm?«

»Schröder? Logisch.« Er räuspert sich und beginnt von vorn. »Also. Die beiden Protagonisten haben ein Mädschen kennengelernt«, sagt er langsam und schaut dabei immer wieder zur Zimmerdecke, »auf einer Müllkippe. Sie hat sehr stark gestunken, deswegen sie …«

»Hilfsverb«, flüstere ich.

»… deswegen *haben* sie sie in ein See geworfen, damit sie sisch waschen muss. Dann war sie nackt, und Maik fand sie voll toll und hat sie später fast geküsst. Gut?«

»Ja, junger Khalim, das war super!«

Spontan applaudieren auch die Damen, denn dies war vermutlich der längste und eleganteste Satz, den wir von Khalim je gehört haben. Er wird ein bisschen rot, verbeugt sich aber vor seinem kleinen Publikum und hält mir dann seine Hand zum Einschlagen hin.

»Dann gebe mal High Five, Meister Müller!«

»*Gib* mal High Five!«, sage ich und schlage ein. »Imperativ.«

»Imperatortiv?« Khalim zieht eine Augenbraue hoch. »Von Star Wars, oda was?«

»Genau«, stimme ich ihm zu und verkneife mir den vielleicht berühmtesten Satz aus dieser Trilogie, denn an seinen Vater muss ich Khalim jetzt nun wirklich nicht erinnern.

Stattdessen baue ich ihm lieber die Eselsbrücke, mit der ich einst diese grammatische Form gelernt habe. »Der Imperator erteilt Befehle, und der Imperativ ist die Befehlsform: Aus *gebe* wird *gib*, aus *nehme* wird *nimm*, und aus *gehe* wird *geh*. Zum Beispiel: Geh jetzt ins Bett, morgen früh ist die Nacht vorbei!«

In den wenigen verbleibenden Tagen ist Khalim außerhalb unserer Grammatikwanderungen kaum noch ohne sein Buch zu sehen. Seine Zusammenfassungen sind schon bald fertig, und meine Überarbeitungen immer schneller umgesetzt, und so sitzen wir an den letzten Abenden fast nur noch beieinander, um – meist zu viert – über den tieferen Sinn des Romans zu diskutieren und die Ergebnisse der Diskussionen in einem Fazit festzuhalten.

Am letzten Abend nimmt Khalim schließlich noch ein paar Änderungen an seinem Text vor, dann setzt er sich an den Tisch und liest uns das Ergebnis vor: seinen ersten Aufsatz, von ihm selbst geschrieben über das erste Buch, das dieser fast volljährige junge Mann in seinem Leben von vorn bis hinten gelesen hat. Verliebt wie noch nie verschwinden Samira und er danach in ihrem Zimmer und verschlafen am nächsten Tag die gesamte Heimreise.

Wieder fliegt der wilde Osten an uns vorbei, wieder schaffen wir es, dem schlimmsten Rückreiseverkehr zu entgehen, und so setzen wir drei Stunden später erst Samira und dann Khalim zu Hause ab und parken unseren Wagen an diesem milden und sonnigen Sonntagnachmittag in unserer Straße.

Gerade stehe ich am Auto, um in einem letzten Gang die restlichen Taschen nach oben zu schleppen, da klingelt mein Telefon.

»Hey, junger Khalim«, rufe ich erfreut in den Apparat, »hast du etwas vergess… Khalim?«

Ein leises Wimmern ist zu hören, doch ich verstehe kein Wort.

»Khalim, was ist denn los?«

Ein eiskalter Schauer zieht über meinen gesamten Körper, dann verstehe ich endlich die einzigen zwei Worte, die Khalim hervorbringt: »Mein Vater.«

Das kein Fundbüro, ja?!

Khalim«, rufe ich ins Telefon, »Khalim, bist du noch dran?«

Es tutet, die Verbindung ist abgebrochen.

»Scheiße!«

Mein Fluch hallt durch unsere Straße, ich setze mich auf die Kante des offenen Kofferraums und wähle seine Nummer.

Zum Glück geht er schon nach dem ersten Klingeln ran. »Hey, was los?« Seine Stimme klingt plötzlich bestens gelaunt, doch als ich gerade antworten will, spricht er weiter: »Isch bin nur die Mehlbox von Khalim, aber ihr könnt misch gern volltexten. Haut rein!«

Einen Moment lang überlege ich, eine Nachricht zu hinterlassen, will dafür aber genauer wissen, was wirklich passiert ist.

Auch beim zweiten Versuch meldet sich nur sein digitaler Stellvertreter, also schnappe ich das restliche Gepäck und hetze die Treppen hinauf. Als ich gerade in der Wohnung ankomme und Sarah von dem Anruf berichten will, klingelt mein Telefon wieder – allerdings mit einer unbekannten Handynummer.

»Khalim?«

»Nein, ich bin's, Nadia.« Ihre Stimme zittert. »Du hast wahrscheinlich schon von Khalim gehört, dass ...« Sie macht eine Pause, gewinnt aber das Ringen um die Fassung. »Dass unser Vater heute gestorben ist.«

»Also doch«, flüstere ich.

Sarah steht vor mir und hält sich beide Hände vor Mund und Nase, mir hingegen laufen bereits Tränen über die Wangen.

»Mein wirklich aufrichtiges Beileid, Nadia«, bringe ich gerade so hervor, dann herrscht Stille in der Leitung.

»Khalim ist ausgerastet«, sagt sie nach einer Weile. »Er hat sein Zimmer verwüstet und ist abgehauen. Kannst du ... Also, weißt du vielleicht ...«

Leises Weinen dringt an mein Ohr, mehrmals probiert Nadia den Satz zu Ende zu führen, schafft es aber nicht.

»Soll ich zu euch kommen?«

»Bitte, ja!«

Ich drücke Sarah und den Kindern einen schnellen Kuss auf die Wange und renne zum Auto. Während der Fahrt probiere ich mehrfach, Khalim zu erreichen, bekomme aber immer nur seine Mailbox zu hören.

»Khalim, wo bist du?«, rufe ich irgendwann in die Freisprecheinrichtung. »Bitte, melde dich bei mir! Ich weiß, du bist jetzt verzweifelt und wütend, aber ...«

Aber? Was sagt man einem Jugendlichen, der gerade seinen Vater verloren hat? Welche Hoffnungen kann man ihm machen?

»Ich verspreche dir, dass wir das schaffen.«

Stumm verfluche ich mich. Was für ein blöder Satz!

»Also ruf mich bitte, bitte an, ja?«

Als ich gerade die Grenze nach Kreuzberg überquere, klingelt mein Telefon, doch wieder ist es nicht Khalims Name, der auf dem Display angezeigt wird.

»Samira! Hast du schon gehört, dass ...«

»Ja.« Sie spricht gequält. »Nadia hat misch angerufen. Hast du Khalim gefunden?«

»Nein, ich dachte, er wäre bei dir. Mann!« Mit beiden Händen schlage ich aufs Lenkrad. »Wo ... wo bist du? Soll ich dich abholen?«

Sie sagt mir, wo ich sie aufsammeln kann, und steigt wenig später ins Auto. Ohne mich zu fragen, greift sie nach dem Knopf des Infotainmentsystems, klickt sich in gefühlter Lichtgeschwindigkeit durch irgendwelche Menüs und verbindet so ihr Telefon mit der Anlage. Dann ruft sie ihre Mailbox an. »Hör gut zu!«, sagt sie und dreht lauter.

»Erste neue Nachricht«, tönt die Computerstimme durchs Auto, »empfangen um fünfzehn Uhr achtundzwanzig.«

Ein Blick auf die Uhr verrät, dass der Anruf eine knappe halbe Stunde her ist. Es piept, dann plärrt Khalim aus allen Lautsprechern: »Scheiß auf alles!« Seine Stimme ist verzerrt und hallt. »Sch'hau ab, Samira! Sch'liebe disch, aber ...«

Gespannt lauschen wir seinem schweren Atem.

»Mein Vater ... Er's tot!« Er brüllt aus vollem Leib. »Dieser Wichser, er hat ihn totgefahren! Sch'wöre, isch bringe ihn um!«

Nach ein paar schweren Atemzügen fängt Khalim an zu weinen. »Sch'ab mein Papa so geliebt, weißtu? Und jetz? Jetz isser tot und ...«

Um Khalim besser zu verstehen, dreht Samira die Lautstärke noch etwas weiter hoch.

»Scheiß auf MSA, scheiß auf alles!«, brüllt er noch einmal, dann klickt und tutet es.

»Kennt er den Typen etwa«, fragt Samira panisch, »der seinen Vater ...«

»Quatsch!« Ich stelle den Wagen am Kotti in zweiter Reihe ab und stürme mit Samira zum Eingang des Hochhauses, in dem die Farroukhs wohnen. »Zumindest nicht, dass ich wüsste.«

Im Fahrstuhl spielen wir seine Nachricht noch einmal auf dem Lautsprecher des Handys ab, doch außer einem Hall, der auf seiner Stimme liegt und den man deutlich hören kann, gibt es keinen Hinweis auf seinen Aufenthaltsort.

Eine verheulte, aber gefasste Nadia öffnet uns die Tür und führt uns ohne Umweg durch die Wohnung. Ihre Mutter lässt sich nicht blicken. In Khalims Zimmer stehen wir vor dem Ergebnis seines Wutanfalls: Sämtliche Schulsachen sind auf dem Boden und dem Bett verstreut, ein Regal liegt quer im Raum, darunter ein zerbrochener Bilderrahmen, Poster sind abgerissen und sein Schreibtischstuhl umgeschmissen.

Auf der verzweifelten Suche nach irgendwelchen Anhaltspunkten finde ich hinter der Tür schließlich seine zerstörte Wortschatzkiste und entdecke nach und nach auch die Karteikarten inmitten des Chaos. Seufzend stelle ich den Stuhl hin und setze mich drauf. »Wie hat er denn zuerst reagiert?«

»Er wollte es nicht glauben.« Nadia putzt sich die Nase, schiebt ein paar Schulsachen beiseite und setzt sich aufs Bett. »Erst hat er hier gesessen und den Kopf geschüttelt, hat immer gesagt: Ihr seid verrückt, ihr habt die Ärzte nicht verstanden!« Sie zuckt mit der Schulter und schaut zu Samira, die mit verschränkten Armen vor der Brust im Türrahmen lehnt. »Khalim wollte es die ganze Zeit nicht wahrhaben, dass Papa eigentlich schon im Sterben liegt. Dann ist er ausgeflippt, und als ich dich angerufen habe, ist er rausgerannt.« Sie reibt das Taschentuch in den Händen. »Ich hab Angst, dass er Scheiße baut, ehrlich.«

»Glaub'isch nisch«, sagt Samira und schaut mich für den Bruchteil einer Sekunde an, dann setzt sie sich neben Nadia. »Wenn er es nisch wahrhaben wollte«, überlegt Samira laut und steht dann plötzlich wieder auf, »dann ist er bestimmt …«

»Ins Krankenhaus.« Vollende ich den Satz. »Das ist nicht weit von hier, los!«

Wieder hetzen Samira und ich durch den Flur, wieder

stehen wir im Fahrstuhl, und als wir das Haus verlassen und meinen Wagen erreichen, hat sich dahinter bereits ein hupender Autokorso gebildet. Wir wollen gerade einsteigen, da stampft der Fahrer eines Lieferwagens wütend auf mich zu.

»Geiler Parkplatz, du Arschloch!«, ruft er. »Weißt du eigentlich, wie lange wir hier …«

»Was willst du, he?« Samira macht einen Schritt auf den großen Typen zu und brüllt ihn unvermittelt an. »Verpiss disch lieber, du hässlischa Vogel, oder isch kack dir in Mund!«

»Ist ja gut, komm!« An den Schulter zerre ich die Furie zum Auto und nicke dem verdatterten Mann zu. »Wir sind schon weg, sorry.«

Nach einer kurzen und wortlosen Fahrt zum Krankenhaus reißt Samira die Tür auf, als ich noch nicht einmal richtig geparkt habe, und rennt los. Hechelnd hole ich sie am Eingang zur Notaufnahme ein und zeige ihr, wo es lang geht. Im Fahrstuhl nach oben entsteht eine merkwürdige Stille zwischen uns.

»Ich kack dir ins Gesicht?« Meine Mundwinkel gehen ganz weit nach unten. »Wie kommst du denn bitte darauf?«

»In den Mund. Ağzgına sıçayım.« Sie schlägt mit ihrem Handrücken in die Fläche der anderen Hand und runzelt die Stirn. »Man sagt so in Türkei.«

Als wir den langen Flur Richtung Intensivstation entlanglaufen, den ich vor einigen Wochen auch mit Khalim und seiner Familie entlanggegangen bin, rätseln wir gemeinsam, wo er sich noch aufhalten könnte.

»Nicht so laut, bitte!«, mault eine Krankenschwester und stellt sich uns in den Weg. Dann zeigt sie auf die Decke. »Ditt schallt hier imma so.«

Wir reißen die Augen auf, starren uns mit offenen Mündern an und rennen dann rechts und links an der Frau vorbei. Von hier aus also hat Khalim bei Samira angerufen!

Vor der Intensivstation angekommen, drücke ich so oft auf die Klingel, bis das Surren ertönt und ich die schweren Milchglastüren aufdrücken kann. Zwischen den piependen Geräten eilen wir zum Schwesternzimmer, wo wir Frau Dr. Finke vorfinden.

»Auf Sie habe ich schon gewartet«, sagt sie, nimmt ihre Lesebrille ab und steht auf. »Dieser junge Farroukh war gerade hier und wollte nicht glauben, dass sein Vater tot ist, deshalb habe ich …«

»Ihn ja wohl nicht zu ihm gelassen!« Ich reiße die Augen auf. »Oder etwa doch?«

»Sind Sie verrückt?« Sie greift nach einem Formular auf dem Tisch und hält es mir vor die Nase. »Der Totenschein hat gereicht.«

»Und dann?« Samira ist kurz davor, die Ärztin an den Schultern zu packen und zu schütteln. »Wo ist er hin?«

»Keine Ahnung.« Dr. Finke verschränkt die Arme vor der Brust und weicht einen Schritt zurück. »Zuerst ist er hier weinend zusammengebrochen, dann wurde er wütend und hat immer wieder gebrüllt, er werde irgendwen umbringen.«

»Und da haben Sie ihm einen schönen Tag gewünscht«, sage ich und lache verrückt, »und ihn dann einfach so nach draußen spazieren lassen, ja?«

»Was sollte ich den tun? Ihn vielleicht mit dem Betäubungsgewehr niederstrecken?« Sie richtet sich den Kittel. »Außerdem passieren solche Dinge ständig bei uns, da gewöhnt man sich …«

»Komm, das bringt hier nischts!« Samira macht auf dem Absatz kehrt, doch als ich ihr gerade folgen will, greift die Ärztin nach meinem Arm.

»Traumatisierte Personen neigen in solchen Situationen erfahrungsgemäß zu irrationalen Handlungen«, sagt sie leise und in Höchstgeschwindigkeit. »Der Schuldige wird gesucht, aber weil der Junge nichts über den Fahrer weiß, kann in seiner blinden Wut schon der geringste Hinweis ausreichen, ihn ausfindig zu machen. Es war ein Autounfall, richtig?«

»Ja, er wurde an einer Fußgängerampel überfa…«

»Wo?«

»Ganz hier in der Nähe.«

»Suchen Sie dort!« Sie zeigt mit dem Arm auf den Ausgang der Station. »Schnell, er kann noch nicht weit sein.«

Wieder eilen wir durch die Intensivstation, rennen zwischen verschreckten Patienten und schimpfenden Krankenschwestern den Flur entlang, entdecken ein Treppenhaus, stürmen die Stufen hinunter, landen auf dem Parkplatz und rennen zu Fuß über die Admiralsbrücke. Nach einer knappen Minute erreichen wir hechelnd die Ampel – von Khalim jedoch keine Spur.

»Khaaaliiim!«, brüllt Samira verzweifelt, doch bis auf ihr Echo, das von den Sozialbauten zurückgeworfen wird, geht das hektische Leben am Kottbusser Tor einfach weiter. »Wooo biiist duuu?«

Ein paar Bauarbeiter, die vor einem Kiosk sitzen, schauen zu uns herüber und tuscheln miteinander. Dann winken sie uns heran. »Suchta jemanden?«

Wir nicken.

»Vorhin hat hier son Araberjunge jeheult und den Mülleima da zertreten.« Er zeigt auf eine umgestoßene Mülltonne. »War janich jut druff, ditt Kerlchen.«

»Wo ist er hin?« Samira faltet ihre Hände. »Bitte, bitte, welsche Rischtung?«

»Öhnktwo dalang.« Er zeigt über die Ampel hinweg auf die andere Seite des Kreisverkehrs. »Abba wie'n jeölter Blitz.«

Wir bedanken uns, rennen zurück zur Ampel, warten auf das grüne Signal und folgen Khalims Weg.

»Natüüühlisch!« Samira schlägt sich gegen die Stirn und zeigt auf das Wettbüro. »Isch bin so ein Spasst, Alta. Komm schnell, jetzt hamm wir ihn!«

Vor dem Wettbüro tummeln sich Männer jeglichen Alters, die Zigaretten rauchen, schwarzen Tee aus kleinen Gläsern trinken und sich auf Türkisch und Arabisch unterhalten. Ungeachtet der Blicke, die uns von allen Seiten zugeworfen werden, durchforstet meine forsche Begleitung den gesamten Pulk, wird aber offenbar nicht fündig und drängelt sich grob in Richtung Eingang. Um sie nicht zu verlieren, schiebe ich mich hinterher und stehe kurz darauf zum ersten Mal in meinem Leben in einem Etablissement dieser Art.

Zwei riesige Leinwände und zahllose Flachbildfernseher hängen an den Wänden, es laufen Fußballspiele, Boxkämpfe und Autorennen. Darunter zeigen weitere Bildschirme komplizierte Tabellen an, vor denen Männer stehen und lauthals jubeln, miteinander diskutieren oder fluchen. Andere haben die Köpfe in die Nacken gelegt und starren auf die Sportereignisse. Ihre Gesichter schimmern im flackernden Schein der Fernseher, in ihren Händen halten sie verschiedenfarbige Zettel.

»Ey, Kollega!« Ein glatzköpfiger Muskelberg tritt plötzlich vor mich und lässt die Kieferknochen mahlen. »Sch'ab disch was gefragt.«

»Mich?«, rufe ich in den Lärm hinein und kann angesichts der gnadenlosen Reizüberflutung keinen klaren Gedanken fassen. Hektisch springt mein Blick von dem Giganten vor mir zu den Fernsehern, dann zu Samira, die gerade im hinteren Teil des Ladens verschwindet, und wieder zurück zu Meister Proper in der Mafiaausgabe. »Sorry, ich hab Sie nicht ...«

»Bisstu taub, oda was?!« Seine massive Stirn legt sich in Falten, eine Ader an seinem Hals schwillt an. »Was du hier willst!«

»Wir ... äh ... suchen meinen Nachhilfeschüler«, erkläre ich stammelnd und konzentriere mich darauf, seinem Blick nicht auszuweichen. »Er heißt Khalim, und sein Vater ...«

»Das hier kein Fundbüro, ja?« Er weist mit dem Kinn auf die Tür. »Pissdisch ma, Digga, okay?«

In schätzungsweise vier Millisekunden kommt mein Hirn zu zwei Ergebnissen. Erstens, Samira wird die Sache hier schon allein rocken, und zweitens, ich bin ohne Faust im Gesicht wohl eher eine Hilfe. Also nicke ich dem Muskelberg zu, mache auf dem Absatz kehrt und peile zielstrebig die Tür an.

Als ich kurz davor bin, das Tageslicht wieder zu erreichen, spüre ich eine Hand auf meiner Schulter. Wie ein Schraubstock greift sie zu und dreht mich um, dann stehe ich wieder vor dem Stier – und vor zwei Typen, die ihn flankieren und aussehen wie seine genetischen Kopien.

»Eine Frage noch, Digga.« Ohne mich aus den Augen zu lassen, dreht er einen Ring an seinem Finger. »Wie heißt dein Schüler mit Nachname?«

»Khalim?« Literweise Adrenalin versetzen meinen Körper in den Fluchtmodus und fahren mein Erinnerungsvermögen dabei auf Minimalmodus herunter. »Ich, äh ... Fo-... Fu... Farroukh!«

»Farroukh?« Er schaut erst den linken und dann den rechten Klon von sich an, danach guckt er wieder zu mir. »Was mit sein Vater?«

»Der ist heute ...« Langsam erlangt mein Verstand wieder die Kontrolle, also versuche ich mich zu entspannen und räuspere mich. »Er ist heute verstorben. Khalim ist durchgedreht und abgehauen, seine Freundin Samira und ich«, ich nicke mit dem Kinn auf den hinteren Bereich des flackernden Raumes, »wir suchen ihn.«

»Du bist Herr Müller, oder?« Der Stiernacken lächelt

mich traurig an. »Khalim hat viel erzählt von dir. Komm mit!«

Er führt mich an den Bildschirmen vorbei in den hinteren Bereich des Wettbüros. Dort zeigt er auf Samira, die bei ein paar Jungs in Khalims Alter an einem runden Tisch sitzt und weint.

»Sch'ab keine Ahnung« sagt der Muskelberg noch, »wo Khalim sein kann, aber sch'finde gut, dass ihr ihn sucht. Er hat escht Glück mit seine Lehrer. Dieser Herr Geier ist auch voll korrekt.« Er drückt mir zum Abschied so fest die Hand, dass ich mich gar nicht darüber wundern kann, woher er wohl Geierchen kennt. »Und sorry, wenn'sch unfreundlisch war, ja? Hier gipps immer krasse Spasten, sie machen Stress und so, du weißt schon.« Er nickt mir zu, lächelt und stolziert davon.

»Tach Jungs«, sage ich in die Runde, in der Samira sitzt, und hocke mich zu ihnen. »Habt ihr vielleicht eine Idee, wo Khalim …«

»Kes lan!« Ein schmächtiges Kerlchen mit Zahnstocher im Mund schaut erst mich, dann Samira böse an. »Wer ist dieser yarak?«

»Rede ma richtisch, Ecko!«, pampt Samira ihn an. »Das' Philipp, sein Nachhilfelehrer. Komma klar auf dein Leben, bu ciddi bi mesele.«

»Er's dieser Herr Mülla, oda was?« Ecko spuckt ein Stückchen Holz auf den Boden. »Und du, Samira, beschützt du den Hond, he? Tam schlicki amina ko…«

»Ich hab zwar keine Ahnung, worum es geht«, mische ich mich ein, »aber nachdem ich heute schon einen kräftigen Fluch gelernt habe, bin ich ganz froh, nur die Hälfte zu verstehen. Also, Ecko, hast du Khalim heute gesehen oder nicht?«

»Lan, kommt ihr vom hinterm Mond, oda was?!« Der Junge kneift seine ohnehin schon kleinen Äuglein zusammen. »Sein Vater ist tot. Normal dass er abhaut, oda?«

»Mann Ecko, wir haben Angst, dass ihm was passiert«, brüllt Samira ihn an, »checkst du das nicht? Also sag ma jetze!«

»Sessiz olun!«, ruft der Türsteher, der plötzlich wieder hinter uns steht, in die Runde. »Ruhe jetzt, ja? Entweder ihr benehmt eusch, oder ihr fliegt raus. Alle!«

»Uff, tam Kopffick ihr beide …« Ecko grinst und schüttelt den Kopf.

»Ecko, yemin et, du hast ihn nicht gesehen?« Zischt Samira über den Tisch. »Sag Vallah, dann isch glaube dir!«

»Vleischt!« Er greift in seine Jackentasche und wirft ein Beutelchen Gras auf den Tisch. »Meine Kopf is jehnfalls harman, ja? Sch'bau ersma ein, dieser Khalim s'miregal!«

Einen Moment lang herrscht eine Stille am Tisch, die von dem Gemisch aus Männerstimmen, Motorenlärm und Sportmoderationen niedergedrückt wird. Ecko kaut weiter auf seinem Zahnstocher herum, während er aus Pappe einen Filter für seinen Joint rollt, Samira starrt auf ihr Handy, die anderen Jungs rühren in ihrem Tee oder schlürfen daran. Kurz überlege ich, die Frage nach Khalim ein letztes Mal in die Runde zu werfen, weil aber bis auf Ecko alle Anwesenden eher betroffen als gleichgültig wirken, gehe ich davon aus, dass uns hier wirklich niemand weiterhelfen kann.

Gedankenverloren beobachte ich Ecko beim Jointbauen. Sorgfältig verteilt er den Tabak auf dem Blättchen, greift dann in den Beutel und zerreibt ein paar der grünen Pollen. Schon bald verbreitet sich der mir altbekannte, süßliche Duft am Tisch, und als er es durch meine Nase in mein Hirn geschafft hat, geht mir dort endlich ein Licht auf.

»Oh Mann, ich bin ja so dumm!«, rufe ich so laut und plötzlich aus, dass Samira zusammenzuckt.

Ecko grinst und nickt. »Stimmt, bist dumm wie eine Brötschen!«

Ich stehe auf und wende mich an Samira. »Los, komm mit!«

»Moment noch.« Sie beugt sich zu Ecko vor, grinst ihn breit an, holt kurz Luft und pustet dann mit einem kräftigen Luftstoß seine gesamte Mische vom Tisch. »Jetzt können wir gehen!«

Das Gezeter des Kiffers wird leiser, als wir an den Fernsehern vorbei ins Freie rennen und nebeneinander die Straße überqueren. Unterwegs will Samira immer wieder von mir wissen, wohin es gehen soll. Ich aber bin mit Rennen und dem Verkehr beschäftigt – und meiner Sache nun so sicher, dass ich nur noch ein Ziel kenne. Ohne Rücksicht auf meine Begleiterin haste ich wieder auf den Eingang von Khalims Haus zu, drücke fast alle Klingeln, stoße die Tür auf, als der Summer betätigt wird, und rase dann in Richtung Fahrstuhl.

»Zu Hause?« Samira schüttelt den Kopf, als sie sieht, dass ich den Knopf des zehnten Stockwerks drücke. »Glaubstu, er hat sisch unterm Bett versteckt, oda was?«

»Ich glaube gar nichts«, sage ich und grinse sie an. »Ich weiß es.«

Samira schüttelt den Kopf, dann öffnen sich die Türen zum Hausflur der zehnten Etage, den wir gemeinsam betreten. Weil sie nach links abbiegen will, ich aber nach rechts, renne ich sie fast um und eile dann unter der flackernden Neonröhre vorbei durch zwei Glastüren, schmeiße mich gegen die Stahltür, renne die Treppen hoch, reiße die letzte Tür auf und lasse Samira dann den Vortritt aufs Dach.

»Khalim?« Ihre Stimme wird vom Wind weggetragen, der hier oben weht.

Hastig dreht sie sich in alle Himmelsrichtungen, dann entdecken wir ihn am anderen Ende der Plattform, wo er mit angezogenen Knien gegen einen Schornstein gelehnt sitzt.

»Mann, Khalim, ey!« Heulend rennt Samira zu ihm, ich aber atme erst einmal tief durch und laufe dann langsam hinter ihr her.

Als ich mich den beiden nähere, hockt sie neben Khalim auf dem Boden und kann sich nicht zwischen weinen, schimpfen und streicheln entscheiden. Weil mein Schüler sein Gesicht noch von mir abwendet, bleibe ich vorerst auf Distanz und warte, bis seine Freundin sich etwas beruhigt hat.

»Tust du mir einen Gefallen?« Er streicht über ihr Haar und gibt ihr einen Kuss. »Geh schon mal zu meiner Mutter und beruhisch sie, ja?«

Er küsst sie zärtlich auf den Mund, dann macht sich Samira von ihm los und eilt zum Treppenhaus zurück.

»Darf ich?« Ich zeige auf den Boden und setze mich neben Khalim, als er nickt. Erst jetzt fällt mir auf, dass ein Taschentuch um seinen Daumen gewickelt ist. »Was ist passiert?«

»Hab misch geschnitten«, sagt er leise und zieht mit der anderen Hand ein Foto aus der Innentasche seiner Jacke. »Am Bilderrahmen. Hier.«

Er reicht mir ein Foto, auf dem seine Familie zu sehen ist. Seine Eltern sitzen auf einer Bank, gut gekleidet, im Hintergrund ein kleines baufälliges Haus. Khalim sitzt als Kleinkind auf dem Schoß seines Vaters, Nadia liegt als schlafendes Baby im Arm ihrer Mutter. Beide Eltern lächeln in die Kamera, Khalim jedoch schaut hoch zu seinem Papa.

»Das's im Libanon. Sch'war so alt wie Klara jetzt, und Nadia so wie Anton.« Er greift hinter sich und zieht den Deckel seiner Wortschatzkiste hervor. »Sch'ab alles kaputt gemacht, außer das hier.« Vorsichtig streicht er über das größte Strichmännchen, das Klara gemalt hat, dann schaut er mich an. »Isch kann nisch mehr, Philipp. Sch'ab einfach keine Kraft mehr!«

Ich nicke und betrachte dann das alte Foto in meinen Händen. Lange schaue ich dem hübschen jungen Vater in die Augen und erkenne Khalim in dem fröhlichen Gesicht wieder. Auch merke ich erst jetzt, da sich die Hektik der Suche langsam legt, wie tief auch mich der Tod dieses Mannes berührt, den ich nicht mehr kennenlernen durfte. Ein frischer Wind weht uns um die Ohren und trocknet schnell die Tränen auf meinen Wangen. Unvorstellbar erscheint mir der Schmerz, den der Verlust des Vaters für einen Jungen in Khalims Alter bedeuten muss – und in seiner Situation.

Schnell setzt nun die Dämmerung über der Stadt ein, und ohne ein Wort zu sprechen sitzen wir nebeneinander, bis es so dunkel ist, dass ich die Personen auf dem Foto kaum noch erkennen kann.

»Warst du eigentlich vorhin im Wettbüro?«

»Nein, warum?«

»Wollte nur wissen, ob Ecko uns ange…«

»Ach, Ecko, vergiss ihn einfach.« Khalim lacht kurz. »Er's dummer Junge, weißtu, rischtisch dummer Junge. Nein, Mann.« Er schaut mich von der Seite an. »Sch'war im Krankenhaus, weil isch nisch glauben konnte, dass …« Er senkt den Kopf. »Dass er tot ist. Dann wollt isch den Wixa suchen, der ihn überfahren hat und ihn …«

»Was?«

»Ach, s'egal!« Er wischt sich eine Träne aus dem Augenwinkel. »Davon wird er auch nisch wieder lebendisch. Außerm hat mir die Ärztin nochma gesagt, dass er sowieso kaputt war.«

Er vergräbt sein Gesicht unter seinem Arm und schluchzt, sein Körper bebt und verkrampft sich, also lege ich vorsichtig meine Hand auf seinen Oberarm und spreche ihm so lange gut zu, bis er sich halbwegs beruhigt hat.

»Er war kaputt, Mann!«, brüllt er in seine Armbeuge. »Sein Gehirn, alles kaputt! Nisch mehr laufen, nisch mehr lachen, nisch mehr reden. Was das für ein Leben? Dabei war er so …« Er atmet durch, dann verfinstert sich sein Gesicht. »Und dann mein Onkel, sch'ab ihn gehasst! Er hat uns geschlagen, alle, sogar meine Mutter. Sch'ab zu ihn gesagt: ›Wenn Papa wiederkommt, du kriegst alles wieder‹, aber mein Papa kam nisch, er kam einfach nisch wieder, ja? Und als mein Onkel eima Nadia schlagen wollte, da …« Er schaut mich eindringlich an. »Du weißt, Flippo, sch'war Boxverein, ja? Sch'war gut, auch schon wo'sch noch kleiner war, sch'ab mein Onkel einfach Bombe gegeben, zweimal, dreimal, immer wieder: Bäm! Bis er umgefallen is, dieser Kackmensch, wie ein Sack is er umgefallen. Puff!«

»Und dann?« Leise rieselt ein unfassbarer Gedanke in mein Hirn. »Hast du ihn etwa …?«

»Totgeschlagen? Nein. Auch wenn er's verdient hätte. Sch'ab ihm den Tod gewünscht, jeden Tag hab isch mir gewünscht, dass er stirbt.« Lange kaut Khalim auf seiner Unterlippe. »Dann hat er Krebs gekriegt, öhngtwas in Bauch, kein Plan, sechs Wochen später war er tot – zack! Sch'meine …« Wieder starrt mich Khalim von der Seite an. »Was soll aus so jemand wie mir werden, he? Was wär aus dir geworden?« Er verstummt.

»Keine Ahnung, Khalim, echt.« Ich ziehe die Augenbrauen hoch und denke einen Moment lang nach. »Aber bestimmt keiner, der so eine tolle Freundin hat und kurz davorsteht, seinen MSA zu machen, um dann Koch in einem Schickimickirestaurant zu werden.«

»Koch schaff isch nur mit MSA«, sagt er und fuchtelt dabei mit beiden Händen herum. »Und Schröder wird misch ficken, sch'weiß genau.«

»Nix da!« Ich drehe mich zu ihm um, kneife das Auge leicht zusammen und spreche entschlossen weiter. »Schröder werden wir's schon zeigen!«

»Na klar.« Wieder lacht Khalim kurz auf. »Für disch is ja leischt gesagt mit dein Brain! Du hast ja sogar Uni, du Schleimer.« Er tippt gegen seine Stirn. »Aber isch? Sch'wollte mein Vater beweisen, dass isch klarkomme, dass isch es schaffen kann. Und jetzt? Jetzt ist er tot, weg, aus, piffpaffpuff, nada, nix mehr übrig!«

»Aber gibt's da nicht so«, ich zeige nach oben, »äh, Himmel und so?«

»Ach, Himmel-Pimmel ... Schwachsinn!«

Ich muss grinsen.

Er lächelt mich vorsichtig an. »Was lachst du so? Hast du doch selber mal gesagt!«

»Also hör mal, ja? Himmel-Pimmel habe ich ganz sicher nie gesagt.«

»Ja, so halt ...« Er schüttelt leicht den Kopf. »Du weißt, wie'sch meine.«

Langsam verschwindet das Lächeln aus seinem Gesicht, also starren wir wieder in die Dunkelheit und lauschen der Stille.

»Er war übrigens im Libanon damals«, sagt Khalim plötzlich und atmet durch. »Jetzt kann isch's dir ja verraten. Wir waren sehr arm hier, sagt meine Mutter, er's immer nur Taxi gefahren. Zu Hause wollte er auch Uni machen, du weißt ja: studieren und so, damit er ein besseren Job kriegen kann in Deutschland.«

»Aber?«

»Krieg.« Khalim zieht kurz die Nase hoch und schweigt dann wieder einen Moment. »Da unten is ja fast immer Krieg. Er musste zur Armee, deswegen kam er so lange nisch wieder. Aber dann war er plötzlisch wieder da und war ...«

»Wie ausgewechselt?«

Khalim nickt und starrt noch immer auf den Deckel des Schuhkartons, den Klara für ihn bemalt hat.

»Was würde er sich von dir wünschen?«

»Er? Dass isch fleissisch bin.« Khalim lächelt vorsichtig. »Und glücklisch.«

»Und du?« Ich gebe ihm das Foto zurück und schaue ihn an. »Was wünschst du dir im Leben?«

Wieder überlegt er lange, dann steht er langsam auf und reicht mir die Hand. »Komm hoch, alter Mann.« Er lächelt müde. »Mir ist kalt und sch'will zu meiner Mutter.«

Auf die Plätze, fertig – lies!

Ich bin nervös, und allem Anschein nach geht es Sarah und Joe genauso. Sogar Klara, die kleine Quasselstrippe, steht schweigend im Fahrstuhl und hält meine Hand fest. Auf dem anderen Arm trage ich Anton, den sorglos Glücklichen, der abwechselnd in die Hände und in mein Gesicht klatscht. Ohne zu wissen, was uns gleich erwarten wird, steigen wir aus und laufen den Flur entlang, dann öffnet uns Khalim die Wohnungstür.

Fast eine ganze Woche lang habe ich ihn nun nicht gesehen, denn trotz des Zeitdrucks war ich mir mit Geierchen schnell einig: Der Junge braucht eine Pause, und zwar von allen schulischen Aktivitäten. Keinen klaren Gedanken würde er nach dem Verlust seines Vaters fassen können, und auch wenn die Termine für die Abschlussarbeiten am Todestag des Vaters nur noch drei Wochen entfernt waren, sollte er die Möglichkeit bekommen, vor dem großen Finale dieses schwierigen Jahres wenigstens diese eine Woche zur Ruhe zu kommen können.

Erwachsen sieht er aus in seiner dunklen ordentlichen Kleidung, und sein Gesicht verrät, dass er seit dem letzten Sonntag endgültig der einzige Mann ist, der in diesem Haushalt lebt.

Nachdem wir unsere Schuhe ausgezogen haben, sprechen wir auch Nadia und ihrer Mutter in gedämpfter Stimme unser Beileid aus und werden dann ins Wohnzimmer geführt, wo ein älteres Ehepaar sitzt, das uns von Nadia als entfernte Verwandte vorgestellt wird.

»Das sind die Letzten«, sagt Khalim und schließt kurz die Augen. »Bald haben wir's geschafft.«

Im Laufe der Woche, erzählt er uns dann, kamen Verwandte aus nah und fern zu ihnen, um den Hinterbliebenen ihr Beileid auszusprechen und einen Briefumschlag mit Geld in eine schwarze Vase zu werfen.

»Zum Glück sind sie alle großzügig.« Nadia reicht uns Tee und versorgt Klara und Anton mit Keksen. »So ein Tod ist nicht nur furchtbar, sondern auch furchtbar teuer.«

»Und dieses muslimische Bestattungsunternehmen erst!« Mit vorgeschobener Unterlippe nickt Khalim. »Aber sie kümmern sisch wöhklisch gut um alles. Die Waschung, den ganzen Papierkram und auch die Beerdigung morgen.« Als er sieht, wie Joe und ich Umschläge aus unseren schwarzen Sakkos ziehen, winkt er ab. »Ihr nischt, bitte. Ihr habt mir so viel …«

»Forget it!« Joe schiebt sich an ihm vorbei und wirft ein schwarz umrandetes Kuvert in die Vase, dann lässt er mich mit meinem durch.

»Danke eusch, auch dass ihr hier seid.« Khalim lächelt schief und nickt dann zur Tür, die zu seinem Zimmer führt. »Kommt mit, isch zeig eusch was.«

Mit Joe und meiner kleinen Familie im Schlepptau, folge ich ihm zu seinem Zimmer, das er uns mit stolzer Geste präsentiert.

»Sch'ab alles aufgeräumt. Sieht besser aus als vorher, oder Flippo? Und kumma hier.« Er nimmt die alte Wortschatzbox vom Schreibtisch und beugt sich zu Klara runter. »Sch'ab sie wieder batteriert. Gut?«

Vorsichtig schaut mein Töchterchen hinter meinem Bein hervor, an das sie sich seit unserem Eintreffen klammert, und berührt dann mit einer Hand die Folie, mit der der gesamte Schuhkarton verklebt ist.

»War die kaputt?«

»Ja, isch ...« Khalim setzt sich im Schneidersitz auf den Boden und schaut Klara an. »Isch war so traurisch und so wütend, wegen mein Papa ...« Er atmet tief durch und starrt auf den Deckel des Schuhkartons.

Langsam löst sich Klara von meinem Bein und setzt sich Khalim gegenüber. »Ja, weil der gesterbt is«, sagt sie leise. »Und jetzt kann er dir nie mehr eine Geschichte vorlesen, oder?«

»Nein, nie mehr ...« Mit feuchten Augen lächelt er sie an. »Aber isch bin ja schon groß und kann auch allein lesen.« Er streichelt Klaras Kopf, dann steht er auf. »Aber jetzt kommt essen, sch'ab gekocht.«

Nach einem opulenten Mahl, das – abgesehen von Antons Gequake – sehr ruhig verläuft, verabschieden wir uns von allen und wünschen Nadia und ihrer Mutter viel Kraft für den kommenden Tag.

Khalim bringt uns zur Tür.

»Bist du sicher«, frage ich ihn, während ich Klara in die Jacke helfe, »dass du am Tag nach der Beerdigung schon weitermachen willst?«

»Absolut.« Er umarmt mich zum Abschied. »Wir hamm nur noch zwei Wochen Zeit, Junge.«

Exakt vierunddreißig Minuten nach Schulschluss schlägt Khalim am heutigen Montag im Büro auf, und nachdem ihm alle Anwesenden ihr Beileid ausgesprochen haben, setzen wir uns mit einem Kaffee in die Küche. Sein Bericht von der Beerdigung fällt kurz aus.

»Krass traurisch war's natühlisch, aber öhngtwie auch schön.« Langsam rührt er in der Tasse herum, dann legt er den Löffel beiseite und schaut mich an. »Also. Bald is Prüfung, wie's dein Plan?«

»Das ist mein Plan.« Ich schiebe ihm einen Stapel Papier vor die Nase. »Die Deutschklausur, die du ganz am

Anfang schon bei mir geschrieben hast. Die schreibst du jetzt noch einmal, damit wir wissen, wo du noch die größten Schwierigkeiten hast.«

Gemeinsam schauen wir uns den Aufbau der Klausur an, die aus zweiundzwanzig Seiten und sechs Aufgaben besteht, in denen drei Fähigkeiten geprüft werden: die Lesekompetenz, in der er 60 Punkte erwerben kann, sein Sprachwissen, das mit maximal 25 Punkten bewertet wird, und die Schreibkompetenz, für die noch einmal 40 Punkte verteilt werden.

»Und hier sind die Lösungen.« Khalim kriegt große Augen, als ich ihm noch einen Stapel vorlege. »Aber davon zeige ich dir natürlich nur die letzte Seite, denn hier steht, wie viele Punkte du mindestens erreichen musst.«

»Ohaaa, fümmsiepzisch?« Er schaut nach oben und murmelt ein paar Zahlen vor sich hin. »Über seschzisch Prozent. Krass!«

»Um Mathe müssen wir uns also weniger Gedanken machen, das ist doch gut zu wissen.« Ich sammle die Blätter der Probeklausur ein und klopfe sie auf den Tisch, um einen ordentlichen Stapel zu erhalten. »Du hast drei Stunden Zeit, so lange kann ich die Küche aber nicht blocken. Hier sind Ohropax, und bei Joe am Tisch ist ein freier Arbeitsplatz. Ready?«

Khalim nickt, holt zwei Stifte aus seinem Rucksack und nimmt sich eine Flasche Wasser mit ins Büro. Am Platz angekommen, schaltet er sein Telefon in den Flugmodus und stellt den Timer ein, stopft sich die Wachskügelchen ins Ohr und schreibt seinen Namen auf die erste Seite.

Die folgenden hundertachtzig Minuten hätte man perfekt im Zeitraffer filmen können: In Höchstgeschwindigkeit wuseln Menschen durch das Büro, setzen sich an ihre Plätze, stehen wieder auf, telefonieren, empfangen den Sushi-Lieferanten, bezahlen ihn, wackeln in die Küche, wackeln wieder zurück und begrüßen Joe, der sein Fahrrad an die Wand hängt. Nur Khalim sitzt still an seinem Platz, beugt sich über seine Arbeit, schaut gelegentlich ins Wörterbuch oder trinkt einen Schluck Wasser. Seine Sitzposition ändert er in den drei Stunden kaum, und erst als sein Handy klingelt, ist der Film vorbei. Laut gähnend streckt er sich und holt die Ohropax aus den Ohren, bevor er mit hängenden Schultern zu mir läuft.

»Überschwer, bin krass im Eimer jetze.« Er legt den Papierstapel auf meinem Tisch ab und schaut mich aus kleinen Augen an. »Sch'ab bestimmt total verkackt.«

»Ach was, mach dich locker!« Ich verstaue die Klausur in der Schublade. »Bevor du morgen wiederkommst, schau ich mir das in Ruhe an, dann besprechen wir alles weitere.«

Mit einem heißen Kaffee am Tisch und dem Rotstift in der Hand setze ich mich am nächsten Morgen in aller Ruhe an Khalims Klausur und frage mich, ob sich die Fortschritte, die er seit dem letzten Sommer im gesprochenen Deutsch verzeichnen kann, auch im Schriftlichen niederschlagen. Es ist wirklich spannend, denn anhand der Klausurergebnisse werde ich schon bald wissen, um wie viele Punkte er seine Leistung seitdem verbessern konnte – und welche Prognosen wir für das große Finale in zwei Wochen abgeben können.

»Ist das die Klausur von gestern?« Tobi steht plötzlich neben meinem Tisch und wirft einen Blick auf die Arbeitsbögen. Außer mir ist er fast der Einzige, der schon vormittags hier aufschlägt. »Ganz schön viel rote Farbe.«

In der Tat gibt es an Khalims Antworten jede Menge auszusetzen, und je länger ich an der Korrektur sitze, desto schlechter wird meine Laune.

Nach einem schnellen Mittagessen widme ich mich schließlich dem Text, den Khalim in der letzten Aufgabe verfassen sollte, und habe dann endlich sein Ergebnis vorliegen. Schnell drucke ich noch ein paar Dokumente für das folgende Gespräch aus, da klingelt es auch an der Bürotür.

»Und, und, und?« Noch bevor Khalim seine Sachen abgelegt hat, löchert er mich schon mit Fragen. »Wie sieht's aus?«

»Nicht ganz schlecht, aber kompliziert. Kaffee?«

Ich zeige auf die Küche, Khalim schüttelt jedoch den Kopf und setzt sich dort mit großen Augen an den Tisch. Ausgestattet mit seiner Klausur, meinem Bewertungsbogen und dem Papierstapel aus dem Drucker nehme ich neben ihm Platz und zeige ihm zuerst die letzte Seite seiner Klausur.

»Die erweiterte Berufsbildungsreife hättest du geschafft, aber für den MSA hat's nicht gereicht.«

»Eine Fümpf?« Er legt beide Hände an seine Wangen und starrt lange auf die große rote Zahl. »Mann ey, wozu mach isch denn die ganze Scheiße hier?« Mit einer schnellen Handbewegung schiebt er die Klausur von sich weg. Nachdem er sich lange die Schläfen massiert hat, seufzt er einmal und schaut an die Decke. »Aber du hast doch gesagt, sieht nisch so schlescht aus!«

»Sieh es doch mal so«, ich tippe auf die Blätter, »wir haben mal mit einem ganz anderen Anspruch angefangen. Du hast doppelt so viele Punkte erreicht wie im letzten Jahr. Und das ist super! Außerdem war es ganz knapp, schau mal hier.« Ich zeige ihm die Tabelle aus meinem Bewertungsbogen. »Dir fehlen nur ganz wenige Punkte zum Bestehen. Aber jetzt kommt das Wichtigste, pass auf!« Aus meinem Stapel ziehe ich die Prüfungsvoraussetzungen für den MSA. »Schon bald schreibst du die Klausuren. Zuerst Deutsch, dann Mathe und Englisch. In jedem Fach brauchst du mindestens eine Vier, nur eine einzige Fünf kannst du dir erlauben, wenn du sie mit einer Drei ausgleichst. In der Präsentation habt ihr eine Vier bekommen, richtig?«

»Ja, Mann, wegen Melek! Sie hat auf einmal nur noch diesen Tekin in Kopf«, ruft Khalim und flucht danach auf Arabisch. »Dann halt in Mathe.«

»Sicher?« Es vergehen zwei lange Sekunden ohne Antwort, also hake ich lauter nach. »Ist eine Drei in Mathe zu hundert Prozent sicher?«

»Na ja.« Er zuckt mit den Schultern. »Ziemlisch.«

»Also nicht.« Ich seufze und lege ihm den nächsten Papierstapel vor die Nase. »Then it all depends on English«, sage ich langsam. »You think you can at least make a four?«

»Hä?« Er schaut mich mit zusammengekniffenen Augen an. »Wie war die Frage?«

Eigentlich nicht so schwer, dafür aber offenbar eher rhetorisch. Genau wie diese hier: Wie wird wohl jemand, der weder die Sprache seiner Eltern noch die seines Heimatlandes richtig beherrscht, in der Prüfung für eine weitere Sprache abschneiden? Natürlich war mir das schon länger klar, aber wie hätten wir es schaffen sollen, neben Deutsch auch noch Englisch zu pauken?

Gemeinsam gehen wir die erste Aufgabe der Klausur durch, wobei sich meine Eindrücke aus den Stunden bestätigen, in denen ich Khalim bei den Englisch-Hausaufgaben geholfen habe: Das Vorlesen der Texte funktioniert gerade noch, Fragen dazu beantwortet er aber oft falsch oder eher durch Zufall richtig. Und das war nur der schriftliche Teil, mehr als die Hälfte der Punkte hingegen wird für das Verstehen der Hörbeispiele vergeben. Hier können wir also nur auf seinen Trumpf hoffen: Geierchen.

»Also, was meinst du?«, frage ich und konzentriere mich schwer darauf, mir die Hoffnungslosigkeit nicht anmerken zu lassen. »Schaffst du in Englisch eine Vier?«

»Sch'glaub schon.« Er nickt. »Was meinst du?«

»Was ich meine?« Ich fahre mir mit der Hand durch die Haare und starre dabei auf die Blätterlandschaft, die vor uns liegt. »Ich meine, dass du den MSA schaffen kannst, wenn du in Deutsch keine Fünf schreibst.«

Khalim ist still, doch einen Satz muss ich leider noch loswerden.

»Außerdem brauchst du die Drei in Mathe, um im schlimmsten Fall eine Fünf in Englisch auszugleichen.«

Einen Moment lang schweigen wir beide. Ich gebe es zu, ich bin gerade kurz davor, meine Arbeit mit Khalim als gescheitert zu betrachten. Viel zu groß erscheinen mir die Hürden, die er – nein: die *wir* in den nächsten Tagen noch nehmen müssen.

Mein Blick fällt auf die Fünf, die in roter Schrift unter seiner Klausur steht und mir wie ein Symbol dafür erscheint, in knapp neun Monaten keinen nachweislichen schulischen Fortschritt erzielt zu haben.

In der Sorge jedoch, Khalim könnte mir diese Einstellung ansehen, rufe ich mir schnell unsere Erfolge vor Augen. Immerhin konnte Geierchen ihn zum Halbjahr in Physik ins E-Niveau heben, sodass er für den MSA überhaupt zugelassen wurde – und dabei habe ich ihm mehrere Wochen nach unserer ersten Stunde noch nicht einmal die erweiterte Berufsbildungsreife zugetraut. Außerdem hat er sein Praktikum mit Bravour bestanden, eine vorzeigbare Präsentation abgeliefert, das Kiffen aufgegeben, eine stabile Beziehung zu Samira aufgebaut und sich sprachlich zweifellos weiterentwickelt. Nein, jetzt aufzugeben kommt überhaupt nicht infrage!

»Kopf hoch, mein Lieber!« Ich greife nach Khalims Schulter und warte, bis er mich anschaut. »Ich hab dir doch versprochen, dass wir das schaffen. Also, Kaffee und Endspurt?«

»Kaffee und Endspurt, he?« Er starrt auf den Tisch und klatscht dann in die Hände. »Alles klar, lass anfangen!«

Noch am selben Tag drucken wir sämtliche MSA-Klausuren und ihre Lösungen aus, die für das Fach Deutsch im Internet zu finden sind, legen sie auf der langen Tafel in der Küche nebeneinander und gehen bis zum Abend die erste von ihnen einmal komplett durch. Dabei müssen wir Texte lesen, Multiple-Choice-Fragen ankreuzen, andere Fragen in eigenen Worten beantworten, Metaphern erläutern, Begriffe ersetzen, Subjekte, Prädikate und Objekte kennzeichnen, passive zu aktiven und aktive zu passiven Sätzen umformen, Binde-, Neben- und Hauptsätze identifizieren, verschiedene Schreibweisen gleicher Worte und gleicher Laute begründen, falsche von richtigen Zusammenfassungen einzelner Textelemente unterscheiden, Sätze vollenden, Lücken füllen, positive, komparative und superlative Formen von Adjektiven formulieren, Regeln dafür bestimmen, Grafiken deuten, ihnen einzelne Daten entnehmen, Kreis- von Säulen- und Balkendiagrammen unterscheiden, noch mehr Texte lesen, Begriffe in zeitliche Reihenfolgen bringen, immer wieder notieren, ankreuzen, formulieren, begründen, Fehler identifizieren und korrigieren, Formulierungen präzisieren, Fallfehler beheben und am Ende: einen eigenen Text verfassen.

Als wir diesen letzten Teil beendet haben, wirft Khalim den Stift hin und schlägt die Hände über dem Kopf zusammen. »Und das soll isch jetzt noch zwei Wochen lang machen?«

»Wir.« Wie gut, dass ich meine Arbeitszeiten als Freiberufler selbst einteilen kann – was natürlich nicht für die Zeit mit meinen Kindern gilt. »Ach du Schande«, entfährt es mir, als ich auf die Uhr blicke, »ich muss sofort nach Hause. Wir sehen uns dann morgen?«

In den kommenden Tagen schlagen wir uns einen Nachmittag nach dem anderen damit herum, unzählige Aufgaben zu bearbeiten und mit den Lösungen abzugleichen, um sie dann zu verbessern. Täglich liest mir Khalim Texte vor, fasst sie in seinen eigenen Worten zusammen und beantwortet Fragen dazu, und so schaffen wir es gegen Ende der ersten Woche sogar, uns am späten Nachmittag einer Englischklausur zu widmen. Als Hausaufgabe nenne ich ihm drei Folgen der Simpsons, die er auf Englisch anschauen soll, und frage ihn am nächsten Tag – ebenfalls auf Englisch – dazu aus. Außerdem suchen wir uns im Internet Aufgaben inklusive passender Hörbeispiele heraus und legen kurz vorm ersten Wochenende noch einmal einen Zwischensprint ein: Wir übersetzen vom Deutschen ins Englische und andersherum, lesen englische Warnschilder, Bedienungsanleitungen, Liebesbriefe und Bewerbungsschreiben, hören Stadtführungen durch London und Audiobeiträge über Harry Potter, Jack the Ripper, die Beatles, die Oscarverleihungen und über Computerspiele, und auch hier heißt es: read, fill out, note, check the boxes, identify, correct, describe and write down.

Einen ersten Etappensieg kann Khalim dabei schon verzeichnen, denn er besteht, wenn auch knapp, die Probeklausur in Englisch mit einer Vier.

»Dann kann isch in Deutsch ja doch 'ne Fümpf schreiben«, freut er sich, doch diesen Zahn ziehe ich ihm lieber schnell.

»Diese Klausur haben wir zweimal vorher geübt, Freundchen, also nix da!« Ich zeige auf den Stapel mit weiteren Deutschklausuren. »Welche willst du dir übers Wochenende mit nach Hause nehmen?«

Maulend zieht er ab, schickt mir aber schon am Samstagvormittag Selfies vom Schreibtisch, später vom Campingtisch auf dem Balkon, postet am Mittag auf Facebook das Essen, das er für sich und seine Familie gekocht hat mit der Unterschrift: »now back 2 work, MSA ich mach dich klar!« Er erhält dafür über zwanzig Likes und Eckos obligatorischen Kommentar: du bist hesslisch, ja.

Samira verrät mir auf Nachfrage, welchen aktuellen Kinofilm sie mit Khalim gern sehen würde, und als er mir am Sonntagnachmittag tatsächlich ein Foto der fertig bearbeiteten Klausur auf seinem Schreibtisch schickt, buche ich auf seinen Namen und meine Rechnung eine Kuschelbank im Kino am Potsdamer Platz, dazu einen Eimer Popcorn und schicke ihm und Samira einen Screenshot der Buchung. Außerdem beauftrage ich Khalim damit, seine Klausur abzufotografieren und korrigiere sie noch am Abend, sodass ich am Montagvormittag ausnahmsweise mal meiner eigentlichen Arbeit nachgehen kann. Am Montagnachmittag empfange ich ihn mit dem aktuellen Zwischenstand: 89 von 140 Punkten, also 63,5 Prozent!

»Das 'ne Vier oder?«

Ich nicke, und Khalim jubelt, doch als ich ihn daran erinnere, dass er in genau einer Woche eine vergleichbare Klausur in nur drei Stunden und nicht innerhalb eines Wochenendes schaffen muss, setzt er sich wieder brav an den Tisch.

»Moah ey, dann müssen wir jetzt auf Zeit trainieren, oder?«

»Ganz genau.« Ich starte den Timer und greife nach der nächsten Klausur. »Auf die Plätze, fertig, los. Lies mir den Text vor!«

Die Tage verfliegen, wobei sich immer deutlicher herauskristallisiert, mit welchem der drei Prüfungsbereiche Khalim noch immer die größte Schwierigkeit hat: der Lesekompetenz, also der Fähigkeit, Texte zu verstehen, zu interpretieren und zu bewerten. Dass eine Studie vor Kurzem ans Tageslicht gebracht hat, dass jeder sechste Erwachsene hierzulande Khalims Unfähigkeit teilt, macht die Sache für ihn nicht besser – zumal dieser Teil fast 50 Prozent aller Punkte ausmacht.

Am letzten Freitag vor der großen Prüfung stürzen wir uns also ausschließlich aufs Lesen und treffen uns am Samstag zur Generalprobe – einer kompletten Klausur.

»Wann sagst du mir die Note?«, fragt er mich im Anschluss daran. »Sch'muss doch wissen für Montag!«

»Ich schick dir das Ergebnis, sobald ich fertig bin.«

Wir drücken uns zum Abschied.

»Aber du machst morgen nichts mehr für die Schule, verstanden? Chill einfach und gib am Montag alles. Ich hol dich danach ab!«

Wer wetten kann, der kann auch helfen

Grundgütiger – ist das hässlich hier! Je länger ich den Schulhof nicht betreten habe, desto mehr verdränge ich seine ausgesprochene Scheußlichkeit, seine in Beton und Asphalt gegossene Tristesse, die der guten Idee, Lernprozesse durch eine schöne Umgebung positiv zu beeinflussen, fundamental widerspricht.

Die Schüler, die hier gerade ihre zweite große Pause begonnen haben, scheint dies aber nicht weiter zu stören. Wie üblich lungern sie auf Tischtennisplatten herum, spielen mitten im Gemenge Fußball oder prügeln sich. Irgendwo muss ja Kontinuität in diesem Schulsystem herrschen, das eigentlich gar keines ist.

Ich drehe mich zum Kirchturm auf der anderen Straßenseite um, der den ruhigen Beginn des Unterrichts jeden Morgen pünktlich um acht Uhr mit exakt sieben Minuten höllisch lautem Gebimmel unmöglich macht, aber immerhin eine sinnvolle Funktion hat: Er verrät mir die Uhrzeit, ohne dass ich mein Telefon aus der Tasche fummeln muss. Und weil die große Deutschklausur, die heute alle Berliner Anwärter des Mittleren Schulabschlusses und der erweiterten Berufsbildungsreife schreiben, erst in einer knappen halben Stunde vorbei ist, gönne ich mir ein paar Meter Schulhofschlendern – der guten alten Zeiten wegen. Rein theoretisch könnte Khalim natürlich auch schon vorher herauskommen, aber das habe ich ihm gestern in derselben SMS ausdrücklich verboten, in dem ich ihn über sein positives Ergebnis der finalen Testklausur belogen habe.

Schon nach wenigen Metern erblicken mich zwei Grundschüler und stellen sich mir in den Weg.

»Wer bist du?«, will der Kräftigere der beiden wissen.

»Ich bin Herr Möller, und wer seid ihr?«

»Sch'bin Paskalle«, drängt sich der Schmächtigere in den Vordergrund und verschränkt die Arme vor der Brust. »Und das mein Kumpel Nöhl!«

»Paskalle und Nöhl also. Hallo!« Ich imitiere die Körperhaltung des Kleineren und wende mich dem Jungen zu, der vermutlich Noël heißt. »Und in welche Klasse geht ihr?«

»Wir gehen in die dri…«

»Seimaleise!« Blitzschnell schlägt Paskalle seinem Kumpel das Cappi ins Gesicht und schaut mich dann böse an. »Geht disch gahnix an, ja? Was willstu hier?«

»Ich hole jemanden ab«, sage ich und will weitergehen. »Macht's gut!«

»Dein Sohn?«

Ich bleibe stehen und schüttele den Kopf, woraufhin er sich mir breitbeinig vor mir aufbaut.

»Dann du kommst hier nisch rein!«

Einen Moment lang lächele ich ihn an, Paskalle allerdings versteht wenig Spaß und rührt sich und sein Gesicht keinen Millimeter. Dann erblickt er jemanden hinter mir und packt mich am Unterarm.

»Kumma, Herr Geier, ein Eindringer!«, brüllt er. »Sch'ab ihm gefangen!«

»Is jut Pascal, du kannst …«

»Paskalle!« Noch immer hält er mich fest. »Sch'eiße Paskalle!«

»Klar, Paskalle, den kannste jehnfalls loslassen.« Mit einem Coffee-to-go in der Hand grinst Geierchen mich an. »Ditt is der Herr Möller, der war ma Lehrer hier. Keen Schulfremder.«

Langsam löst der vielleicht fünfundzwanzig Kilogramm schwere Junge seine Hand von meinem Arm und läuft rückwärts davon, ohne mich aus den Augen zu lassen.

»Was ist denn mit dem los?«, frage ich Geierchen, schaue dabei aber entgeistert dem Kerlchen hinterher, das mit Zeige- und Mittelfinger auf seine Augen zeigt, bevor es sich von mir abwendet.

»Na, watt wohl?« Geierchen schlürft an seinem Kaffee. »Hier war mal wieder Pädo-Alarm. Gerade letzte Woche war eena im Mantel hier, mit nüscht drunter.« Er schüttelt den Kopf. »Jetzt passen die Kids uff wie die Schießhunde. Jut so!«

»Unfassbar.«

Wir stehen nebeneinander und lassen den Blick über den Hof schweifen. Kurz schaue ich zur Kirchturmuhr herüber, denn meine nächste Frage könnte ein längeres Gespräch nach sich ziehen. Angesichts meiner Anspannung kann ich ein bisschen Ablenkung allerdings gut gebrauchen, also freue ich mich über verbleibende zwanzig Minuten und öffne Geierchens Frustventil mit drei Worten: »Und sonst so?«

»Ach du … Inne Grundschule läuftet wohl soweit, der janz normale Wahnsinn. Aber Klasse sieben bis zehn?« Er wirft seinen leeren Kaffeebecher in den überquellenden Mülleimer neben uns und holt dann tief Luft. »Keen Platz, keene Fachräume, keen Konzept, die Toiletten im Arsch, die Lehrer ooch, Krankenstand kannste dir vorstellen, ständich Vertretung, Vertretung, Vertretung, die Schüler flippen aus – würd ick ooch, nebenbei jesacht! Also einklich allet beim Alten. Aber jetze?« Er lacht einmal laut. »Jetze wollen die Bekloppten die Zensuren abschaffen. Kannste mir ditt mal erklären?«

»Ja.«

»Watt?«

»Ja, kann ich dir erklären.« Ich halte seinem fassungslosen Blick stand. »Klassische Ziffernnoten messen fast nie, was sie messen sollen, nämlich den differenzierten und individuellen Lernfortschritt des Einzelnen. Stattdessen spalten sie die Kids in Gewinner und Verlierer, siehe Khalim.«

»Samma, machst hier een uff Schlaubischlau, oder watt?«

»Ja, Mann!« Ich schnalze mit der Zunge. »Sch'hab doch Uni gegeht, was los?«

»Ach ja, hatte janz vajessen, datte ooch so einer von den jungen Wilden bist, die …«

»Die noch an die Verbesserung unseres Bildungswesens glauben?« Breit grinse ich ihn an. »Stimmt.«

»Und wie sollen wa die Kinnas denn bitte objektiv bewerten?«

»Objektiv?« Nun lache ich laut. »Komm schon, Rolf, erinnere dich doch bitte mal daran, wie wir beide die Zeugnisnoten vergeben haben. Eine Drei in Deutsch, was bedeutet das denn schon? Außerdem glaubst du ja wohl nicht ernsthaft, dass Khalim bei dir die gleichen Noten bekommen würde wie bei Schröder.«

»Is ja jut, is ja jut. Ick will doch hier kehm die Kajehre versaun.« Er spricht leiser. »Und watt hat sich der feine Herr Pädagoge als Ersatz ausjedacht?«

»Ich gar nichts, aber andere Pädagogen, Psychologen, Bildungsforscher und sogar eine Handvoll Politiker sprechen sich schon lange für sogenannte Kompetenzbewertungen aus.«

Geierchen verdreht die Augen und will mich unterbrechen.

»Lass mich ausreden. Schau dir bitte mal die MSA-Klausuren an. Da wird doch schon differenziert nach den einzelnen Leistungsbereichen. Die Ziffernnoten abzuschaffen heißt nicht, dass man auf Leistungskontrolle verzichtet, sie muss nur endlich genauer werden und den Kids den Druck nehmen.« Wieder schaue ich auf die Uhr. »Dr. Angst war schon immer ein mieser Lehrer, das weißt du ganz genau. Und jetzt lass uns langsam reingehen, komm!«

»Ja, aber die wollen doch bewertet werden, Mensch!« Er wird wieder lauter, als wir gemeinsam zum Haupteingang laufen. »Kick dir den Mist doch an: Casting-Shows, Druck im Beruf, wer hat die meisten Fehsbuck-Freunde … Wenn ick den Kindern keene Zensuren mehr jeben kann, denn sind die unglücklich.«

»Manche Kids denken auch, sie wären ohne Drogen unglücklich, das heißt aber noch lange nicht, dass sie gut für sie sind. Sie wollen Noten, weil sie süchtig danach oder zumindest daran gewöhnt sind, und Eltern wollen Zensuren für ihre Kinder, weil auch sie es nicht anders kennen. Reine Tradition.« Ich rede mich in Rage. »Wenn wir aber von Anfang an eine andere Lernkultur etablieren, in der Lehrer nicht Bewerter, sondern Begleiter sind, nicht Richter, sondern Unterstützer, die mit den Kinder individuelle Lernziele vereinbaren, die regelmäßig Feedback geben und auch mit den Eltern …«

»Wenn ick ditt schon höre!« Er fuchtelt wild mit den Armen herum. »Und wann sollen wir ditt allet machen? Wir Lehrer haben doch schon jenuch damit zu tun, die Kinder irjntwie zu bändjen! Glaubst du, da ist Zeit für'n netten Plausch, wie's uns denn heut so jeht? Aber du hast jut reden, hast ja mit dem Scheiß hier nüscht mehr zu tun!«

»Stimmt doch gar nicht. Schon bald gehen meine Kinder zur Schule, außerdem gibt es genug aktive Lehrer, die mir zustimmen.«

Eine Rangelei auf der Treppe unterbricht mich, doch mit ein paar deutlichen Worten klärt Geier die Situation auf.

»Aber du hast natürlich recht«, fahre ich danach fort, »das klappt alles nur, wenn die Voraussetzungen stimmen. Und damit meine ich …«

»Die Kohle, janz jenau!« Mit seinen großen blauen Augen nickt er mich an, dann seufzt er. »Ick glaube, Möllerchen, ick bin langsam zu alt für den Spaß hier, ick versteht ditt allet nich mehr. Früher hattet doch ooch allet jeklappt.«

»Als wir noch 'n Kaiser hatten?«

Rolf will widersprechen, hält dann aber inne und zuckt müde mit einer Schulter. Gemeinsam erreichen wir den ersten Stock und blicken auf den Pulk der Schülerinnen und Schüler, die vor der Aula stehen und laut durcheinanderquasseln – in mindestens drei Sprachen, die sie in Höchstgeschwindigkeit zu einer neuen, ganz eigenen Sprache vermischen, und mit Handys in der Hand, vor der Nase oder hoch oben in der Luft, um Selfies zu schießen.

Einen Moment lang bleiben Geierchen und ich auf der letzten Stufe stehen und beobachten das Treiben.

»Hat sich schon einjet jeändert«, sagt Rolf, schaut mich dann aber wieder fröhlicher an. »Aber nu sach an. Wie siehtet aus mit Khalims Deutschklausur?«

»Ach, du glaubst ja nicht, wie gern ich jetzt in seinem Kopf stecken würde. Keine Ahnung!« Ich strecke beide Arme seitlich von mir und lasse sie wieder fallen. »Am Samstag ist er noch durch die Probeklausur gerasselt, aber wir werden ja bald erfahren, ob sich die viele Arbeit gelohnt hat – und nicht zu vergessen: die großzügige Spende.«

»Komm, jetz verjiss ma die Spende. Ohne Khalim hätt ick die Sportwette sowieso nie jewonnen.« Er schlägt sich die Hand vor den Mund und reißt seine Augen auf. »Scheiße!«

»Äääh, Rolf?« Ich stemme meine Hände in die Hüften. »Was für eine Sportwette?!«

»Haick ditt gerade wöhklich jesacht?«

»Ja.«

»Ach du Schande. Na jut, pass uff …« Wieder zieht Geierchen mich am Oberarm ganz nah zu sich heran und spricht leise weiter. »Letztet Jahr hat Khalim mich immer mit seine Sportwetten volljequatscht, und weila fast jedet Spiel recht hatte, haick einma uff ihn jehört – und fett abjesahnt!«

»Nicht dein Ernst!«, entfährt es mir laut, dann flüstere auch ich: »Deswegen kannte dich auch der Typ aus dem Wettbüro. Aber was ist mit deinem Kumpel? Dem Hotelier?«

»Den jipps nich, Mensch, allet ausjedacht.« Geierchen zuckt mit einer Schulter. »Als der Vatta überfahrn wurde, haick mir jesacht, der Junge kann ditt Jeld besser jebrauchen wie icke, aber bevor er't uff'n Kopp haut …«

»Investierst du es lieber in seine Zukunft.«

»Jenau. Aber …« Am Schlafittchen zieht er mich auf seine Augenhöhe. »Du sachst keen Ton, klar?«

Erst als ich vehement nicke, lässt er mich wieder los, zwinkert mir zu und läuft dann mit großen Schritten davon.

Die Isch-Perspektive

Züschokrass, diese Schulhof is so hässlisch, ja? Kumma: Alles nur Stein, grau und öde – wie Schröder, hehe! Und gleisch grinst er misch bestimmt wieder so an mit seiner Kaffee.

Er denkt bestimmt so: Hallo Khalim, du kleiner Ausländer, du kleiner Muruck, wie willst du schaffen, he? Du kannst nischma ein Buch lesen, und du willst MSA machen?! Kumma isch! Isch bin Schröder, like a boss, sch'bin der Geilste, sch'kann sogar ein Zeitung lesen so groß wie ein Fußballfeld, mit Politik und alles.

Ach, scheiß drauf, scheiß auf sein Zeitung, sch'geh jetzt erstma in Schule rein, ja? Boah, wie's hier stinkt ey, iebereklisch! Aber egal, bald muss isch nisch mehr hier sein, bald geh isch diese Restorong, iebanobel, und dann mach'sch mein Ausbildung und werd bester Koch von Deutschland. Oder v'leischt erstma nur Berlin, aber dafür muss isch heute MSA schaffen. Also: Kontrentadingsbums … diese Zatzion, dann klappt schon!

Aber welsche Raum muss isch einklisch? Warte, es steht auf Zettel, hier. Ach ja, Aula, da hinten sind schon überviele! Wie spät? Züscho, wo's mein Handy? Jackentasche, puh! Moah, nur noch zehn Minuten?! Jetzt gipps keine Zurück mehr.

Oh Mann, wenn Flippo wüsste, sch'denke immer noch so ohne diese Dinger … Yalla, wie heißen sie? Adschektive? Persönlische Prokladings? Kacke, sch'ab alles vergessen ey, sch'fall hundatpro dursch, und dann war alles von Ahsch, dann sch'kann nisch Koch werden, und Samira sie geht bestimmt mit Tekin Bank, dann sie verliebt sisch bei ihn, sie werden Kinder haben, voll schlaue Kinder, und isch geh wieder Sportwetten, und mein Vater er …

»Guten Morgen, Khalim!«

Was, guten Morgen, Melek? Scheiße, nix guten Morgen, sch'ab alles vergessen, Blackout, sch'weiß nischma mehr, wie diese Artikel heißen!

»Hey Melek, s'los?«

Ach ja, Artikel, genau! So heißen diese Dinger, haha, sch'wusste doch die ganze Zeit – yes! Also: Sch'kann schon schaffen ey, nur dreinseschzisch Prozent, komm Khalim, komm! Flippo hat dir geschrieben, gestern die Klausur hast du auch geschafft, also.

Oha, da hinten is Samira, schnell hin! Aber wer …? Tüüühlisch ey, schon wieder sie labert mit Tekin, dieser Schleimer. Wenigens sie hat misch gesehen …

»Guten Morgen Habibi, komma her!«

Oh Mann, sie riescht immer so gut ey. Warum kann isch nisch den ganzen Tag eimpfach neben sie sitzen? *Ihr!* Neben *ihr*, mein isch.

»Bistu aufgeregt?«

»Isch? Aufgeregt?« Jetzt bloß nisch sagen, Khalim, sag ihr, du bist ganz cool! »Iebakrass, sch'verkacke bestimmt alles!«

Mann ey, warum kann dieser Mund nischma hörn auf mein dummes Gehürn?! Egal, einklisch sie kann ruhisch wissen, sie liebt misch ja – oder?

»Sch'liebe disch, hörst du?«

Jetzt gebt sie mir auch noch ein Kuss. Ohaaa: iebageil!

»Oh nein, Schröder kommt, jetzt geht's los. Viel Glück mein Süßer!«

Boah, is der Typ Abtörn, ey! Kumma: wie er aussieht!

Immer dieser dumme Koffa, und warum trägt er ein Weste, dieser Vogel, denkt er, er's Hochzeit, oda was? Egal, jetzt läscheln, Khalim, mach, wie Flippo gesagt hat, immer brav läscheln!

»Na, gute Laune?«

Meint der Eierkopp etwa misch?

»Ja, Farroukh, dich meine ich. Ob du gute Laune hast, will ich wissen.«

»Klar, warum nisch?« Bok, das war bestimmt zu fresch. »Sch'meine, heute is doch ein wischtiga Tag, da …«

»Da wird dir das Grinsen schon noch vergehen, genau.«

Fuck you, Schröder, dir wird das Grin… Moment. Was zeigt er mir für Papierstapel?

»Warte nur, bis du die Klausur siehst. Und jetzt, bitte alle hereinspaziert zum großen Test!«

Schließ ma jetzt endlisch auf diese Aula. Puh, sch'kotze gleisch! Seit isch diese Schule bin, stinkt der Teppisch wie tausend tote Tiere, und sie haben noch nie gewechselt. Flippo hat rescht, Deutschland sollte sisch schäm für sein Bildungssystem. Hey, das reimt sisch wie ein Battelrap: Schäm für sein Bildungssystem, und wenn isch dein Schedel nehm und … Ach, egal.

Jetzt sch'brauch erstma Sitzplatz. V'leischt schräg hinter Tekin? Dann kann isch immer bei ihn gucken, ja? Hohoho, Khalim, du bist so schlau!

»Du sitzt hier vorn, Farroukh!«

Da vorn?! Oh Mann ey, sch'sag doch, er hasst misch einfach.

»Na, aufgeregt?«

Kumma wie er sisch freut!

»Da geht die gute Laune ganz schnell verloren, was?«

»Nein, nein, alles okay bei mir.«

Red ma nisch jetze, Schröder. Gebe mal lieber Klausur! Sch'meine: *Geben Sie mir bitte die Klausur* – oder? Dritte

Person Singular, und das andere war dieses ... Komm, denk nach Alta! Befehlsform, Star Wars, Imperator, genau: Imperativ. Bäm! Also, Flasche Wasser, Wörtabuch, Ohrendischta aus Wachs und zwei Stifte. Lass endlisch anfangen jetze, Maaaaann!

Oha, da kommt er ...

Und isch? Isch krieg wieder als Letzta, wa?

»Das Deckblatt bleibt oben drauf, bis jeder ein Exemplar hat, klar?«

Puh, sch'wollte schon sagen ...

»Das gilt auch für dich, Khalim!«

»Aber isch bin doch sowieso Letzta.«

»Stimmt.«

Logisch stimmt es.

»Also dann, auf der ersten Seite tragt ihr euren Namen ein, auf der zweiten wird das multiple Auswahlverfahren erklärt, und ...«

»Hä?«

Mann, Melek ey! Fast hundert Schüler, und du bist wieder die Einzige, die nisch kapiert.

»Was für 'n Multi-Ding?«

»Sie meinen doch sicher ...«

Tekin, der Schleimer, pass auf, er weiß wieder!

»... Multiple-Choice, oder?«

»Ex-akt!«

Und Schröder immer muss er bei seine Uhr gucken, ey. Kann er sisch kein Handy leisten, oda was?!

»Jetzt ist es neun Uhr, um Punkt zwölf fällt hier der Hammer. Los geht's!«

Überkrass, wie mein Herz ausflippt, aber wie hat Flippo gesagt? Is ganz normal, erstma Text angucken.

Also: »Der Reischer für den Rischtigen«

Hä?!

Ach, *Riescher*. Bestimmt so wie dings, rieschen mit Nase. Oder? Ma weiterlesen ...

Der Körpergeruch hilft bei der Pantherwahl Komma das rischtige Immunsystem für den Nachwuchs zu erschnuppern.

Pantherwahl? Dass man sisch ein Panther aussuchen soll, oda was das für 'n Schwachsinn? Ach, *Partnerwahl!* Und dieses Dingssystem? Ah, kumma, da's eine kleine Zahl, dann wird's unten erklärt: das System im Körper, das sich mit Krankheitserregern auseinandersetzt Hallo?! Geht's v'leischt noch schwerer? Sind wir hier Uni, oda was?! Oh Mann, isch kapier noch nischma diese Überschreibung! Wie spät?

»Handy her, Farroukh!«

»Aber sch'wollte doch nur …«

»Im Internet nachschauen? Für Betrug gibt's eine Sechs, dann wird das wohl eher nichts mit der Ausbildung, he?«

Moah ey, komm ma bittebitte nisch so nah, dein Mund riescht schlimmer als dieser Teppisch. Hier, nehme Handy – *nimm!*

»Na bitte, geht doch. Eine Uhr hängt übrigens auch da oben.«

Ach ja, is ja Schule hier, überall Uhren, isch Salak! Was? Schon fast zehn Minuten vorbei?! So schaff isch niemals, also nochma lesen …

Aaaahhh, jetzt kapier isch. Man kann riesschen, ob ein Partner gutes System gegen Krankheiten hat. Klaro! Ob Samira auch hat?

»Khalim, nach vorn schauen bitte! Samira ist nachher auch noch da.«

Is ja gut! Boh, ieberlanger Text, fast swanzisch Minuten gelesen, shit! Aber jetzt erste Frage:

Der Versuch fand statt an der Uni _____ ?

Steht doch da: in einer statt. Ach nee, welsche *Stadt!* Muss isch ja nur nachgucken, pfff!

Und jetzt: Ordnen Sie die Überschriften den Zeilen zu.

Abboooh, kann isch auch, tausendmal gemacht, ja? Zack, zack, zack – easy.

Nächste Frage: Allen Versuchsmitgliedern wurde vorher eine Blutprobe entnommen. Notieren Sie den Grund.

Okay, Blutprobe, Blutprobe, Blutprobe, wo steht es? Da.

… eine Blutprobe entnommen, um so winzige Strukturen ihres Immunsystems zu bestimmen.

System, System, System, immer dieses System, ja? Es denkt so: Isch bin Mittelpunkt von ganze Welt, krasses Angeberteil, ja? Egal, schreib isch so ab eimpfach …

Und jetzt? Tabelle ergänzen. Was los, steht doch alles oben in diese Text! Beispiel nennen? Kann isch auch. Oh, Vorsischt: Multi-Dings! Hä? Es sind doch alles die gleischen Antworten, kapier'sch nisch. Mann ey, egal, nisch aufhalten, Zeit läuft, lieba raten als gahnisch machen, erste Aufgabe is gleisch geschafft – oder?

Fassen Sie die Kernaussage des Artikels kurz mit eigenen Worten zusammen!

Stümmpt ja, aber das kann isch doch nisch! Also, worum geht's in diesen komischen Text? Ein paar Studentenbräute sollen an Tieschöhts rieschen, weil ein paar Streber von Uni vorher drin geschlafen haben, dann sie sollen sagen, welscher der Geilste is, und dieser Professor Oberschlau er kann sagen: Isch hab vorher gewusst, weil isch hab schon bei Tiere ausgecheckt, wenn dieses Angeberdings krass anders is bei der Braut, dann die Kinder sie sind gesund, aber die Olle sie muss tropsehm geil aussehen beispielweise.

Soll isch so hinschreiben? Warte mal, wie würde Flippo sagen? Er sagt doch immer so: *Es handelt sich um*, und dann macht er mit diesen Genidingsbumstief und so … Egal, isch probier einfach aus!

Oh nein, schon über eine Stunde vorbei, und jetzt muss

isch auch noch bei Klo. Aber man sagt anders, das weiß isch.

»Herr Schröder?« Warte, bis er kuckt, und denk nach. »Kann isch bitte mal auf die Toilette gehen?«

Jetzt schickt er mir auch noch so ein Typen mit, was will der überhaupt hier? Aufsischt?! Glaubt er, isch hab ein Laptop auf Klo versteckt, oda was?! Als ob mir helfen würde! Er soll ma weggehen, oder hat er noch nie ein Pinkeln sehen?

So, wie lange noch? Hälfte is rum, und isch muss noch überviel machen, also schnell wieder hinsetzen, vallah! Oha, Tekin er's schon überweit, und Samira auch! V'leischt geht besser, wenn isch so denke, wie Flippo immer redet?

Also, dann schauen wir uns doch einmal die nächste Aufgabe an. Was muss ich denn hier machen? Aha, Sprachwissen und Sprachbewusstsein, das sollte doch zu schaffen sein. Adjektive, Prädikate, Relativsätze und Pronomen? Ein Kinderspiel.

Aaaaahhhh! Sch'kann so nisch, sch'komm mir vor wie ein Schleimer, sogar wenn keiner hört! Tropsehm weiter, nächster Text. Wie heißt der? »Der Duft der Verführung?« Is's nisch so ein Oltskuhl-Fülm mit Ellpetschieno? Aber klingt öhngtwie auch nach Porno ... Mann, Khalim, reiß disch zusamm jetze und les! *Lies!*

Das unbewusste Rieschen und die Macht der Lockstoffe, das kapier isch wenigstens ...

So, monsterviel geschafft! Jetzt hab isch bestimmt noch eine Stunde, oder? Was, nur noch swanzisch Minuten?!

»Khalim, Ruhe bitte!«

»Sorry.«

Und die andan? Samira schon fertisch?! Tekin schon weg?! Mansche Reihen schon ganz leer – neinneinnein! Sch'muss doch noch einen ganzen Text zu diesem komischen Fülm von den Verrückten schreiben! Also, ganz ruhisch bleiben: Dieser Freak, Grenullo, oder wie er heißt, er riescht sehr gut – hä? Dann er schlachtet die ganzen Weiber ab, weil er sie zu ein Parfüm machen will? Welscha Hayvan denkt sisch so kranken Scheiß aus?! Außerm sch'frage misch: Wer will stinken wie ein Haufen Leischen? Oh Mann ey, mansche Leute sie hamm eimpfach zu viel züscho in ihrn Kopf! Und was soll isch jetzt dazu schreihm?

Sie wollen mit einem Freund/einer Freundin ins Kino gehen.

Okay: Samira, isch, Kino – geht klar!

Zurzeit läuft der Film »DAS PARFÜM – GESCHICHTE EINES MÖRDERS« von Tom Tykwer. Entscheiden Sie sich anhand des Textausschnitts und der Filmkritik für oder gegen den Film.

Mit ein Braut in ein Film, wo ein Züscho Bräute abschlachtet?! Wie soll isch denn da mit ihr knutschen?! Andere Seite: Is bestimmt gute Story, mit Mord und Liebe und so, und Samira hat gesagt, sie mag immer, wenn sie alle Kostüme tragen. Sch'weiß nisch!

Überzeugen Sie den Freund/die Freundin nun in einer E-Mail von Ihrer Meinung zum Film. Verwenden Sie Standardsprache und führen Sie dazu drei Argumente aus.

Standardsprache? Was das schon wieder?! Bestimmt wie Schröder sprischt, ja? Er is ja voll so Standardmensch. Oder wie Flippo die ganze Zeit mit mir übt? Vallah, mein Hürn platzt gleisch, sch'wöre, sch'brauche ein Geisterblitz!

»Noch fünfzehn Minuten!«

Ruhe, Schröder! Er soll misch ma nisch ablenken, ja? Sonst kommt sein Geruch wieder zu mir – bäh!

»Dann legt ihr sofort die Stifte nieder!«

Jetzt hab isch! Isch schreib einmpfach genau so hin.

Liebe Samira,

du ~~kennzt~~ kennst doch unsere Schule, ~~ja~~. Sie stinkt ~~so~~
voll ~~kras~~. Warte mal … kurzes a, doppel s – auch durschstreischen! *krass. Am ~~Eingank~~* – Eingank? Zwei Eingänge,
weischer Ton hinten, also g wie … wie g halt, Mann, is doch
egal! *Eingang, aber auch ganz besonders in ~~Aula~~ der Aula.*
Oh Mann, sch'muss überviel durschstreischen, aber egal,
Schröder erkennt schon! *Es ~~gippt~~ gibt aber jetzt ei~~nen~~ Film*
von ei~~nem~~ Mann, der ~~findet~~ schöne Dufte voll gut findet.
Oha, da fehlen ja voll die Buchstaben! Isch quetsche sie
einfach rein, so! »*Das Parfum*« heißt ~~er~~ *der Film. Leider ~~es~~*
~~ist~~ ist es die ~~G~~geschichte ~~vom~~ von einem Mörder, ~~und~~ der
~~tötet~~ sehr viele Frauen tötet, um sie ~~zu machen~~ in ein Par-
füm zu ~~machen~~. Moment, Flippo hat immer gesagt, machen schreibt man nisch – also? Oh ja, sch'weiß: *verwan-*
deln. ~~Na ja,~~ ~~S~~sogar zwei Du~~t~~zend Frauen tötet er! Aber das
Buch war ~~glaub ich~~ sehr gut, deswegen ~~es~~ haben es ~~ganz~~
sehr viele Menschen gekauft. Auch die Kostüme und die
Schminke sind toll! ~~I~~im Film ~~sie~~ werden sie dir bestimmt
~~G~~gefallen.

Wollen wir ihn zusammen ankucken ~~ja~~? Vor~~jah~~er ~~ich~~
gehe ich auch mit dir in einen Laden für Parfum und wenn
wir wieder ~~schu~~ in die Schule gehen, ~~wir schpühren~~ sprü-
hen wir einfach alles ein, dann riecht es gut. Okay – fertig,
oder? Sch'ab drei Ahgumente, aber nur noch zwei Zeilen
und zwei Minuten! Was schreib isch bloß? Na klar:

Isch liebe disch,
dein Khalim

So, Schröder, kannste mal sehen! Nochma lesen … Oh
Mann, es ist krasses Chaos geworden, aber der Text ist super! Oder? Ja. Voll gut geworden, Mann, vooll guut! Isch
würde am liebsten schreien vor Freude, aber nein: Stift
weg, da kommt Schröder auch schon.

»Bitte schön, Herr Schröder!«

»Na, Khalim, doch wieder gute Laune?«

»Und wie.« Oh Mann, sch'muss sooo krass grinsen! Und jetze mach isch diesen Genitiv – bäm! »Das war die beste Klausur meines Lebens.«

Ein wirklich schönes letztes Wort

Fahr bitte nicht so schnell!« Sarah hält sich am Türgriff fest. »Wir kommen schon nicht zu spät. Außerdem zieht die Klimaanlage total, lass uns doch einfach die Fenster ...«

»Draußen ist es bullenheiß«, unterbreche ich sie. »Und wenn wir die Fenster aufmachen, gehen nachher noch die Blumen kaputt, nix da!«

Wenig später parken wir das Auto vor meinem Büro und betreten das Treppenhaus, in dem es schon nach Falafel riecht. Mit mehreren Blumensträußen in der Hand hüpfe ich die Treppe hoch, schließe die Milchglastür zum Incredible Office auf und renne an Joe vorbei in die Küche zu Khalim.

»Lass dich drücken, mein Lieber!« Als ich ihn in die Arme nehme, fällt ihm fast seine Kochmütze vom Kopf. »Hab ich's dir versprochen, oder was?«

»Ja, Mann, hast du.« Noch immer in meinem Arm tätschelt er meinen Rücken. »Danke, Flippo, ehrlich! Sch'weiß gahnisch, was isch sagen soll.«

»Ich aber: Die Noten in der Englisch- und der Matheklausur. Dass du Deutsch sogar mit einer Drei bestanden hast, weiß ich ja. Auch wenn eigentlich ein Minus dahinterstehen müsste.« Ich nehme ihn an den Schultern und schüttele ihn so lange, bis die Mütze wirklich herunterfällt. »Dafür noch einmal: Herzlichen Glückwunsch!«, rufe ich.

»Wir haben's geschafft, Khalim! Team Khalim hat gewonnen! Also?«

»In Englisch hab isch verkackt …«, sagt er und hebt seine Kochmütze auf. »Eine Fünf. Aber dafür in Mathe …« Er klopft die Mütze sauber, setzt sie sich auf und grinst mich an. »… ist sogar eine Zwei geworden!«

»Kraaass!«, entfährt es mir. »Na siehst du, mein Lieber: Die Arbeit hat sich gelohnt.«

Dafür fällt ihm auch Sarah in die Arme. Ich hingegen begrüße Samira, gratuliere auch ihr zum bestandenen Mittleren Schulabschluss und schnappe mir dann eines der Falafelbällchen.

»Ich freu mich so sehr für euch beide!«, ruft Sarah und klatscht aufgeregt in die Hände. »Dann können wir ja bald bei dir zum Essen kommen, Khalim, und bei dir, Samira, die Sparkonten für unsere Kinder eröffnen. Wann fangt ihr denn an?«

»Beide Anfang September.« Khalim hält seine Mütze fest und drückt Samira einen Kuss auf die Wange. »Aber am liebsten würde isch morgen schon gehen.«

»Ist mein Schatz jetzt also auch ein Streber geworden, ja?«

Sie kichern.

»Dabei hast du immer gelästert über Tekin. Kommen die beiden eigentlisch auch noch?«

»Soweit ich weiß, ja«, antworte ich und schaue auf die Uhr. »Wenn Melek nicht unterwegs noch ein Feuer löschen muss …«

»Mann, Flippo, denkst du immer noch, sie geht wöhklisch zur Feuerwehr?« Khalim gibt mir einen Klaps auf den Hinterkopf. »Das war doch nur Spaß von ihr. Und jetzt geht ma raus, sch'muss hier arbeiten.«

Während wir im Büro die Blumen in Vasen stellen und auf dem langen Tisch platzieren, den Joe wieder im Büro aufgebaut hat, trudeln auch die restlichen Gäste ein, und so stehen wir schon bald um die gedeckte Tafel herum und stoßen mit einem Glas Sekt an. Nachdem wir uns alle einen Schluck genehmigt haben und endlich sitzen, schlägt jemand mit einem Löffel gegen ein Glas. Ruhe kehrt ein.

»Lieber Khalim, meine Deutsch ist sehr schlescht, aber in meine Deutschkurs habe isch für disch eine kleine Rede geschrieben.«

Ein großer Applaus brandet auf. Khalims Mutter wird rot, dreht sich dann aber wieder zu ihrem Sohn und spricht genauso langsam weiter, wie sie angefangen hat.

»Du hast einen sehr schweren Weg gehabt, aber du hast nischt aufgegeben.«

Nadia reicht ihr ein Geschenk, das sie an Khalim weitergibt. Langsam öffnet er das Geschenkpapier und legt einen goldenen Rahmen frei, in dem sein Zeugnis steckt.

»Dein Mittlerer Schulabschluss ist das schönste Geschenk, dass du mir machen konntest, und … Entschuldigung!«

Während wir wieder alle klatschen, wischt sie sich verstohlen die Tränen vom Gesicht und lässt sich von Nadia einen kleineren und nicht verpackten Rahmen geben, den Khalim lange und still betrachtet.

»Isch weiß nischt, ob dein Vater uns jetzt sehen kann, aber isch weiß, dass er jetzt sehr, sehr glücklisch wäre.«

Mit feuchten Augen stehen wir auf und applaudieren seiner Mutter, die ihren Sohn lange in den Armen hält und ihm den Kopf streichelt. Dann lässt sie sich von Nadia zwei aufwendig verpackte Geschenke reichen, die bis auf die Farbe des Geschenkpapiers gleich aussehen. Das erste Paket, das in silberner Folie steckt, überreicht sie Geierchen. Unter den gespannten Blicken der Anwesenden öffnet er sorgsam die große Schleife, löst den Klebestreifen und legt zwei Schatullen frei. Die größere der beiden ist mit arabischem Gebäck gefüllt, in der kleineren liegen zwei Zigarren.

»Eine für Sie«, sagt Nadia, »und die andere für den Spender.«

»Mensch, danke!«

Etwas unbeholfen nehmen die drei seine Umarmung entgegen.

»Ick soll jedenfalls schön grüßen, ooch von Schröder.«

Ein Raunen geht durch den Saal.

»Der war so kleen mit Hut, und sacht ...« Geierchen sammelt sich einen Moment und verstellt dann die Stimme: »›Das hätte ich nun wirklich nicht gedacht, Herr Geier. Grüßen Sie die beiden mal schön!‹«

Wir applaudieren, doch Geier ist noch nicht fertig. »Viel wichtja aber, schöne Grüße vom Spender, unbekannterweise. Er lässt ooch ausrichten, dassa vielleicht ma zum Essen in ditt piekfeine Restaurant kommt, wenn Khalim seine Ausbildung anjefangen hat.«

»Dann lern isch ihn also kennen?«

»Könnte sein.« Geschickt weicht Geierchen meinem Blick aus. »Und ooch an Nadia schöne Grüße. Wennet im Medizinstudium mal eng wird, sollste dich melden.«

»Das dauert ja noch«, sagt Nadia leise, runzelt dann aber die Stirn. »Aber woher wissen Sie denn, dass ich Ärztin werden will?«

»Ick hab da so meine Quellen.« Er zwinkert Khalim zu. »Aber mach ditt ma, Nadia, du krisst ditt hin!«

Khalims Mutter wendet sich mit einem goldenen Geschenk in der Hand mir zu. Auch ich öffne behutsam die Schleife und finde ein buntes Sortiment orientalischer Süßigkeiten vor. In der längeren Schatulle, die sich außerdem in der Verpackung befindet, steckt aber keine Rauchware.

»Khalim hat gesagt, Sie verbessern so gern«, sagt sie, nachdem ich einen aufwendig verzierten Füllfederhalter aus dem schwarzen Kästchen geholt habe. »Deswegen wir haben ihn mit rote Tinte gefüllt, falls Sie wieder unterrichten wollen.«

»Also, nach diesem Jahr brauche ich auf jeden Fall mal eine Pause«, sage ich mit einem breiten Lächeln im Gesicht, »aber früher oder später werde ich ihn bestimmt gut gebrauchen können. Danke!«

Nachdem ich mich aufrichtig bei allen dreien bedankt habe, klatschen wir schließlich auch für Samira und für Melek und Tekin, die ganz eng beieinander sitzen und knallrot werden, als wir ihnen mit einem Blumenstrauß gratulieren.

Feierlich bringt Khalim schließlich wieder seine liebevoll garnierten Speisen zu Tisch, doch bevor er das Buffet eröffnet, stellt er sich hinter seinen Stuhl, räuspert sich und wartet, bis Stille eingekehrt ist.

»Isch bin wöhklisch, wöhklisch total gerührt, und einklisch will isch ganz viel sagen, aber wir hamm alle Hunger, oder?«

Lauthals stimmen wir ihm zu, und Khalim beruhigt uns.

»Gleisch könnt ihr reinhauen, aber natöhlisch wären mein MSA und auch meine Lehrstelle in diesem Restaurant unmöglisch gewesen ohne Geierschen, denn der hat einen Kerl gefunden, der verrückt genug war, misch zu unterrischten.«

Khalim lächelt mich an, schüttelt dann aber den Kopf.

»Ganz im Ernst, Leute, am Anfang musste er überstreng zu mir sein, weil isch immer voll ausgeflippt bin. Und weil isch kein Geld hab, Flippo, um dir etwas zu kaufen, hab isch dir etwas geschrieben.«

Er presst die Lippen aufeinander und zieht eine Papierrolle aus der Innentasche seines Sakkos, die durch eine blaue Schleife zusammengehalten wird. Er reicht sie mir über den Tisch.

»Fast ein Jahr lang hast du misch auf diesen Schulabschluss vorbereitet. Es war immer wieder schwer mit mir, sch'weiß, und dann konntest du am Ende nischt dabei sein. Darum hab isch dir alles aufgeschrieben, genau so wie isch es gefühlt habe. Vielleischt liest du es in ein paar

Jahren, und dann du denkst so«, er verstellt die Stimme, nimmt eine andere Haltung an und sagt mit hochgezogener Oberlippe, »›Züscho, diesem Khalim, wie redet dieser Opferkind? Was geht in seine komische Eierkopf vor, ja?!‹«

»Das war kein Witz«, rufe ich in das Gelächter der anderen, »so hat er wirklich gesprochen! Und irgendwie vermisse ich es ja schon fast ein bisschen.«

»Waswaswas?«, pöbelt Khalim in einem Tonfall durch den Raum, den ich tatsächlich schon lange nicht mehr von ihm gehört habe. »Sch'kann immer noch so, ja? Und jetzt kumma nisch so, gehmaweitagehmaweita, du Hissgeburt – vallaaah!« Er reibt sich die Handknöchel und wartet, bis wieder Ruhe eingekehrt ist. »Aber ganz im Ernst, Leute. Isch weiß, dass Philipp auch mal eine sehr schwere Phase hatte in seinem Leben und dass er sie nur mit viel Hilfe von anderen überwunden hat. Deswegen glaube isch, dass er mir nisch nur geholfen hat, weil er damit Geld verdienen konnte, sondern auch weil er wusste, wie wischtisch die Hilfe von anderen ist. Also sage isch mal so: Wenn isch irgendwann mal jemand anderes helfen kann, dann ist alles gut, oder, Flippo?«

»Fjeden, Bruda!« Über den Tisch führen wir unsere Fäuste gegeneinander, dann greife auch ich in meine Innentasche. »Bevor wir gleich essen, mein lieber Khalim, habe ich auch noch ein kleines Geschenk für dich. Es ist zwar nur ein Stück Pappe, und darauf stehen nur wenige Buchstaben, aber diese Vokabel soll deinen Wortschatz um ein wirklich schönes Wort ergänzen.« Ich reiche ihm die letzte Karteikarte unseres Unterrichts. »Es ist ein Wort, dessen Bedeutung ich – mit dir und dank dir – im vergangenen Jahr neu schätzen gelernt habe. Liest du es uns vor?«

Lange schaut er auf die Karteikarte, lächelt dabei sanft und blinzelt oft. »Zuversicht.« Er hebt den Blick, schaut mich an und überrascht mich ein letztes Mal. »Ein wirklich schönes Wort. Ich danke dir.«

Liebe Leserinnen und Leser,

ein ganzes Schuljahr lang haben Sie nun Khalims Geschichte verfolgt und dabei Einblick in eine schwierige, aber durchaus nicht ungewöhnliche Biografie erhalten. Und weil ich finde, dass die Botschaften aus seiner Geschichte schon recht eindeutig sind, möchte ich diese letzten Zeilen vor allem dazu nutzen, einige allgemeinere Dinge loszuwerden, die mir auf dem politischen Herzen liegen. In diesem Zusammenhang möchte ich eine These aufstellen, mit der Sie vielleicht nicht gerechnet haben: In Deutschland gibt es kein schlechtes Bildungssystem, und auch kein ungerechtes.

In der Hoffnung, Sie mit diesem kurzen Satz vorläufig irritiert zu haben, schicke ich direkt noch eine Aussage hinterher, von der ich nie gedacht hätte, sie einmal zu veröffentlichen: Ich danke der CSU.

Kurz vor Abgabe des Manuskripts zu diesem Buch preschte die Union der sozialen Christen nämlich mit einer Forderung vor, die bundesweit für Aufsehen, Empörung und Spott sorgte: »Wer dauerhaft hier leben will«, hieß es in einem Leitantrag der Partei, »soll dazu angehalten werden, im öffentlichen Raum und in der Familie Deutsch zu sprechen.«[2]

Und dabei stellt sich mir ganz ernsthaft die Frage, wie es dazu kommen kann, dass eine Gruppe politischer Amtsträger einen solchen Satz formuliert, danach gemeinsam auf den Entwurf schaut und sich einig ist: Ja, so können wir das rausgeben!?

Wie sollte denn, liebe Sozialchristen, die Umsetzung dieser Forderung aussehen? Soll eine Smartphone-App die Gespräche am Frühstückstisch scannen und beim Re-

---

[2] Diese erste Version ist auf der Homepage der CSU nicht mehr zu finden, wird aber zahlreich zitiert, u.a. hier: http://www.zeit.de/politik/deutschland/2014-12/csu-deutsch-sprechen-leitantrag-parteitag-bayern, letzter Zugriff am 09.01.2015

gistrieren nicht-deutscher Sprachfetzen eine Meldung an eure Parteizentrale senden? Abgesehen davon, dass dies eher nach Stasi 2.0 oder nach einem erschreckenden Zukunftsszenario klingt, würde diese App doch vor allem in CSU-Kreisen selbst die meisten Verstöße registrieren ...

Selbstverständlich wurde die Partei für diesen doch recht gewagten Vorschlag in der Luft zerrissen und veröffentlichte anschließend, wie üblich kein bisschen kleinlaut, eine Neufassung: »Wer dauerhaft hier leben will, soll motiviert werden, im täglichen Leben Deutsch zu sprechen.«[1] So klingt das doch schon etwas durchdachter, sogar fast ein bisschen sozial.

Nun will ich versuchen, mich der sachlichen Botschaft zu widmen, die damit (vermutlich) transportiert werden soll – im Gegensatz zur CSU allerdings eher aus der Perspektive der Betroffenen.

Denn wer die Sprache des Landes, in dem er oder sie lebt, nicht beherrscht, der *ist* kein Problem, sondern der *hat* ein Problem! Von dieser Warte aus ist die Absicht, diese Menschen zum Erlernen und Anwenden der Landessprache zu bewegen, in der Tat ein edles Motiv und – vor allem nach meinen Erfahrungen mit Khalim – die richtige Herangehensweise. Aber wer dies *fordert*, der muss es meines Erachtens nach auch *fördern*. Der muss Voraussetzungen dafür schaffen und muss Möglichkeiten bieten, diese Forderung umzusetzen.

An genau dieser Stelle wird es jedoch Zeit, über den Horizont der Christsozialen hinauszublicken, und stattdessen denen auf die Finger zu schauen, die tatsächlich für die politische Ausgestaltung von Bildungsprozessen verantwortlich sind.

Genau das hat der Bildungsforscher Klaus Klemm kürz-

---

[1] http://www.csu.de/common/csu/content/csu/hauptnavigation/aktuell/meldungen/Veranstaltungen/Parteitag_2014/Antraege/20141209_Leitantrag_Bildung-Migration-Integration.pdf, letzter Zugriff am 09.01.2015

lich getan. Im Auftrag des Deutschen Gewerkschaftsbundes (DGB) hat er untersucht, ob die Bundesregierung eingelöst hat, was Angela Merkel auf einem Bildungsgipfel im Jahr 2008 als Ziel für das Jahr 2015 versprochen hatte: die Eckdaten der »Bildungsrepublik Deutschland«.[2]

»Während in einigen Feldern durchaus Verbesserungen erreicht wurden«, heißt es dazu in der Bildungsgipfel-Bilanz 2014[3] des DGB, »bleiben zwei Kernprobleme bestehen.« Beide sind altbekannt, dadurch aber nicht weniger brisant: Im Bereich der Bildungsausgaben hinken wir dem OECD-Durchschnitt ein ganzes Prozent des Bruttoinlandsproduktes hinterher;[4] außerdem sind die Ausgaben nach einem geringen Anstieg sogar wieder leicht gesunken.

Auch »die hohen Zahlen der Jugendlichen ohne Schulabschluss und der jungen Menschen ohne Berufsabschluss« sollten uns beunruhigen – vor allem aber die Tatsache, dass verstärkt Kinder aus nicht-akademischen Familien und solchen mit Migrationshintergrund darunter sind. »Die soziale Schieflage bleibt die Achillesferse unseres Bildungssystems«, stellt der DGB fest, dessen Bericht mit dem vernichtenden Satz endet: »Eine Bildungsrepublik sieht anders aus.«[5]

Auch der Chancenspiegel der Bertelsmann-Stiftung[6] zeichnet ein Bild, dessen Daten eindeutig zeigen: »Der Bildungserfolg ... bleibt weiterhin stark von der sozialen Herkunft abhängig. Es gelingt Schulen in Deutschland also

---

[2] http://www.bmbf.de/pub/beschluss_bildungsgipfel_dresden.pdf, letzter Zugriff am 09.01.2015

[3] http://www.dgb.de/themen/++co++6714ae3e-9652-11e4-93d0-52540023ef1a, letzter Zugriff am 09.01.2015

[4] 2011 (aktuellere verlässliche Daten liegen nicht vor) betrug dieser Wert laut der Organisation für wirtschaftliche Zusammenarbeit und Entwicklung (OECD) 5,1% in Deutschland bei einem OECD-Durchschnitt von 6,1%. 1% entspricht in Deutschland ca. 26,9 Mrd. Euro; das erklärte Ziel des Bildungsgipfels 2008 besteht darin, diesen Wert bis 2015 auf 10% zu erhöhen.

[5] Zitate ebenfalls aus der Bildungsgipfel-Bilanz 2014 des DGB

[6] http://www.chancen-spiegel.de/downloads-und-presse.html?no_cache=1, letzter Zugriff am 09.01.2015

immer noch zu wenig, die herkunftsbedingten Benachteiligungen ihrer Schüler auszugleichen.«[7]

Obwohl beide Untersuchungen[8] auch kleine Fortschritte verzeichnen, ist die Überschneidung ihrer Ergebnisse mit Khalims Geschichte und den bestätigenden Rückmeldungen auf mein erstes Buch bezeichnend.

Trotzdem bleibe ich bei meiner These: Es gibt in Deutschland kein schlechtes Bildungssystem, auch kein ungerechtes – es gibt gar kein Bildungssystem. Stattdessen gibt es sechzehn höchst unterschiedliche (und unterschiedlich gute) Herangehensweisen an die Aufgabe, Kinder und Jugendliche auf das Leben vorzubereiten. Das Leben in einer Demokratie, die nur von aufgeklärten, selbstbestimmten und kritisch-rational denkenden Individuen aufrecht erhalten werden kann; in einer sozial extrem heterogenen Gesellschaft, in der Einkommensunterschiede gigantisch sind und immer weiter wachsen; auf das Leben in einer multikulturellen Gesellschaft, die Toleranz gegenüber allen toleranten Denkweisen voraussetzt; in einer globalisierten Welt, in der Landesgrenzen an Bedeutung verlieren; in einer hoch technisierten Umgebung, die Kompetenzen im Umgang mit virtuellen Realitäten erfordert; das Leben in einer von Wachstumszwang und Leistungserwartung dominierten Wirtschaft, deren Akteure nicht davor halt machen, diesen Planeten sehenden Auges zu zerstören; und als Mitglieder der europäischen Staatengemeinschaft, in der – wenn auch am Rande – faktisch Krieg herrscht.

Wie also soll auf dieser finanziell trockengelegten, entsprechend verdorrten und intellektuell unterversorgten

---

[7] http://www.chancen-spiegel.de/typo3conf/ext/jp_downloadslm/pi1/download.php?datei=fileadmin/contents/downloads/Chancenspiegel_2014_Kurzfassung.pdf&ftype=pdf, letzter Zugriff am 09.01.2015

[8] Noch viel mehr Studien mit ähnlichen Ergebnissen könnten hier genannt werden, würden aber den Rahmen sprengen.

Bildungslandschaft die Saat der Vernunft und des kritischen Denkens sprießen? Wie sollen aus diesem Bildungschaos Menschen hervorgehen, die über ein ausreichendes Maß an Solidarität, Empathie und Kritikfähigkeit verfügen, um den genannten Herausforderungen gerecht zu werden und die rasant fortschreitende Radikalisierung unserer Gesellschaft aufhalten zu können?

Also bitte, liebe Verantwortliche aus Bund, Ländern und Kommunen: Bevor Rechtspopulisten auf der einen und religiöse Fanatiker auf der anderen Seite noch mehr Zulauf bekommen; bevor die Gruppen derer noch größer werden, die nicht merken, dass sie ihrem Gegner erschreckend ähnlich sind; bevor also der Nährboden für die Grundzüge des Faschismus immer fruchtbarer wird, walten Sie endlich Ihres Amtes und setzen Sie um, was in zahlreichen Studien längst empfohlen wird:

Begreifen Sie Kindertagesstätten als wesentlichen Teil unseres Bildungssystems. Schaffen Sie ein zuverlässiges Betreuungsnetz für Kleinkinder, statt Eltern Geld dafür zu zahlen, ihre Kinder von vorschulischer Bildung fernzuhalten. Stellen Sie durch Sprachtests sicher, dass nur Kinder eingeschult werden, die die Unterrichtssprache beherrschen und fördern Sie die anderen gezielt. Ersetzen Sie die Berufsausbildung der Erzieherinnen sukzessive durch ein praxisorientiertes Studium und vergüten Sie deren Arbeit angemessen – und das heißt deutlich besser. Verleihen Sie auch anderen pädagogischen Berufen Glanz durch Exklusivität: Führen Sie ein Auswahlverfahren für Studenten ein, das sicherstellt, dass nur die Besten der Besten mit pädagogischer Arbeit betraut werden. Stellen Sie dem ersten Semester ein Praxissemester voran, das die Bewerber bestehen müssen. Gestalten Sie pädagogische Studiengänge endlich so, dass Studierende tatsächlich auf ihren Beruf vorbereitet werden, statt sie in theoretische Höhen aufsteigen und in der Praxis auf die Nase fallen zu lassen. Schaffen Sie die Verbeamtung von Lehrern ab und bezahlen Sie sie deutlich besser. Schaffen Sie Situationen ab, in denen Schüler ihren Lehrern und Lehrer ihren Schülern hilflos ausgesetzt sein könnten und nehmen Sie das Thema Mobbing ernster. Bauen Sie Schulen endlich zu Orten um, an denen Menschen sich wohl fühlen. Ersetzten Sie den 45/90-Minuten-Unterricht durch ein zeitlich offenes Konzept, in dem Lehrer ihre Schüler von Anfang an daran gewöhnen, sich ihre Arbeitszeiten – abgesehen von gemeinsamen Pausenzeiten – selbst einzuteilen. Ersetzten Sie die klassische Einteilung in Fächer durch fächerübergreifenden Unterricht. Engagieren Sie Menschen, die tatsächliche Medienkompetenz vermitteln können – zur Not auch solche, die keine Lehrer sind. Verstärken Sie die Zusammenarbeit von Schulen mit der freien Wirtschaft und mit Universitäten massiv. Engagieren Sie professionelle Personalmanager als Schulleiter und stellen Sie ihnen – je nach Schulgröße – ein Team an die Seite, sodass sie sich auf die Leitung dieses pädagogischen Dienstleistungsbetriebes konzentrieren können. Schaffen Sie schleunigst die Ziffernnoten ab und ersetzten Sie sie durch ein System, das in der Lage ist, den tatsächlichen Lernfortschritt und –bedarf eines Schülers zu messen – nur so werden wir Kindern vermitteln können, dass das Ziel ihrer Arbeit nicht im Erreichen einer einzelnen, möglichst geringen Zahl besteht. Bauen Sie nach und nach den Bildungsföderalismus ab, denn Bildungserfolg darf nicht länger und in diesem Maße davon abhängig sein, in welchem Bundesland jemand zur Schule geht. Fördern Sie gezielt Kinder aus sozial schwachen Milieus. Halbieren Sie die Klassengrößen und verdoppeln die Anzahl der Lehrkräfte. Bilden Sie Lehrer dazu aus, Angst und Druck als kontraproduktive Lernfaktoren zu betrachten und stattdessen Vertrauen in die individuellen Fähigkeiten ihrer Schüler zu vermitteln. Ersetzen Sie das altershomogene Unterrichten in Klassen durch Lerngruppen, in denen ein breites Leistungsspektrum vorhanden ist. Sorgen Sie dafür, dass Lehrer Lernbegleiter werden und nicht in dem Glauben unterrichten, Kindern Wissen eintrichtern zu können. Und um all das erreichen zu können: Leiern Sie Ihren Vorgesetzten genug Geld aus der Tasche (die haben es schließlich zur Verfügung!), »denn ansonsten«, so formuliert es die DGB-Vizevorsitzende Elke Hannack, »droht unsere Gesellschaft, ihre Zukunftsfähigkeit zu verlieren.«[9]

Und weil ich diese Sorge schon lange voll und ganz teile, möchte ich hier unbedingt meine Chance nutzen, dieses Buch mit drei ermutigenden Absätzen zu beenden.

Zuerst wende ich mich an euch, liebe Schülerinnen und Schüler, denn ihr seid nicht nur die direkt Betroffenen dieser Bildungsmisere, sondern auch die Entscheidungsträger von morgen: Fordert euer Recht auf gute Bildung ein, und zwar möglichst gemeinsam, unnachgiebig und zur Not auch lautstark. Um ernst genommen zu werden, solltet ihr sachlich argumentieren, dabei aber auch keine falsche Rücksicht auf Autoritäten nehmen, denn in einer freien, demokratischen Gesellschaft ist ausnahmslos niemand gefeit vor Kritik. Ob eure Eltern, Erzieher, Lehrer, Schulleiter, Schulsenatoren, Kultusminister oder auch eure Bundeskanzlerin: Sie alle stehen in der Verantwortung, Bildungs- und Sozialpolitik so nachhaltig zu gestalten, dass ihr genauso gute Chancen auf eine friedliche Zukunft habt, wie wir sie hatten.

Und damit zu Ihnen, liebe Lehrer, Schulleiter, Erzieher und Sozialarbeiter, aber auch zu Ihnen, liebe Eltern und alle anderen an der Bildung Mitwirkende – also zu der Gruppe, zu der ich selbst zähle. Als Wählerinnen und Wähler, die die politische Vernachlässigung des Bildungs-

---

[9] http://www.spiegel.de/schulspiegel/gewerkschaftsbund-kritisiert-bildungspolitik-der-bundesregierung-a-1011714.html, letzter Zugriff am 09.01.2015

sektors seit geraumer Zeit (mehr oder weniger tatenlos) beobachten, will ich uns dringend dazu ermutigen, die Sache überall dort selbst in die Hand zu nehmen, wo die Unterstützung der Politik nicht direkt und unbedingt nötig ist. Ihre Landesregierung hängt beispielsweise noch immer am 45-minütigen Unterricht fest? Schalten Sie die Schulklingel ab, stopfen Sie zur Not ein Taschentuch zwischen Klöppel und Glocke. Ihr Kind kommt noch immer mit konventionellen Ziffernnoten nach Hause? Schließen Sie sich mit anderen Eltern zusammen, verweigern die nötige Unterschrift unter diesen Zahlen und fordern stattdessen eine valide und individuelle Rückmeldung über den tatsächlichen Lernfortschritt ihres Kindes. Ihr Schulgebäude ist marode und stinkt, der Putz bröckelt von den Wänden, Geld für eine Sanierung wird aber nicht locker gemacht? Verlegen Sie den Unterricht ins Rathaus, und suchen Sie parallel einen Sponsor aus der Wirtschaft, der das Kleingeld übrig hat – denn immerhin handelt es sich dabei um Ihren Arbeitsplatz oder den Ort, an dem Ihre Kinder aufs Leben vorbereitet werden sollen. Ich weiß, all das erfordert Ihre teilweise sehr intensive Mitarbeit, aber erstens fällt mir kein Sektor ein, in den diese Arbeit besser investiert wäre, und zweitens ist das vielleicht der Preis, den wir für Freiheit und Demokratie bezahlen müssen – denn beides ist ebenso kostbar wie zerbrechlich.

Und damit zu Ihnen, liebe Politikerinnen und Politiker auf allen Ebenen und in allen Bereichen. Sie sind mit der großen Aufgabe betraut worden, unser friedliches Zusammenleben sicherzustellen, und es ist wohl weitgehend unbestritten, dass Bildung in diesem Zusammenhang eine zentrale Rolle spielt. Jene unter Ihnen also, die Bildungspolitik gestalten und verwalten, müssen sich nun fragen lassen: Warum klafft zwischen den profunden Ergebnissen der Bildungsforschung und der Realität in deutschen Kitas, Klassenzimmern und Hörsälen noch immer eine derart gewaltige Lücke? Was hier wie ein Vorwurf klingt, ist auch einer, soll Sie aber dennoch zu drei Dingen ermutigen: Lassen Sie jede Form der politischen Kleingeistigkeit hinter sich, folgen Sie den längst und unmissverständlich formulierten Handlungsanweisungen der Wissenschaft zu einer visionären Bildungspolitik und haben Sie dabei stets den Mut, sich ihres eigenen Verstandes zu bedienen – wir alle werden es Ihnen danken.

Philipp Möller

in Berlin am 15. Januar 2015

Glossar

- abboooh: Ausdruck des Erstaunens oder der Überraschung
- aggro: Kurzform für aggressiv
- Bombe: *sehr gut*, meist in Verwendung mit dem Aussehen eines Gegenstandes oder einer Person
- btw: Abkürzung für *by the way* (englisch für *übrigens*)
- Ego: Kurzform für Egoist
- Escheck: Beleidigung aus dem Türkischen (*eşek*)
- fail: englisches Verb: *scheitern, versagen, durchfallen*; hier aber auch als Kommentar für Handlungen, die nicht funktioniert haben; vor allem im Internet verbreitet, wo unter diesem Begriff Videos kursieren, die das Versagen einer Person zeigen
- fake: aus dem Englischen: *Fälschung*, auch als eingedeutsches Verb (faken, gefaket) verwendet, wenn etwas vorgetäuscht wird
- halal: im Türkischen auch *helal*, aus dem religiösen Sprachgebrauch für *erlaubt* (bspw. für nach den Regeln des Islam korrekt geschlachtetes Fleisch), entsprechend verwendet, wenn Dinge für gut befunden werden
- haram: aus dem religiösen Sprachgebrauch für *verboten*, entsprechend verwendet, wenn Dinge für schlecht befunden werden
- hayvan: türkisch für *Tier*, Bezeichnung für jemanden, der krass ist oder sich zumindest dafür hält
- Hissgeburt: *Missgeburt*
- Huansohn: *Hurensohn*
- iebakrass: *überkrass* (hier wird das ü vor allem dann zum ie, wenn es besonders lang ausgesprochen wird)
- kumma: *guck mal, schau mal*

- lan: türkisch (umgangsprachlich) für *Hey*, *Mann* oder *Alter*!
- läuft bei dir: Jugendwort des Jahres 2014, besagt, dass jemand besonders gut zurechtkommt. Kommt auch als ironisch gemeinter Hinweis auf das Gegenteil oder in verschiedenen Abwandlungen vor, bspw. rennt bei dir (*läuft extrem gut bei dir*), läuft eher auf Krücken bei dir (*läuft wohl nicht besonders gut*), läuft rückwärts (*läuft gar nicht gut*)
- like a boss: eine aus den Memen entstandene englische Formulierung (*Wie ein Boss/Chef*), die dann verwendet wird, wenn jemand besonders unerschrocken auftritt
- like a sir: eine aus den Memen entstandene englische Formulierung (*Wie ein Sir/feiner Herr*), die dann verwendet wird, wenn jemand besonders elegant, oder auch lässig auftritt
- Schelle: *Backpfeife*, Schlag ins Gesicht
- sickdalan: aus dem Türkischen *sıktır lan: verpiss dich* oder *fick dich*
- tschüsch: ursprünglich *çüş* (türk.) als Befehl für einen Esel, damit er stehenbleibt (vergleichbar mit dem deutschen brrr!), wird hier aber als Ausdruck des (eher spöttischen) Erstaunens verwendet (Achtung: NICHT *züscho*!)
- turbo: gesprochen eher wie tohbo, verwendet als Präfix für Adjektive, um deren Steigerung auszudrücken, bspw. turbogeil, turbodumm, etc.
- Vallah: schwöre bei Gott/Allah (im Arabischen auch *hualla* gesprochen)
- whaddup?: aus dem Englischen *what's up: was ist los?* oder *wie geht es dir?*
- Züscho: *Psycho*, Bezeichnung für jemanden, der (nach Meinung des Sprechers) nicht alle Tassen im Schrank hat